초보자를 위한
중국어 첫걸음

외국어도서전문
1945
MTM
글로벌
어학사

머 리 말

編者는 合理的인 方法으로서 實踐만 한다면 가장 困難하다고 믿어 왔던 中國語는 반드시 獨習할수 있다고 믿는 바이다.

그러므로 今般 이 「中國語四週間」을 編纂하여 一般 靑少年學徒는 勿論이거니와 中國語를 多少나마 念頭에 두고 硏究, 工夫하고자 하는 諸氏의 要求에 應하고자 한것이 本書의 目的이다.

中國語는 우리들의 社會生活에 있어서나 外交面에 있어서 가장 必要할 뿐만 아니라 親密感을 自然히 갖게되는 語學이요, 또한 文學, 哲學, 佛敎를 硏究함에 있어서도 絕對的인 不可缺의 言語이다.

한 外國語에 精通한다는 것은 매우 어려운 일이로되 그 難關을 突破하므로써 하나의 暗黑出界를 開拓하는 것과 같다는 譬喩는 世人의 굳은 信仰일 것이다.

그러나 이와 같은 向上心과 불타는 熱誠과를 받아 들여 주고 慰勞할만한 良書는 比較的 없다. 特히 獨習者를 爲해서 同情과 奉仕의 誠意를 가지고 쓰여진 良書는 매우 적은듯 하다. 編者는 이러한 點을 着眼해서 이책을 世上에 내어 놓게 된 것이다.

그리고 이 「中國語四週間」이 中國語學, 中國文學의 높은 사다리를 올라가는 第一步가 된다면 이 以上의 기쁨은 없다.

中國語는 發音에 있어서 韓國語的인 혀(舌)의 運動이나 口腔의 開閉를 打破하고 完全히 中國人이 되었다는 信念下에 發音의 抑揚, 四聲에 있어서 中國語的으로 習慣을 붙이지 않으면 안된다.

本書를 편찬함에 있어서 全卷을 "語順의 基本型", "表現基本型" "읽기와 풀이" 및 "書翰文"의 四種으로 分類하고 每日 學習의 마지막에 問題를 붙이도록 하였다. "語法的으로 中國語와 맞부딪친다"는 態度를 主眼으로 해서 發音, 作文, 會話를 揷入시키므로써 四週間으로 中國語의 全貌를 把握할수 있도록 하였다.

第一週와 第二週는 "基礎篇"이라고도 할수 있는 것으로서 特히 讀者는 이 二週間內의 工夫를 沈着한 態度로서 着實히 하여 주기를 바란다. 그리고 第三週, 第四週를 消費할지언정 우선 이 部分만은 完全히 自己의 것을 만들어 주기 바란다. 왜냐하면 第三週, 第四週의 모든 기초가 되기 때문이다.

文例는 中國의 代表的인 作家의 作品을 選擇하였다. 이것은 興味를 가질수 있는 中國語를 讀者로 하여금 中國語에 對한 食慾을 돋구기 위해서이다.

本書에서 採用한 敎材를 第一週부터 順序를 따라서 着實하게 進行만하면 절대로 어려울것은 없다. 工夫가 進行됨에 따라서 必要에 依하여 困難하다고 느꼈던 項을 또다시 反復하여 주기를 바란다.

特히 本書를 刊行함에 있어서 發音은 勿論, 內容에 있어서까지도 誠心 誠意 監修에 努力를 아끼지 않으시고 協助하여 주신 韓國外國語大學中國語科敎授 池榮在 先生께 讀者와 더불어 깊은 謝意를 表하는 바이다. 아울러 本書를 編纂함에 있어서 隣邦 日本의 大學書林刊인 鍾ケ江信光氏의 "四週間"을 參考로 하였음을 附記하여 둔다.

外國語學普及會

개정판을 감수하고
(改訂版)　(監修)

　우리나라는 유사(有史)이래로 계속 중국(中國)과 이웃하면서, 정치·경제·외교·국방 그리고 모든 문화에 걸쳐 서로 밀접한 관계를 맺어 왔다. 우리에게 중국을 안다는 것은 필요불가결한 것이다. 한 나라를 알려고 할 때, 그 말을 배우는 것이 가장 좋은 방법의 하나가 된다.

　우리의 조상은 과거 중국의 공용문(公用文)인 한문(漢文)을 배우기에 모두 온갖 심혈을 다 기울였으며, 또 중국인과 직접 상대하기 위해 중국어(中國語 또는 官話·北京語)도 많이 배웠다. 조선왕조 세종(世宗) 임금 때 편찬된 노걸대(老乞大), 숙종(肅宗) 임금 때 간행된 박통사언해(朴通事諺解)는 이러한 노력의 결실이라고 하겠다.

　그러나 해방후 우리 세대에 와서는 미묘한 국제정세에 영향받아, 우리나라의 중국어학계는 외로운 몇 사람의 고군분투로 유지되어 왔다. 中國語四週間은 이처럼 어려운 형편에서 나왔으나, 이미 판(版)을 거듭하면서 확고한 지위를 구축했다.

　지금 바야흐로 새로운 국제질서가 정립되려는 마당에서 중국어 학습열이 고조됨에 본서의 편자는 다시 발분하여 개정판으로 새 시대적 사명을 완수하려는 것이다. 개정판을 감수함에 있어 나는,

1) 한국인의 입장에 서서 내용을 다시 검토하고, 2) 발음 표기의 정확성(특히 권설음(捲舌音)과 성조(聲調)에 따른 음성의 변화)을 기하는 일,

에 특히 유의했다. 중국어를 독학(獨學)으로 배우려는 사람에게 본서가 좋은 반려가 되기를 바란다.

2012년 2월 1일

池 榮 在

차 례(目 次)

중국어를 공부하는 사람들을 위해서·····················15
  (一) 중국어의 언어학적 특질(言語學的特質)···············15
  (二) 중국어의 음운(音韻)·····························16
  (三) 성조(聲調)——사성(四聲)························17
  (四) 한국어의 음(音)과 중국어의 음····················22
  (五) 중국어의 방언(方言)····························23
  (六) 중국어의 발음표시법(發音表示法)·················24

第 一 週

第 一 日 ····································29
  발음 (1) 유기음(有氣音)·무기음(無氣音) 및 자음(子音)

第 二 日 ····································36
  발음 (2) 모음(母音)

第 三 日 ····································45
  발음 (3) 사성(四聲)·사성의 변화(變化)·반상성(半上
  聲)·경성(輕聲)·파음(破音)·중념(重念)·어
  미(語尾)의 소멸(消滅)

第 四 日 ····································56
  第 一 課 어순(語順)의 기본형(基本型) (1)···········56
    주어(主語)+술어(述語) 《…은 (이)하다》
  第 二 課 어순의 기본형 (2)························58
    주어+술어 (형용사(形容詞)) 《…은…이다》
  第 三 課 어순의 기본형 (3)························61
    주어+계사(繫詞)+보어(補語)《…은…이다》
  연습문제(練習問題)〔1〕····························63

第 五 日 ····································65
  第 四 課 어순(語順)의 기본형(基本型)(4)·············65

주어(主語)＋술어(述語)(자동사)＋보족어(補足語)
≪…은(이)…이 되다(하다)≫
第 五 課　어순의 기본형 (5)··················68
주어＋술어(타동사(他動詞))＋목적어(目的語)
≪은(이)…을…한다≫
第 六 課　어순의 기본형 (6)··················72
주어＋술어＋간접(間接)목적어＋직접(直接)목적어
≪은…에게…을…한다≫
연습문제〔2〕·····································75

第 六 日 ···76
第 七 課　어순의 기본형 (7)··················76
주어＋술어＋목적어＋보족어(補足語)
≪은…이(을)…라고……한다≫
第 八 課　어순의 기본형 (8)··················80
어순전도(語順顚倒)의 예(例)(1)
술어(자동사(自動詞))＋주어 ≪…이…한다≫
第 九 課　어순의 기본형 (9)··················82
어순전도(語順顚倒)의 예(例)(2)
개사(介詞)(전치사(前置詞))를 사용한다
연습문제〔3〕·····································85

第 七 日 ···86
第 十 課　어순의 기본형 (10)·················86
형용 부가어(形容附加語)의 용법(用法)
第十一課　어순의 기본형 (11)·················92
부사 부가어(副詞附加語)의 용법(用法)
연습문제〔4〕·····································97

第 二 週

第 八 日 ···101

第十二課　표현기본형(表現基本型)(1) ················101
　　　부정형(否定型)(1) 不
　第十三課　표현기본형(表現基本型)(2) ················106
　　　부정형(否定型)(2) 没　没有
　연습문제(練習問題)〔5〕 ·····························111
第 九 日 ··112
　第十四課　표현기본형(表現基本型)(3) ················112
　　　의문형(疑問型)(1)　(가) 麼(嗎)
　　　　　　　　　　　　(나) 의문사(疑問詞)를 쓴다
　　　　　　　　　　　　(다) 원형(原型) 그대로
　第十五課　표현기본형 (4) ···································118
　　　의문형(疑問型)(2)　(라) 呢
　　　　　　　　　　　　(마) 긍정(肯定)＋부정(否定)
　　　　　　　　　　　　(바) 是…(還)是
　연습문제〔6〕 ··124
第 十 日 ··126
　第十六課　표현기본형 (5) ···································126
　　　가능과 불가능 (1)　(가) 可以, 不可以
　　　　　　　　　　　　(나) 能(能够), 不能, 没能
　　　　　　　　　　　　(다) 會, 不會
　第十七課　표현기본형 (6) ···································131
　　　가능과 불가능 (2)　(라) 得, 不得, 没得
　　　　　　　　　　　　○得△, ○不△, 没○得△
　연습문제〔7〕 ··136
第十一日 ··138
　第十八課　표현기본형 (7) ···································138
　　　명령형(命令型)　(가) 동사 그대로
　　　　　　　　　　　(나) 문장끝에 罷(吧)를 놓는다
　　　　　　　　　　　(다) 동사를 겹친다

— 9 —

금지형(禁止型) 別, 不要, 不用, 甭
　　第十九課　표현기본형 (8) ·······················142
　　　　비교형(比較型)　(가) △比□△
　　　　　　　　　　　(나) ○没有(不)(不如)□△
　　　　　　　　　　　(다) 比得(不)上(過)
　　　　　　　　　　　(라) 和…一樣(一般)
　　　　　　　　　　　(마) 像…似的　(바) 最, 頂, 更
　　연습문제 [8] ································147

第十二日 ···148
　　第二十課　표현기본형 (9) ·······················148
　　　　사역(使役)과 수동(受動)의 형(型)
　　　　叫(教), 讓, 令, 被(給, 見, 挨)
　　第二十一課　표현기본형 (10) ····················152
　　　　원인(原因)과 결과(結果)의 형(型)
　　　　　　(가) 원형(原型) 그대로 (나) 因為…所以…
　　　　　　(다) 因此, 故此, 是以
　　연습문제 [9] ································156

第十三日 ···158
　　第二十二課　표현기본형 (11) ····················158
　　　　개시형(開始型)　　　…起來
　　　　완료형(完了型)　　　了
　　　　과거형(過去型)　　　(가) 的 (나) 過 (다) 來着
　　　　과거·현재·미래(未來)　부사(副詞)에 의한다
　　第二十三課　표현기본형 (12) ····················163
　　　　진행형(進行型)　　　哪(在)
　　　　지속형(持續型)　　　着
　　연습문제 [10] ································167

第十四日 ···169
　　第二十四課　표현기본형 (13) ····················169

　　　　원망형(願望型)　要, 想, 願意
　　　　　　　　　　　　肯, 敢, 愛
　　第二十五課　표현기본형 (14) ················173
　　　　반어형(反語型)　哪, 怎麽, 豈, 誰, 何必,
　　　　　　　　　　　　不…麽, 難道……麽(不成),
　　　　　　　　　　　　莫非是(不是)…麽
　　연습문제 (11) ································176

第 三 週

第十五日 ································179

　　第二十六課　개사(介詞) (1) ················179
　　　　장소와 시간에 관한것
　　　　　　(가) 在　(나) 由, 從, 打, 自, 解,
　　　　　　　　　自從, 從打, 自…到, 離
　　第二十七課　개사(介詞) (2) ················183
　　　　방향(方向)에 관한것
　　　　　　(가) 上, 往, 望, 朝
　　　　　　(나) 到
　　第二十八課　개사(介詞) (3) ················186
　　　　방법(方法)에 관한것
　　　　　　(가) 把, 拿, 用將,
　　　　　　(나) 據, 照, 靠, 依, 趁
　　　　　　(다) 和, 跟, 同, 替, 給
　　연습문제 〔12〕 ································190

第十六日 ································192

　　第二十九課　연사(連詞) (1) ················192
　　　　연사 (1) 也…也…, 又…又…
　　　　　　　　越…越…, 連…帶…
　　　　　　　　連…也…

— 11 —

第三十課 ·· 196
    연사 (2) 一面…一面…, 隨…隨…
               一來…二來…, 與其…不如…
               除…以外…, 非…不可…
第三十一課 ·· 200
    연사 (3) 不但…而且…, 不是…就是…
               就是…也, 雖然…可是…
               否則, 不然
    연습문제 〔13〕 ································· 203

第十七日 ·· 205
    第三十二課 조사(助詞) (1) ······················ 205
        확정(確定)을 나타내는것 了, 的, 麼, 呢
    第三十三課 조사(助詞) (2) ······················ 209
        가정문(假定文)의 조사(助詞) (呢),
        추측문(推測文)의 조사 (罷)
        명령문(命令文)의 조사(助詞) (罷),
        재촉문(催促文)의 조사 (啊, 呀)
        양보문(讓步文)의 조사(罷了, 罷咧)
        감탄문(感嘆文)의 조사(啊, 呀, 哪…)
    연습문제 〔14〕 ································· 212

第十八日 ·· 213
    第三十四課 不倒翁(쓰러지지 않는 노인)(오뚜기)···· 213
    第三十五課 守株待兎(나무그루를 지키며 토끼를
               기다림)(구습에 젖어 변통을 모르
               는 것) ······································ 216
    연습문제 〔15〕 ································· 220

第十九日 ·· 221
    第三十六課 託朋友買書(친구에게 책을 사서 보내주
               기를 부탁함) ······························ 221

  第三十七課 淸明祭掃（한식 날의 벌초）…………223
  연습문제 〔16〕………………………………227
第二十日 ………………………………………………228
  第三十八課 不要臉（철면피（鐵面皮））………228
  第三十九課 塞翁之馬（새옹과 말）……………232
  연습문제 〔17〕………………………………235
第二十一日 ……………………………………………237
  第 四 十 課 奬券（복권（福券），요행（僥倖），제비）…237
  第四十一課 語言禁忌（말 조심）………………240
  연습문제 〔18〕………………………………243

第 四 週

第二十二日 ……………………………………………247
  第四十二課 烏篷船（오봉선（배이름））…………247
  第四十三課 孔乙己（공을기（사람의 이름））………252
  연습문제 〔19〕………………………………256
第二十三日 ……………………………………………257
  第四十四課 民族主義（孫文이 주창한 주의）………257
  第四十五課 瘸子王二的驢（절름발이 왕이의 당나귀）……260
  연습문제 〔20〕………………………………264
第二十四日 ……………………………………………265
  第四十六課 任陳訂婚記（임군과 진양과의 약혼）……265
  第四十七課 十三年 ………………………………267
  연습문제 〔21〕………………………………273
第二十五日 ……………………………………………274
  第四十八課 賤買（물건을 헐값으로 팔음）…………274
  第四十九課 校長（교장）…………………………278
  연습문제……………〔22〕……………………281
第二十六日 ……………………………………………283

第五十課　牛(소) ……………………………………283
　　第五十一課　繁星(많은 별, 총총한 별) ………………286
　　연습문제 〔23〕 …………………………………………290
第二十七日　書翰文(서한문(尺牘))(1) ………………291
　　第五十二課　서한문의 순서(順序)………………………291
　　　　　　　　편지를 특별히 쓰는법 ……………………292
　　　(1) 사람을 초빙(招聘)하는 편지
　　　(2) 회답(回答)
　　　(3) 잔치에 초대(招待)하는 편지
　　　(4) 사절(謝絶)하는 회답(回答)
　　　(5) 출석하겠노라는 편지
　　　(6) 소개장(紹介狀)
第二十八日　서한문(書翰文)(2) ………………………299
　　第五十三課　서한문(書翰文(尺牘)(2) ………………299
　　　(7) 서적(책)의 구입(購入)을 의뢰하는 편지
　　　(8) 주문서(注文書)
　　　(9) 상품(商品)의 발송(發送)
　　　(10) 주문품(注文品)의 재촉(催促)
　연습문제 해답……………………………………………307

　　부　　　　록

　중국어의 발음표 ……………………………………323〜325

중국어를 공부하는 사람들을 위해서

「중국어四주간」의 본문으로 들어가기 전에 중국어의 개념(槪念)을 간단히 설명하여 보겠읍니다.

(一) 중국어의 언어학적 특질
　　　　(中國語)　　　　(言語學的 特質)

(1) 발음——(가) 하나의 한자(漢字)의 발음은 모두 단음절
　　(發音)　　　　(單音節)이다.
　　　　　　(나) 이 단음절은 (A) 모음(母音)만의 것·(B)
　　　　　　　　자음(子音)만의 것·(C)「하나의 자음」+「하
　　　　　　　　나의 모음」의 순서(順序)로서 결합(結合)한
　　　　　　　　것, 3 종류 이외에는 없다.
　　　　　　(다) 발음의 구성(構成)이 음(音)과 음조(音調)
　　　　　　　　(tone)의 두개의 요소(要素)에서 성립(成立)
　　　　　　　　되어 있다는것. 이 음조라는 것은 소위 「四聲
　　　　　　　　(사성)」을 일컫는다.

(2) 단어——단음절의 것이 많다. 즉 하나의 글자가 하나의
　　(單語)　　단어로써 역할을 하는 경우가 많다. 또한 두자,
　　　　　　석자로서 하나의 단어를 이루고 있는 것도 많이있
　　　　　　으나 이것들은 의의적(意義的)으로 분해(分解)하
　　　　　　면 한자 한자의 원래의 의의로 분해할수가 있다.
　　　　　　(그러나 예외도 있다)

(3) 표현——(가) 고립성(孤立性)이 많은 것. 중국어의 단
　　(表現)　　　　어는 어떠한 경우라도 같은 형(形)으로 쓰여
　　　　　　　　서 수(數)·시(時)·격(格)이나 명사(名詞)·
　　　　　　　　형용사(形容詞)·부사(副詞)등의 구별에 의해
　　　　　　　　서 단어의 형(形)이 변화하지 않는다. 그러므

로 중국어의 품사(品詞)는 단어의 의미와 함께 문장중에 있어서 각각의 위치(位置)에 의하여서 판단(判斷)할 수 있다.
(나) 구상성(具象性)이 많다. 직관적(直觀的)으로 말해도 좋으며, 가끔 감각(感覺)에 반영된 순서를 따라서 기술(記述)하는 표현을 취한다.

(二) 중국어의 음운(音韻)

중국어의 발음은 어렵다, 라고 하는데에는 두가지의 근거가 있읍니다. 하나는 음 그 자체이고, 하나는 四聲의 발음(發音)입니다. 우선 음(音)에 관해서 말하겠읍니다.

예를 들면(장)으로 들리는 음이라도 chang(張)·tsang(臧)·chiang(蔣)의 세가지로 나눌수가 있고, 이러한 구별이 없는 우리말에 익숙한 사람에게 있어서는 이 세 가지가 모두 거의 같은 음으로 들려서「어렵다!」하고 책을 던져버리게 되는 것입니다. 그러나 조직적(組織的)으로 배우기만 하면 결코 어려울 것은 없읍니다. 앞으로 설명하는 바를 음미(吟味)하여 주십시오.

자음(子音)(**文字의 音**)의 수(數)——우리나라는 과거 1천년 이상 한문화권(漢文化圈)에 속해 왔읍니다. 따라서 한국어에는 많은 한자어(漢字語)가 차용되고 있읍니다. 한자(漢字)의 발음은 원래 동일한 것이었지만. 한국어와 중국어의 음운체계가 상이한 점. 또 역사적 변천이 상이한 점으로 인해서, 현재에 이르러 한국의 한자음(漢字音)과 중국의 한자음은 상당한 차이를 보이고 있읍니다. 한국의 표준한자음은 현재 500이 좀 못되는데 중국어의 발음은 400 남짓 합니다. 한자(漢字)의 수효는 몇만 몇천이 있읍니다마는 중국어의 발음의 종류는 410 밖에는 없는 것입니다.

그러므로 410의 음(音)을 낼수 있게 되면 중국의 문자(文字)는 전부 발음할수 있게 됩니다. 또한 410 종류의 음(音)중에서 a•i•ka•sa 등 한국어의 음과 그다지 차이가 없는것을 제외하면 한국사람들에게 구별하기 어려운 발음은 불과 40에서 50정도의 것이며 이 40 내지 50의 발음만을 습득(習得)하면 중국어의 발음은 이미 완전히 목적을 달성한 것이 됩니다. 어렵다고 한들 불과 40 정도의 발음이라면 나도 할수 있을 것이다, 이와 같은 희망과 자신을 갖게 될 것입니다.

음운조직(音韻組織)——중국어는 자음(子音) 21, 모음(母音) 37, 〔기본적(基本的)모음 16, 결합(結合)한 모음 22〕이며, 부록의 발음표(發音表)의 왼쪽에 위로부터 아래로 나란히 있는 p•p'•m…가 자음(子音)이고, 웃단에 왼편에서 오른편으로의, a o•ê…가 모음(母音)이며, 자음만으로 성립(成立)되어 있는 자음(子音)이 7, 모음만으로 성립되어 있는 자음(字音)이 24, 그 밖의 330 종류의 음 (전부 410 종류 이므로)은 자음과 모음의 순서에 따라서 결합한 것입니다. 예를 들면 자음의 p 와 모음의 a 가 결합(結合)해서 「八」pa 가 되듯이…. 그리고 발음표의 공란(空欄)의 곳은 그러한 발음의 문자(文字)가 없다는 것을 의미합니다.

(三) 성조(聲調)—— **사성**(四聲)

사성(四聲)**이라 함은** ——한국어의 발음중에서 중국의 四聲과 비슷한 것을 추려보면, 예를 들면 「다리」 라고 쓰기만하면 「橋」 「髢」 「足」의 어느것을 말 하는지 판단할 수가 없읍니다. 그러나 「리」를 높게 발음하면 「橋」, 「다」를 높게 발음하면 「髢」가 되고, 「다」와 「리」를 비슷하게 발음하면 「足」가 됩니다. 이 세 가지의 음은 「다」와 「리」의 음의 높고 낮음에 의해서 구별됩니다. 한국어에는 이러한 구별은 많지 않습니다마는 중국어에는 이 높고 낮음의 발음이 4 종류가 있고, 410 의 자음(字音)

이 각각 4 종류의 음조(音調)를 가미(加味)해서 발음됩니다. 음의 높고 낮음의 발음에 4 종류가 있으므로「四聲」이라고 일컫는 것입니다. (四聲의 설명은 발음의 항(項)을 참조 바람).

사성(四聲)의 발생(發生)——중국어에는 자음(字音)이 410종류 밖에 없는데 한자(漢字)의 수효는 도대체 어느정도 있을까요? 중국최고의 자전인 설문해자(說文解字)에는 9,353 字, 당(唐)의 광운(廣韻)에는 26,194 字, 청조(淸朝)의 강희자전(康熙字典)에는 46,216 字, 중화민국(中華民國) 21 년 교육부 발행의 국음상용자휘(國音常用字彙)에는 8,783字가 채록(採錄)되어 있읍니다. 문자의 수효가 이렇게 많은데 음의 수효는 불과 410 밖에는 없읍니다. 그러한 원인은 같은 음으로 표현되는 문자(文字)가 많이 있다는 것이 됩니다. 예를 들면「이」i 음을 공유(共有)하는 문자는 一・宜・尾・益…와 같이 도합 160 字나 있읍니다. 이래서는 곤난하므로, 거기에 자연적으로 발생(發生)한것이 四聲이며, 같은「이」음 이라도 평탄하게 읽으면「一」, 끝을 올려 읽으면「宜」, 반대로 끝을 내려서 읽으면「益」,와 같이 4종류의 음조(音調)로서 그와 같은 것을 구별하게 되였던 것입니다. 그러나 160 字나 있으므로 네가지의 음조(音調)로서 구별한 것으로만은 모자라는고로 음도 같고 음조(音調)도 같은, 그러한 동음 동성(同音 同聲)의 문자(文字)가 아직도 많이 남겨져 있읍니다.

예를 들면 一・醫・伊・衣 등은 모두가 자음(字音)은「이」고, 음조(音調)는 평탄한 음조로, 발음의 구별은 전연 할수 없읍니다. 그러나 중국어로는 이 이상의 구별은 할수 없는것입니다. 그렇다면……

동음동성(同音同聲)에서 생기는 혼란은 어떻게 해결해야 될가?——이것에는 세가지 방법이 있읍니다. 첫째는 말의 앞뒤의 관계에 의한 상식적인 구별입니다. 의복(衣服)의 얘기를 하고 있

— 18 —

을 때에「이」라고 하면 대개「衣」를 말하는 것이고, 수(數)를 말하고 있을 때에「이」라고 하면「一」라는 것임을 판단할수 있읍니다. 그 경우에 따라서 앞뒤의 관계, 이것을 경우라고 부르고 있읍니다마는 중국말을 하거나, 듣거나, 읽을 때에, 이 경우라는 것은 대단히 중요한 요소(要素)가 됩니다. 예를들면 옷을「衣裳」(이ㅡ샹) 이라하고, 홀로〔衣〕(이) 만은 쓰지 않읍니다. 그리고 하나라고 할때도〔一〕(이) 라고만 안하고〔一個〕(이ㅡ거) 라던가〔一件〕(이ㅡ젠) 이라 하여 각각 복합사(複合詞)로 써서 단음절(單音節)과의 곤난한 점을 보충하고 있읍니다. 셋째는 배반사(陪伴詞)에 의한 구별로서, 한 마리의 말, 한대의 차(車)의〔匹〕〔台〕등을 배반사라고 합니다. 이와 같은 배반사가 사용됨에 따라서 그 다음에 나오는 것이 대개 상상(想像)되는 것입니다. 예를 들면〔路〕나〔露〕도 모두 (루) 라 읽으며 四聲도 함께 말끝을 낮추는 음조로서 동음동성 입니다 마는,〔一條루〕라 하면 이 (루) 는「路」임에 틀림없고,〔一点루〕라 하면〔一点露〕에 틀림 없읍니다. 그것은〔一條〕는 하나의 길고 가는 것을 가리키는 말이고,〔一点〕은 알맹이 같은 것을 가리키는 말일뿐 아니라 다음에 (루)의 말끝을 내리는 음이 오면 전자(前者)는「路」, 후자는「露」이외에는 해당할만한 것이 없기 때문입니다.

　　一자(字) 一음(音) 一성(聲)이라는 원칙(原則)——이상의 설명으로서 중국어의 문자(文字)의 발음은「자음(字音)」「성조(聲調)」——즉 四聲——의 두가지의 것이 합쳐서 성립된다는 것을 알게 되었으리라고 생각합니다. 즉 예를 든다면〔大〕라는 문자의 발음은 자음(字音)은 (따)고, 성조(聲調)는 끝을 내리는 음조(音調) (이것을 거성(去聲)이라 한다). 또한〔林〕은 자음이(린)이고 성조는 끝을 올리는 음조(音調)(이것을 하평(下平)이라 한다)라 하듯이 반드시 음과 음조를 합쳐서 성립되어 있읍니다. 더구나〔大〕는 (따) 라는 자음(字音)을 갖고 있을뿐, 절대로 달리 읽는 법은 없고 동시에 밑을 내리는 음조를 갖고 있을뿐, 절대로 다른 음조로는 읽지 않는다.〔林〕은 (륀)이라고 읽을 뿐 달리 읽지는 않으며 음조(音調)는 끝을 올리는 음조 이외에는 다른 음조로 읽는 법은 절대로 없읍니다. 즉 하나의 문자(文字)는 하나 밖에는 음을 갖지 않았고 또 한개밖에는 음조를 갖지 않았읍니다. 「一자(字) 一음(音) 一성(聲)」이라 함은 이것을 일컫는 것입니다. (그러나 예외도 있읍니다). 그러므로 발음을 외울때에는 一자에 一음 뿐이므로 간단합니다. 그러나 四聲을 외우지 않으면 안되는 점은 분명히 약간 곤난하다고 할 것입니다.

사성(四聲)의 음성학적 설명(音聲學的說明)──성조((聲調)(四聲))라 함은 일종의 악센트입니다. 그러나 영어의 악센트는 강약(强弱)악센트이고 중국어는 고저(높고 낮음)의 악센트 입니다. 「높이」와 「힘이 센것」은 근본(根本)적으로 다릅니다. 예를 들면〔橋〕는 (챠오)의 약간 평탄하게 발음하여 끝을 올리는 음조입니다. 음끝을 올린다는 것은 말끝(語尾)을 「높이」내는 것이고 「세게」발음하는 것은 아닙니다. 다음에 우리말의 고저(高低)의 악센트 「橋」는 「다」보다도 「리」를 올려서 읽읍니다. 즉 「다리」의 음끝을 올려서 읽는 음조입니다. 중국어의 〔橋〕(챠오) 니 우리말의 「橋」(다리) 나 모두 음끝을 올리는 것입니다. 그러나 이 두개에는 또 차이가 있읍니다. 우리말의 「다리」는 「다」보다도 「리」를 높이 올리고, 층계를 붙여서 발음합니다마는 중국어의 음끝을 올리는 것은 「챠오」의 「치」로부터 사선(斜線)을 그은듯이 자연히 음끝이 올라갑니다. 같은 음끝을 올린다고해도 한국어의 음끝을 올리는것과 중국어의 음끝을 올리는것과는 그 성질이 다릅니다. 그러므로 중국의 四聲은 「사선(斜線)에 의한 음(音)의 고저(高低)」입니다.

사성(四聲)의 높고 낮음(平仄)──한시(漢詩)에서 「높고 낮음(平仄)」이라는 말들을 하고 있읍니다마는 이것은 「四聲」을 말하는 것입니다. 지금의 四聲은 상평(上平)·하평(下平)·상성(上聲)·거성(去聲)의 4 종류입니다마는 과거의 四聲은 평성(平聲)·상성(上聲)·거성(去聲)·입성(入聲)의 4 종류로서「높고 낮음」의「平(평)」이라함은 평성을 말하며,「仄(측)」은 상성·거성·입성의 셋을 포함한 것입니다. 옛날에는 평성(平聲)이라고 칭(稱)했던 것이 차차 두개의 음조(音調)로 나뉘어져서 상평(上平)과 하평(下平)이 되었고 반대로 옛날에는 입성(入聲)이라고 하던, -p, -t, -k의 받침을 가진 막힌 음조(音調)가 있었으나 차차 없어져서 입성에 속했던 문자(文字)는 상평(上平)·하평(下平)·거성(去聲)의 어느 한개에 흡수(吸收)당해버려서 자연적으로 입성(入聲)이 소멸(消滅)되고 말았읍니다. 그러므로 높고 낮음(平仄(평측))은 四聲을 일컫는 것입니다마는 내용은 약간 바뀌어 졌읍니다.

사성(四聲)의 발견(發見)——한국사람이라도 한국어의 문법(文法)을 모르는 사람은「르 변칙 1」이라든가「르 변칙 2」라는 구별을 모르듯이 중국인도 이 글자는 제 몇성(聲)인지를 전연 모르는 사람이 많이 있읍니다. 발음을 시켜보면 정확하게 四聲을 냅니다마는 도대체 그것이 제 몇성(聲)인가 라고 물으면 전연 모릅니다. 중국에서 四聲이 언제부터 발생(發生)했는지는 물론 알수 없읍니다마는 중국인 자신이 자기들의 말 가운데에 四聲이라는 요소(要素)가 있다는 것을 발견한 것은 남북조(南北朝)의 심약(沈約)(441～513)이라는 사람으로, 그는「四聲譜(보)」라는 책을 저술해서 四聲의 계통(系統)을 명확하게 밝혔던 것입니다. 어떠한 나라의 말이라도 음(音)은 오랜 세월을 걸쳐옴에 따라서 변화하는 것입니다마는 특히 악센트는 미묘(微妙)하게 변화하는 것이며, 중국의 옛날의 四聲이 어떠한 음조(音調)였었는지는 현재에 있어서는 알기 어렵습니다.

사성(四聲)을 외우는 법——중국어에 있어서는 하나의 한자에 대해서 音과 四聲의 두가지를 함께 외우지 않으면 안됩니다. 四聲은 4 종류밖에는 없으므로 외우기 쉬운듯 합니다마는 사실은 약간 곤란합니다. 외우는 방법입니다마는, 이것은 〔衣〕는 (이)의 상평(上平) 〔大〕는 (따)의 거성(去聲), 이라고 하듯이 한자 한자를 독립시켜서 외울려는 것은 가장 서투른 방법이고, 효과적인 방법은 하나의 구(句), 하나의 문장을 올바른 발음과 음조(音調)로서 전체를 충분히 읽고 암기(暗記)하는 것입니다. 그렇게 하면 그 안에 포함되어 있는 四聲이 생생한 말로써, 앞뒤와 관련해서 쉽고도 올바르게 외울수가 있읍니다. 그러므로 발음을 외운다는 것은 올바르게 여러번 잘 읽는다는 것입니다. 여하튼간에 소리를 높여서 읽을것, 이 이외에는 음(音)과 四聲을 외우는 가장 쉬운 방법은 없읍니다.

(四) 한자(漢字)의 한국음(音)과 중국음

한국의 한자(漢字)는 중국에서 수입(輸入)된 것입니다. 역사상(歷史上)으로는 북부조선(北部朝鮮)에 연(燕)나라 위만(衛滿)이 와서 (西紀二世紀前) 위씨조선(衛氏朝鮮)을 건립(建立)하였고 조선민족이 한족(漢族)과 접(接)하게됨에 그 문화(文化)의 영향(影響)을 받게 되었다, 라고 되어 있는 것을 볼때에 이것이 우리나라에 한자(漢字)가 전래(傳來)한 초기가 아닌가 하고 생각됩니다. 그러나 두 나라의 사적교류(私的交流)는 그것보다도 오래전부터 시작되고 있었으므로 정확한 것은 아직도 밝혀지지 않고 있읍니다.

음(音)의 전래(傳來)——한자가 전래될 때 그 발음도 따라왔겠지만, 그 발음이 어떠했던가 하는 점은 지금 밝히기 어렵습니다. 다만 신라(新羅)의 향가(鄕歌)에 나타난 말로써 추측컨대, 지금과 크게 다른 점은 없는 것 같습니다.

신라 진평왕(眞平王) 때(서기 600년)의 향가에, 主隱(님은), 置古(두고), 房乙(방을), 夜矣(밤이)라는 말이 있는데, 여기서

隱·古·乙·矣는 현재의 한국발음과 별차가 없음을 보여주고 있읍니다.

　조선 세종(世宗) 임금 때(서기 1446) 반포된 훈민정음(訓民正音)은 한국한자음의 변천을 밝히는 데 좋은 자료가 됩니다. 그 서문에서도 밝혔듯이 (國之說音，異乎中國), 한국한자음은 이 때 이미 중국음과는 상당한 차이를 가졌던 것입니다.

　현대의 중국어학자, 예컨대 스웨덴 사람 칼그렌(B. Karegren) 등이 재구성(再構成)한 한자의 고음(古音), 특히 당(唐)나라의 발음은 현재의 중국음(官話音系) 보다 한국한자음과 훨씬 근사함을 보여줍니다. 다만 유기음(有氣音)·무기음(無氣音)이 혼돈되어 있고, 입성(入聲) 가운데 -t 로 끝나는 글자가 우리나라에서는 「ㄹ」받침으로 되어 있는 점등은 큰 차이라고 하겠읍니다.

　　(五)　중국어의 방언(方言)

　한국에서도 경상도 사투리, 충청도 사투리, 함경도 사투리 등, 여러가지의 방언(方言)이 있읍니다마는 중국에서는 그 이상 많은 방언이 있읍니다. 그리고 그와 같은 방언의 차이는 한국 보다도 한층 심해서 북경인(北京人)과 광동인(廣東人)과는 전연 말이 통하지 않읍니다. 중국 방언의 분류(分類)는 대단히 어려운 일입니다마는 대개는 다음의 오대방언(五大方言)으로 분류합니다.

　(1)　관화음계(官話音系)——하남, 하북성(河南，河北省)·호남, 호북성(湖南，湖北省)·산동, 산서성(山東·山西省)·섬서성(陝西省)·감숙성(甘肅省)·사천성(四川省)·운남성(雲南省)·귀주성(貴州省)·안휘성(安徽省)·강소성(江蘇省)의 북부(北部)·강서성(江西省)의 북부·광서성(廣西省)의 북부.

　(2)　오음계(吳音系)——강소성의 강남지방(江南地方)·절강

성(浙江省).
(3) **민음계**(閩音系)——복건성(福建省)의 호주(湖州)·산두(汕頭)·경산(瓊山).
(4) **오음계**(粵音系)——광동성(廣東省)·광서성의 남부
(5) **객가계**(客家系)——광동성의 매현(梅縣)·대포(大埔)·혜양(惠陽)·흥녕(興寧)·복건성(福建省)의 정주(汀州)·강서성의 남부.

위의 분류를 보고도 알수 있듯이 관화음계의 통용범위(通用範圍)가 압도적(壓倒的)으로 넓고, 또한 관화음계의 중심은 북경어인고로 우리들은 지금부터 북경어를 중심으로해서 공부하기로 하겠읍니다.

「북경어(北京語)는 중국어의 중심일뿐 아니라 라듸오의 방송, 공용어(公用語)는 모두 북경어이며, 국어 통일 운동(國語統一運動)이 북경어를 중심으로 시행되어 현재 중국대륙(中國大陸)이나 대만을 막론하고 모두 표준어로 널리 보급, 통용되고 있읍니다.

(六) 중국어의 발음 표시법(發音表示法)

한국에서는 한글이라는 편리한 것이 있어서 한자(漢字)라던가 외국어라도 비교적 쉽게 토를 달수가 있읍니다마는 중국에서는 옛날부터 한자 이외에는 글자가 없으므로 발음을 표시하는 방법이 대단히 곤란합니다. 외국의 지명(地名), 인명(人名)이라도 한국에서는 한글로 써서 원음(原音)에 가까운 표시를 할 수 있읍니다마는 중국에서는 한자로서 음을 나타내서 외우는 방법 외에는 없읍니다. 와싱턴을 華盛頓(화성돈)이라고 쓰고, 런던은 「倫敦(륜돈)」이라고 써 있는 것을 보신일이 있을 것입니다마는 이와 같은 것은 모두 중국어로써의 표현입니다. 이것을 한국어에서도 그대로 쓰고 있읍니다마는 「華盛頓」은 아무리해도 와싱턴이라는 음이 나오지 않으며, 「倫敦」은 한국 음으로는 (륜돈) 이라고 되는데 누구나 (런던) 이라고 읽으면서도

이상하게 생각하지 않읍니다. 이것은 모두 중국어에서의 사음(寫音)입니다. 華는 hua, 盛 shêng, 頓은 tun 이라 읽으며, 대체로「화성둔」이 되고 또한「倫」은 lun,「敦」은 tun 이라 읽으며, 대체로〔룬둔〕이 됩니다. 이와 같이 외국의 지명이나 인명을 한자로 표시한것은 전부 중국어로써의 표시(表示)인 것입니다.

외국어의 음은 간신히 한자의 음으로서 표시는 했읍니다마는 그 한자 자체의 읽는 법은 다음과 같이 여러가지 방법을 사용하고 있읍니다.

우선 최초는「○자(字)는 △자와 같이 읽는다」와 같이 극히 확실치 못한 방법 이외에는 없었던 것입니다. 다음에

반절(反切)——이라는 방법이 발견되어서, 후한이래(後漢以來), 청조(淸朝)에 이르기까지 약 1800 년이라는 동안 이 방법이 사용되었던 것입니다. 반절(反切)의 상세한 표시법에 대해서는 시대와 같이 진보하였읍니다마는 대체로 말하면, 예를 들면 (敎)는「戒孝切」과 같이 발음을 표시합니다.〔敎〕는 chiao 이고,〔戒〕는 chieh,〔孝〕는 hsiao, 즉〔敎〕의 음은〔戒〕의 전반음(前半音)과〔孝〕의 후반음(後半音)과를 결합시킨것, 즉 chi(eh)+(hsi)ao=chi ao 이며 chiao〔敎〕의 음을 나타낸다, 와 같은 방법입니다.

웨이드 식(式) **발음부호**(發音符號)——중국 자신이 아직도 반절(反切)의 방법에서 벗어나지 못한 청말시대(淸末時代), 당시의 주화(駐華) 영국공사 토머스·웨이드氏 (Sir Thomas F. Wade (1818〜1895))는 로마字에 의한 한자의 발음 표시 방법 (發音表示方法)을 안출(案出)했읍니다. 이것이 백여년이 지난 오늘날도 그대로 사용되고 있는「웨이드 식(式)」이라고 칭하는 것입니다. 한국에서 발행되고 있는 자전들은 모두 웨이드 식으로 쓰여져 있으며 아울러 한국인이 중국어를 배울려면 현재에 있어서는 아무래도 알아두지 않으면 안되는 것입니다. 외

교관(外交官)이 그 주재국(駐在國)의 말에 이만큼 깊은 이해와 학식을 가지고 있었다는것을, 도리켜 생각해 볼때 깊이 반성(反省)되는 점입니다.

주음부호(注音符號)──한편 중국 자신으로서는 국어통일운동을 전개시켜서 북경어를 전국의 중심(中心)을 삼고, 37 의 주음부호를 제정(制定)하고 이것에 의한 발음 표시법에 일대 혁명(革命)을 단행해서 국어통일운동에 박차를 가했읍니다. 37 의 부호(符號)의 읽는 법을 외우기만 하면 모든 문자(文字)를 올바른 북경어로 읽을수 있게 되는 것입니다. 현재에도 이것이 쓰이고 있고, 전쟁이 끝난후에 출판을 완성시킨 「國語辭典」에도 주음부호를 사용하고 있읍니다. 자유중국에서 실시하고 있는 식자운동(識字運動)(글자를 모르는 문맹(文盲)에게 한자를 가르치는 교육운동)에는 이 주음부호(注音符號)를 사용해서 대단한 효과를 올렸다고 합니다.

국어(國語) **로마자**──민국 17년에는 「국어 로마자」를 제정공포(制定公布)했읍니다. 이것의 특징은 四聲의 구별을 1·2·3·4 라던가 ─╱∨╲ 등의 부호를 사용하지 않고 로마의 철자(綴字)에 의해서 四聲의 구별을 외우도록 한 것입니다마는 이 표시 방법은 현재는 전연 사용하지 않습니다.

라틴화 신문자(Latin 化 新文字)──中共政權이 수립된 후 국자개혁(國字改革)과 문맹타파를 위한 운동으로 라틴화 신문자를 안출하여 어려운 한자교육을 지양하고 문자의 국제화도 꾀할겸 쉬운 로마자를 가르치므로서 진보적인 교육의 혁명과 문맹타파의 효과를 거두고저 꾀하고 있읍니다.

그렇다고 한자를 없앨수는 없으므로 注音符號를 사용한 한자교육도 병행시키고 있읍니다마는 과연 이 로마字革命運動이 數萬年을 걸쳐 내려온 한자를 몰아낼수 있을는지, 또는 發音符號로서의 역할을 다 할 것인지, 또는 發音符號로서 注音符號를 타도시킬수 있을는지는 장차 두고보아야할 問題라 하겠읍니다.

第 一 週

第1日→第3日　　발음(發音)의 설명(說明).

第4日→第7日　　중국어의 기초(基礎)가 되는 형(型)을 표시(表示)하고 어순(語順)에 대해서 설명한다.

第 一 日

발 음 (發 音) (1)

음성・음운 및 자음
(音聲) (音韻)　(子音)

　음성(音聲)과 음운(音韻)——사람이 실지로 내는 말의 소리를 될수록 정밀하게 구분한 것을 음성(音聲)이라 하고, 발음이 음성학적으로는 차이가 나도 한 언어에 있어서 의의(意義)를 구분하는 데 역활을 하지 않는 차이는 무시하고 한데 묶은 소리의 요소를 음운(音韻)이라고 합니다. 발음 연습은 음성학적으로 정확을 기해야 합니다만 실제 한 언어의 운용에 있어서는 그 음운조직에서 벗어나지 않으면 됩니다. 그런데 모든 언어마다 각각 고유한 음운조직이 있어, 어떤 언어에서는 의의 구분이 되는 두개 이상의 음운일지라도 다른 언어에서는 하나의 음운이 되기도 합니다.

　가령, 중국인은 성씨(姓氏)에서 ㄗㅊ(臧, tsang) ㄓㅊ(張, chang), ㄐㅊ(蔣, chiang)을 구별하는데 우리는 장(chang)이라고만 들리는 것 같습니다. 즉 한국어에는 ㅈ(ch) 하나의 음운이 있는데 대해서, 중국어에는 ㄗ(ts), ㄓ(ch), ㄐ(chi)의 세개의 음운이 있는 것입니다. 한편 한국어에 있어서는 ㅈ(ch)과 ㅉ(?ch)은 의의 구분에 역활을 하는 음운인데, 중국어에서는 ㄗ, ㄓ, ㄐ 모두 경우에 따라 된소리를 내기도 하지만 그것을 구분치 않고 하나의 음운으로 여기고 있읍니다.

　우리가 외국어의 발음을 배울 때 곤란을 느끼는 것은 우리의 귀나 입이 모국어의 음운(音韻)에 젖어 다른 언어의 음운조직을 잘 받아들이지 않기 때문입니다. 외국어를 배울 때에는 자기 모국어의 음운조직에서 완전히 떠나, 배우려는 언어의 음운 조직으로 들어가야 합니다. 그래서 훈련을 쌓으면 사람의 입의 구조가 같은 이상 얼마든지 정확한 발음을 할 수있읍니다.

 자음(子音)과 모음(母音)의 결합(結合)——이 책에 사용하는 발음부호는 (1) 주음부호(注音符號) (2) 웨이드式 로마字의 두 가지로 하였읍니다. 중국의 문자(文字)의 음(자음(字音)) 은
 (1) 자음만으로 되어 있는것. 즉 〔子〕(ㄗ) (tzǔ) (즈).
 (2) 모음만으로 되어 있는것. 즉 〔愛〕(ㄞ) (ai) (아이).
 3) 자음+모음의 형으로 되어 있는것, 즉 〔國〕(《ㄨㄛ) (kuo) (궈).

이상의 3 종류로서, 이 중에서 (1) (2) 는 극히 적으며 대부분의 자음(子音)은 (3) 의 형(形)으로 되어 있다.

 자음(子音)——자음을 표시하는 부호를 「성부(聲符)」 또는 「성모(聲母)」 라고 한다. 자음은 혀(舌)·입술·이의 움직임에 따라서 나오는 음으로, 모두 21 개(個)가 있고, 이것을 혀·입술·이의 발음부위(發音部位)에 의해서 구별하면

 A 쌍순음(雙脣音) (3 종류), 윗 입술과 아래 입술에서 나오는 음.

	주음부호(注音符號)	웨이드식	한 글 로
1	ㄅ	p	보
2	ㄆ	p'	포
3	ㄇ	m	모

 B 순치음(脣齒音) (한 종류), 위의 앞니와 아랫입술로서 내는 음.

4	ㄈ	f	쯔

 C 설첨음(舌尖音) (4 종류), 앞니의 잇몸에 혀끝이 스쳐서 나오는 음.

5	ㄉ	t	더
6	ㄊ	t'	터
7	ㄋ	n	너
8	ㄌ	l	러

D 설후음(舌後音) (3 종류), 목에 가까운 부분에서 혀와 연구개(軟口蓋)와의 작용(作用)으로 인해서 나오는 음.

9	《	k	거
10	ㄎ	k'	커
11	ㄏ	h	허

E 설전음(舌前音) (3 종류), 혀끝 (혀끝의 바로 뒷쪽)과 입천장으로서 나오는 음.

12	ㄐ	ch	지
13	ㄑ	ch'	치
14	ㄒ	hs	시

F 설엽음(舌葉音) (4 종류), 혀 전체를 목으로 끌어 당겨서 혀끝을 위로 말어 올리면서 내는 음.

15	ㄓ	ch	즈
16	ㄔ	ch'	츠
17	ㄕ	sh	스
18	ㄖ	j	르

G 설치음(舌齒音) (3 종류), 아래위의 이를 맞쳐 물고 혀끝이 가볍게 앞니에 스치는 정도로서 나오는 음.

19	ㄗ	ts	즈
20	ㄘ	ts'	츠
21	ㄙ	s	쓰

그러면 다음에는 이 21 개의 자음(子音)의 하나 하나의 발음에 관해서 설명하겠읍니다.

(1) ㄅ p 보──아래 위의 입술을 가볍게 합치고, 이는 맞쳐 물지 않고 조용히 (보) 하고 발음합니다. 중국어에 있어 음운 ㅂ, ㅃ은 하나의 음운이다. 실지 발음에 있어서는 경우에 따라 ㅂ 또는 ㅃ에 가깝게 나온다.

(2) ㄆ p' 포──(1)과 같은 요령인데 앞서 설명한 유기음 입니다.

(3) ㄇ m 모──한국 음 보다도 강하게 냅니다. 아래위의 입술을 다물고 숨이 코에 걸린 정도까지 숨을 쉬지 않고 참은 후에 강하고도 날카롭게 (모) 하고 발음한다.

(4) ㄈ f 뽀──우리말에는 없읍니다. 중국어의 (뽀)는 순치음(脣齒音)으로 위의 앞니로 아랫입술을 가볍게 누르는 듯이 하고 날카롭고도 강하게 내는 음으로 영어의 f 음이다. 아래 위의 입술로 나오는 음은 아니다.

(5) ㄉ t 더──혀끝을 위의 앞 잇몸에 붙여서 낸다. 중국어에 있어 ㄷ, ㄸ은 하나의 음운이 실지 발음에 있어서는 경우에 따라 ㅂ 또는 ㅃ에 가깝게 나온다.

(6) ㄊ t' 터 ──(5)와 같다. 그러나 유기음이다. 한국음의 ㅌ와 같다.

(7) ㄋ n 너──한국 음(音)의 ㄴ과 같다.

(8) ㄌ l 러──한국 음의 (러)와 근사하지만 (러)와 같이 혀끝을 말아 올리지 않고 혀끝을 입천장 위의 앞쪽 부분에 가볍게 붙여서 내는 음으로 영어의 l 음이다.

(9) ㄍ k 거──혀의 안쪽(뿌리)으로 목구멍을 막는것

── 32 ──

같이 해서 내는 음.

(10) ㄎ k' 커 ──(9)와 같다. 그러나 유기음이다. 한국음의 ㅋ과 같다.

(11) ㄏ h 허 ──한국의 (허) 와는 다르며, 설후음(舌後音)인고로 (9) (10)과 같은 요령으로 낸다. 입안으로나 입밖으로 내는 (허) 와는 다르고 목구멍으로 내는 (허) 인고로 대단히 강하게 마찰(摩擦)되는 듯이 느껴지는 음이다.

(12) ㄐ ch 지 ──한국의 (지) 와 같다. 이 음은 뒤에 나오는 (ㅈ) 도 (ch) 로 나타내는 고로 이 두개를 혼동하기 쉬우므로 다소 설명을 하면, (ㄐ) 는 혀끝으로 내는 음(舌前音)이며 다음에 계속되는 모음(母音)은 i·ia·iang·iao·ieh·ien·in·ing·iu·iung·ü·üan·üeh·ün 의 14 로서, 즉 ch 의 곧 다음에 (i) 혹은 (ü) 음이 계속되는 경우에 한합니다. (ㅈ) 음에 대해서는 (15) 항(項)을 참조 바람. (12), (13), (14)는 모두 설전음(舌前音) 즉 혀끝과 앞쪽 잇몸과의 막힘 소리다.

(13) ㄑ ch' 치 ──(12) 와 같은 요령으로 앞니를 가볍게 몰아물고 (치) 음이 나올려고 하는것을 혀로 잠시 참은 후에 강하게 낸다. 또한 나중에 나오는 (ㅊ)도 (ch')로 나타내는 고로 두가지를 혼동하기 쉬우나 그 사용상(使用上)의 구별은 (ㄐ)와 (ㅈ)의 경우와 같다.

(14) ㄒ hs 시 ──한국의 (시) 와 같고, 혀끝을 아래 앞니의 안쪽에 붙여서 혀의 앞쪽을 웃천장에 붙이는 듯이 하며 낸다. (스이) 음이 되지 않도록 주의할것. (ㄒ) 는 다음에 계속되는 모음이 i·ia·iang·iao·ieh·ien·in·ing·iu·iung·ü·üan·üeh·ün 의 14 이고, 즉 (ㄒ) (hs)의 곧 다음에 (i) 혹은 (ü) 음이 계속되는 경우에 한한다.

이상 14 의 자음은 편이상 모음 (어) (이) 음을 동반하여 읽는 법을 표시한 것이다. 다음부터 말하는 (业)(彳)(尸)(囗)(冂)(ㄎ)(厶)의 7개의 자음(子音)은 다음에 계속되는 모음(母音)에 선행(先行)해서 자음으로써의 역할을 하는것과 동시에 또한 그 자신(自身) 일정한 읽는 방식을 갖고 단독으로 혹은 문자(文字)의 음을 표시하고 있읍니다. 「자음과 모음의 결합(結合)」의 항(項)에서 자음만으로 되어있다고 한것은 이 7개의 자음을 가르킨 것이다.

(15) 业 ch(chih) 즈──이제부터 (18) 까지의 자음은 한국의 음에는 없는 음이며, 또한 중국어음 중에서도 어려운 음이지만, 넷 모두 같은 요령이므로 여기에 몰아서 설명한다. (业)는 앞서 나온 (12)의 (니)(찌) 와 같이 (ch) 로서 나타내고 있으나 단독(單獨)으로 쓰일때에는 (业)는 (chih) 로서 나타낸다. (业) 음은 우선 (1) 이를 극히 가볍게 몰아 물고, (2) 입술은 아물리지 말고 가볍게 옆으로 벌리고, (3) 혀(舌) 전체를 목구멍으로 끌어 당기듯이 하고, 혀끝을 말아 일으켜서 혀끝을 웃천장에 가볍게 붙인체 (즈) 음을 낸다. 입술은 아래위가 모두 음에 영향(影響)을 미치지 않도록 떼어둔다. (니) 음에 곧 계속되는 모음은 (i) (ü) 였으나 (业) 음에 계속되는 모음은 a・ai・an・ang・ao・ê・ei・ên・êng・o・ou・u・ua・uai・uan・uang・ui・un・ung 의 19 이고, a・e・o・u 가 곧 뒤에 계속되는 경우이다. (15), (16), (17)은 모두 권설음(捲舌音) 즉 혀끝과 뒷쪽 잇몸의 막힘소리다.

(16) 彳 ch'(ch'ih) 즈──(15) 와 같은 요령(要領)의 유기음(有氣音).

(17) 尸 sh(shih) 즈──(15)와 같은 요령(要領)으로 (스) 음을 낸다.

(18) 囗 j 르──(15) 와 같은 요령으로 (르) 혹은 (이) 음을 내면 된다.

(19) ㄗ ts(tzŭ) 즈──아래 위의 이를 가볍게 물고 혀끝을 잇사이에 붙여서 발음하며, 이는 최후까지 몰아 문체 둔다. 아래 위의 입술은 전연 음에 영향(影響)을 미치지 않도록 충분히 벌려둔다. (19), (20), (21)은 모두 설치음(舌齒音) 즉 혀끝과 이와의 막힘소리다.

(20) ㄘ ts'(tz'ŭ) 츠──위의 유기음(有氣音)과 같다.

(21) ㄙ s(ssŭ) 스──(19)의 (즈)와 같은 요령으로 (스) 음을 낸다. 이 경우도 아래 위의 입술은 함께 음에 영향이 미치지 않도록 벌려 둔다.

이상으로 자음(子音)의 설명을 마치겠으나 (15)─(21)의 웨이드式 로마字 즉 ch(chih)·ch'(ch'ih)·sh(shih)·j(jih)·ts(tzŭ)·ts'(tz'ŭ)·s(ssū) 는 이들이 단독으로 사용되는 경우에는 ( ) 안에 철자(綴字) 법을 사용하고, 다음에 모음이 계속되는 경우에는 ( )의 앞에 있는 것을 사용한다. 예를 들면 ch(chih)로 설명하면 「知」는 (즈) 단독음으로 chih 라 쓰고, 「齊」는 (짜이) 로서, 이 경우에는 (chai) 로 하고 ch 만을 쓰고 곧 모음 ai 를 계속한다. 다른 경우도 이와 같다.

第 二 日

발 음 (發音) (2)

모 음 (母音)

모음을 나타내는 부호(符號)를 「운모(韻母)」 또는 「운부(韻符)」라고 한다. 이것에는

A 단모음(單母音) (7 종류), 하나의 음의 요소(要素)로 부터 되어 있는것.

	주음부호(註音符號)	웨이드式	한 글 토
1	ㄧ	i	이
2	ㄨ	u(wu)	우
3	ㄩ	ü(yü)	유이
4	ㄚ	a	아
5	ㄛ	o	오
6	ㄜ	ê	어
7	ㄝ	e	에

B 복모음(複母音) (4 종류), 두개의 음의 요소로 부터 되어 있지만 하나의 운(韻)으로서 취급(取扱)하는것. 「이중모운(二重母韻)」이라고도 한다.

8	ㄞ	ai	아이
9	ㄟ	ei	에이
10	ㄠ	ao	아오
11	ㄡ	ou	어우

C 부성모운(附聲母韻) (4 종류), 두개의 음의 요소로 부터 되어 있으나, 그러나 복모음(複母音)과는 달라서 모음(母音)에 자음(子音)이 붙어있는 것으로써 하나의 운(韻)으로 취

급(取扱)되는 것.

12	ㄢ	an	안
13	ㄣ	en(n)	언
14	ㄤ	ang	앙
15	ㄥ	êng(ng)	엉

D 성화모음(聲化母音) (1 종류), 이것은 모음이지만 자음의 성질(性質)을 다분(多分)히 갖고 있는 것으로「성(聲)」화모음(化母音)이라고 한다.

| 16 | ㄦ | êrh | 얼 |

중국어의 모음으로서는 이상의 16종류이지만 하나의 자음(子音)을 나타내는 경우「하나의 자음과 하나의 모음」만으로서 끝나면 좋지만 실제는「하나의 자음과 둘 혹은 셋의 모음」으로서 성립(成立)된 경우가 대단히 많다. 그래서「둘 혹은 셋의 모음」을 나타내기 위해서「결합모음(結合母音)」을 제정(制定)해서 그 부족함을 보충(補充)한 것이다. 결합모음은 22 종류가 있으나 이 모음의 첫째 모음은 ㅣ·ㄨ·ㄩ의 3종류로 나누어져 있다.

E 결합모음(結合母音) (22 종류)

17	ㄧㄚ	ia(ya)	야
18	ㄧㄛ	yo	요
19	ㄧㄝ	ieh(yeh)	예
20	ㄧㄞ	iai(yai)	야이
21	ㄧㄠ	iao(yao)	야오
22	ㄧㄡ	iu(yu)	여우(유)
23	ㄧㄢ	ien(yen)	옌
24	ㄧㄣ	in(yin)	인
25	ㄧㄤ	iang(yang)	양

26	ㄧㄥ	ing(ying)	잉
27	ㄨㄚ	ua(wa)	와
28	ㄨㄛ	uo(wo)	워
29	ㄨㄞ	uai(wai)	와이
30	ㄨㄟ	ui(wei)	웨이
31	ㄨㄢ	uan(wan)	완
32	ㄨㄣ	un(wên)	원(운)
33	ㄨㄤ	uang(wang)	왕
34	ㄨㄥ	ung(wêng)	웡(웅)
35	ㄩㄝ	üeh(yüeh)	유에
36	ㄩㄢ	üan(yüan)	유안
37	ㄩㄣ	ün(yün)	윤
38	ㄩㄥ	iung(yung)	웅

　다음에는 이 모든것의 발음법(發音法)과 부호(符號)의 사용법에 관해서 설명하겠다. 총체적(總體的)으로 말할 수 있는 것은 한국어의 모음(母音)은 입을 불충분(不充分)하게 벌려도 좋으나 중국어의 모음은 입을 벌리는데에 상당한 주의를 하지 않으면 안되며 아래위의 입술의 움직임을 활발(活潑)하게 하지 않으면 정확(正確)한 발음을 낼수 없다.

　(1)　ㄧ i 이――한국음의 (이)와 같으나 입을 옆으로 충분히 벌리고 발음한다. 주음부호(註音符號)는 횡서(橫書)의 경우에는 「ㄧ」로 쓰고 종서(從書)의 경우에는 「一」로 쓴다.

　(2)　ㄨ u(wu) 우――한국음의 (우) 는 입술의 움직임이 대단히 활발치 못하므로 중국어의 「우」와는 많은 차이가 있다. 중국의 음은 우선 입술을 둥글게 모으고 충분히 내밀어 마치 돼지의 입과 같이해서 내야만 한다. 웨이드식으로 u(wu) 인 것은, 자음에 계속되는 경우에는 u 를 쓰고, 예를들면 「猪」는 ㄓ (chih) 와 ㄨ (u) 로서 (chu) 라고 철자(綴字)한다. 또한

단독으로 자음을 표시하는 경우, 예를들면 「五」는 ㄨ로 (wu)
로서 나타낸다. 이하 모두 같다.

 (3) ㄩ ü(yü) 유이 ──이것은 모음중에서 가장 어려
운 음이다. 간단히 말하면 (유) 와 (이) 의 합체음(合體音)이
며, (유) 와 (이) 를 두 음의 요소로 하여 「유이」라고 이중으
로 발음하는 것이 아니라 두개의 음의 요소를 처음부터 끝까지
하나로 발음한다. 우선 입술의 모양은 (2) 의 「ㄨ」음의 경우
와 같이 하고, 더구나 입 안에서는 혀의 위치(位置)를 「이」음을
내듯이 해서 발음한다. 이 경우 입안의 움직임에 영향을 받아
서 입술의 모양이 무너지기 쉬우므로 무너지지 않도록 해야한
다. 따라서 입술에는 힘이 자연적으로 들어간다. 웨이드식의
ü 와 yü 의 사용법은 (2) 의 경우와 같다. 예를 들면 「去」는
ch'ü, 「雨」는 yü.

 (4) ㄚ a 아 ──입을 넓게 충분히 벌리고 혀를 아래로
처뜨리고 입안을 넓게 벌리고 발음한다.

 (5) ㄛ o 오 ──한국의 음의 (오) 보다도 입술을 조금
더 넓혀서 발음한다. 「ㄚ」「ㄛ」「ㄨ」세개의 입을 벌리는 것
을 비교해보면, 「ㄚ」가 제일 크고 둥글며, 「ㄛ」는 그것보다
약 반쯤정도로 둥글리고, 「ㄨ」는 가장 작게 둥글리며, 모든
입술을 벌리는 데에 충분히 주의하지 않으면 안된다.

 (6) ㄜ ê 어 ──이것도 어려운 음으로서 「아」와 「오」
와의 중간음이라고 생각하면 좋다. 입술에는 조금도 힘을 주지
않고 극히 가볍게, 자연 그대로 약간 벌리는 정도이고, 혀는
안쪽으로 끌어 당겨서 목구멍을 누르듯이 한뒤에 목에서 소리
를 내도록 한다.

 (7) ㄝ e 에 ──한국음의 (에) 의 경우 보다도 입술을
좁더 옆으로 벌리고 명료(明僚)하게 발음한다.

(8) ㄞ ai 아이──우선 (4) 의 「Y」음을 내고, 다음에 아래 위의 이를 몰아 물듯이 하면서 가볍게 「이」음을 낸다. 「이」음은 대단히 가볍고도 명료하지 않도록 「에」와 「이」와의 중간 음 정도로 들리도록 하면 좋다. 「아」음에 중점을 두고 「이」음은 극히 약하다.

(9) ㄟ ei 에이──이대로의 음이지만 제이음(第二音)의 요소인 「이」는 (8) 의 (ai) 의 경우와 같이 경음(輕音).

(10) ㄠ ao 아오──(4) 의 「a」음에 이어서 가볍게 「오」하고 발음한다. 이 「오」는 (5) 의 「o」만큼 강하게는 발음하지 않으며 입의 모양도 둥굴려서 뽀죽 내밀 필요는 없으며 우리말의 음 정도로 좋다. 「a」와 「o」와의 중간 정도로 (ao) 를 (au)라고 쓰는 방식도 있는 정도이다.

(11) ㄡ ou 어우──「어」음에 이어서 입술을 오므린다. 「우」는 극히 가볍게 자연적으로 소멸(消滅)한다. (28) uo 의 반대.

(12) ㄢ an(en) 안(엔)──「아」에 「ㄴ」받침이 붙은 것이다. 「an」만으로 단독으로 자음을 나타내는 경우, 예를들면 「暗」는 「an」이라고 하지만 결합모음 (23) 의 경우에 「ian」로 안하고 「ien」로 한다. 「n」으로 끝나는 음을 보통 「책음(窄音)」이라고 한다.

(13) ㄣ ên(n) 언──「어」를 내면서 혀끝을 웃입천장에 붙이고 음을 빨아 들인다. (n) (ㄴ) 이라고 한것은, 예를 들면 「金」은 주음부호(註音符號)로는 「ㄐㅣㄣ」라고 쓰지만 이 경우의 「ㄣ」는 「언」이라고 읽는것이 아니라, 단지 「n」음으로 하여 「찐」이 된다.

(14) ㄤ ang 앙──「아」에 「ㅇ」받침이 붙은 것이다.

즉 「아」음은 (4) 의 「a」와 같이 입을 둥굴이고 목구멍으로부터 음을 내면서 혀를 목으로 끌어당겨 숨이 나올려고 하는것을 정지시키고 숨을 전부 코로 낸다. 「ng」으로 끝나는 음은 보통 「관음(寬音)」이라고 한다.

(15) ㄥ êng(ng) 엉——(6) 의 「ê」음을 내면서 (14) 의 「o」과 같은 요령으로 음을 끌어 들인다. 웨이드식으로는, 예를들면 「中」「ㅛㄨㄥ」는 「chuêng」이라고 철자(綴字)안하고 「chung」로 하고, 「ㄥ」에 해당되는 부분은 「ng」만으로 표시한다.

(16) ㄦ êrh 얼——(6) 의 「ê」음을 내는것과 동시에 혀끝을 위로 말아 올려서 입 웃천장에 닿을 정도로 하고 목구멍쪽으로 이동시킨다. 혀끝이 웃천장에 붙으면 「ㅣ」의 음이 나오니 절대로 입 웃천장에 붙이지 말고, 붙을까 말까 하는 정도에서 안으로 끌어들인다. 「얼」이라고 했으나 「ㄹ」음이 나오지 않도록 가볍게 발음한다.

(17) ㅣㄚ ia(ya) 야——토는 「야」라고 붙였으나 「이」「아」의 두음의 요소로부터 이루고 있으며, 「이」가 나오자 동시에 「아」하고 발음하므로 「이」음은 거의 들리지 않는다. 단독으로 쓰일때에는 (ia) 라고 쓰지 않으며 (ya) 라고 쓴다. 그 이유는 음두모음(音頭母音)의 「i」가 가벼워져서 반모음(半母音) 정도가 되기 때문이다. 이하는 모두 같다.

(18) ㅣㄛ yo 요——「이」를 발음함과 동시에 「오」를 내는고로 거의 「요」라고 들린다. 이것은 단독으로만 쓰인다.

(19) ㅣㄝ ieh(yeh) 예——「이」를 발음하는 것과 동시에 「에」로 옮긴다.

(20) ㅣㄞ yai 야이——단독(單獨)으로만 쓰이는 것으로서, 음두(音頭)의 「이」는 입을 움직일 정도로하고 음으로는

— 41 —

「야」로부터 시작하고,「ㄞ」(ai)의 경우의 음미(音尾)와 같으며, 음미(音尾)의「이」는「이」와「에」와의 중간 정도에서 없어 진다.

(21) ㅣㄠ iao(yao) 야오——「iao」와 같이 읽는다. 그러나 음의 첫 머리의「이」음은 반모음(半母音)으로 변해서 거의「야」음이 된다.

(22) ㅣㄡ iu(yu) 여우——「이」음은 짧게 발음하는 것과 동시에「어우」하고 음을 들여 마신다.「우」는 입이「우」경우의 모양이 되자 동시에 음이 사라지는 정도. 단독음 (單獨音)의 경우에는「yu」로 쓰지만「유—」라고 읽어서는 못쓴다.

(23) ㅣㄢ ien(yen) 옌——주음부호(註音符號)에서는「ㄢ」라 되어 있으나 (12)의 항(項)에서 설명한것과 같이「이」하고 계속하여 결합모음(結合母音)을 만드는 경우에는「안」과「엔」의 중간 음으로 [iεn]이라고 읽으며, 오히려「안」보다도「엔」에 가깝다.

(24) ㅣㄣ in(yin) 인——주음부호에서는「ㄣ」로 되어 있으나「연」이라고도 읽지 않고「인」이라고 읽는다.〔(13)의 항을 참조하라〕.「옌」의 음은 (23)의「ㅣㄢ」이라고 쓴다.

(25) ㅣㄤ iang(yang) 양——「이」를 발음하는 것과 동시에「ang」을 발음하면 거의「양」으로 들린다.「ien」「in」의 주음부호(注音符號)는 각각「ㅣㄢ」「ㅣㄣ」이며 이것은 곧 잘 틀리게 쓰기 쉬우니 특히 주의를 요(要)한다.

(26) ㅣㄥ ing(ying) 잉——주음부호에서는「ㄥ」로 되어 있으나「영」이라고는 읽지않고「잉」이라고 읽는다. 단독음(單獨音) 일 때에는「ying」으로 철자(綴字)한다.

(27) ㄨㄚ ua(wa) 와——단독음의 경우에는 「wa」로 「우」를 발음함과 동시에 「아」로 옮기면 「와」가 된다. 음의 첫 머리에 자음(子音)이 붙는 경우, 예를들면 「ㄏㄨㄚ」는 「ㄨ」가 「오」와 근사하여져서 거의 「화」라 읽고 「호와」라고는 안 읽는다.

(28) ㄨㄛ uo(wo) 워——「우」음을 명료(明瞭)하게 발음하며 「어」음으로 옮긴다. (11) ㄡ (ou) 의 반대.

(29) ㄨㄞ uai(wai) 와이——단독으로는 「와이」라 읽고 자음에 계속되는 경우, 예를들면 「kuai」는 「쿠와이」보다도 「콰이」와 같이 읽으며, 「ㄨ」는 「어」와 같이 읽는다.

(30) ㄨㄟ ui(wei) 웨이——단독으로 읽을 때에는 「웨이」라 읽고 자음에 계속되는 경우에는 「ui」라 철자(綴字)하며, 그 읽기는 예를들면 [kui] 는 「꾸웨이」라고는 읽지 않고 「꿰이」가 되고, 「우」는 「어」와 같이 읽는다.

(31) ㄨㄢ uan(wan) 완——단독음(單獨音)의 경우에는 「완」이라 읽고 자음에 계속되는 경우, 예를들면 「kuan」는 「꾸완」이라고는 읽지 않고 「꽌」하고 「어」에 가깝게 읽는다.

(32) ㄨㄣ un(wên) 원——단독음의 경우에는 「원」이라 읽고 자음에 계속되는 경우에는 「un」이라 철자(綴字)하며, 이것은 「운」이라 읽지만, 「ê」가 앞의 「u」와 하나가 되어서 거의 「o」에 가까운 「운」이 된다. 예를들면 [kun] 은 「꾼」이 된다.

(33) ㄨㄤ uang(wang) 왕——단독음의 경우에는 「왕」이다. 자음에 계속되는 경우에는 「u」는 「o」와 같이 된다는 것은 위의 예와 같다.

(34) ㄨㄥ ung(wêng) 웡——단독음의 경우에는

「윙」그대로이고 자음에 계속되는 경우에는「ung」이라 쓰고
「웅」이라고 읽는다. 예를들면「《ㄨㄥ」「kung」은「꿍」이다.
이것은「《ㄥ」「kêng」와의 구별을 주의하지 않으면 안된다.
「kêng」는「k」에 이어서「êng」를 발음하고 그 사이에「u」음
이 전연 들어가지 않고「껑」이 된다.「kung」은 입을「ku」
와 같이 하고「ng」를 붙여서 발음한다.

  (35) ㄩㄝ üeh(vüeh) 유에——(3)「유이」의 항
(項)을 참조하여 정확하게「유」를 내고「에」로 계속한다. 단
독음(單獨音)의 경우에는「yüeh」라고 쓴다.

  (36) ㄩㄢ üan(yüan) 유안——두개의 자모(字母)
와 같이 그대로 읽는다.

  (37) ㄩㄣ ün(yün) 윤——「유이」다음에「언」이라
고는 읽지 않고 오직「ㄴ」하고 음을 들여 마신다.

  (38) ㄩㄥ iung(yung) 유엉——단독음(單獨音)
은「yung」이라 철자(綴字)하고「웅」이라고 읽는다. 자음(子
音)에 계속되는 경우에는 (35)—(37)과는 달라서「ü」를 사용
치 않고「iung」로 한다. 또한 실제의 읽는 방법도, 예를들면
「ㄐㄩㄥ」「chiung」은「쭝」이라고 읽는것 보다도 오히려「찌
웅」과 같이 읽는다.

第 三 日

발　　음(發　音)　(3)

四聲(사성)·四聲의　변화(變化)·반상성(半上聲)·경성(輕聲)·파음(破音)·중념(重念)·음미(音尾)의 소멸(消滅)

1. 四 聲

명칭(名稱)및 부호(符號)는 다음과 같다.

	(1)	(2)	(3)
[명칭(名稱)]	第 一 聲	상평(上平)	음평(陰平)
	第 二 聲	하평(下平)	양평(陽平)
	第 三 聲	상성(上聲)	상성(上聲)
	第 四 聲	거성(去聲)	거성(去聲)
	輕聲(경성)	경성(輕聲)	경성(輕聲)

		(1)	(2)	(3)	(4)유기음(有氣音)	(5)변화(變化)
[부호(符號)]	第 一 聲	1	ー	°□	·□	△□
	第 二 聲	2	／	°□	·□	△□
	第 三 聲	3	⌣*	□°	□·	
	第 四 聲	4	＼	□°	□·	
	輕聲(경성)					

* 정식(正式) 부호는 ∨ 이지만 이 책에서는 ⌣ 표를 사용한다. (P. 46～49 참조)

예를들면 〔好^{하오}〕자에 대해서 발음의 표시(表示)를 하면

好　(가)　ㄏㄠ (hao) (하오) 의 第三聲 (상성(上聲))
　　(나)　ㄏㄠ³ hao³ 하오³

(다) ㄏㄠ hao 하오
하오
(라) 好°

와 같이 네가지로 표시 할 수가 있으나 입으로 말할때에는 (가)와 같이 말하고 쓰는 경우에는 (나) (다) 어느것이라도 좋으며, 한자(漢字)에 四聲을 붙이는 경우에는 (라) 와 같이 한다.

유기음의 문자(文字), 예를 들면 〔唱〕에 대해서 말하면

唱 (가) ㄔˋ (ch'ang) (창) 의 第四聲 거성(去聲)
(나) 창 의 第四聲(거성(去聲)) 유기음(有氣音)
(다) 唱.

와 같이 한다. 입으로 말할때에는 (나) 의 표시법(表示法)이 가장 알기쉽고, 쓰는 경우에는 앞의 「好」의 예를 따른다.

부호(符號) (6) 에 변화(變化)하는 것으로서 △□ △□의 둘을 게재하였으나 이것은 원래 다른 聲(성)이였던 것이 四聲의 변화 (부호의 항 참조) 에 의해서 △표의 곳에 음조(音調)가 변화한다는 것을 표시한다. 第三聲 第四聲에 △표가 없는 것은 이 두개에는 변화하는 경우가 없기 때문이다.

또한 〔사해동포(四海同胞)〕를 예로 하여 표시하면

四。 海° ˙同 。胞
ㄙˋ ㄏㄞˇ ㄊㄨㄥˊ ㄅㄠ— (第一聲에는 —표를 생략해도 좋다)
ssŭ⁴ hai³ t'ung² pao¹

부호(符號)로서 이전에는 。□ °□ 나 hao¹ chang³ 등이 사용되었으나 최근에는 —ノ∨ヽ의 형식(形式)이 쓰이게 되었다. 단지 부호에 지나지 않는다고 한다면 문제는 다르지만, ○표나 1 2 3 4 보다도 —ノ∨ヽ의 부호가 오히려 四聲의 음조(音調)를 직관적(直觀的)으로 표시할수 있으며 한층 우수한 것이다. 이것은 중화민국 11 년 교육부(敎育部)에서 정식으로 채용(採用)되었고 그때 경성(輕聲)으로서 (·) 표가 추가 되었던 것이다.

— 46 —

이 책에 사용하는 부호(符號)

第一聲 (ー)   第二聲 (／)   第三聲 (ー)
第四聲 (＼)   半上聲 (ー)……뒤의 설명을 참조하라.

　第三聲의 정식 부호는 (∨)이지만 초학자(初學者)는 이 부호의 모양으로 음을 내는것을 한층 높고도 강하게 내는 **경향(傾向)**이 있으므로 실제의 음조(音調)를 오히려 망치는 우려가 있으므로 보다는 (ー)의 편이 틀림이 적을뿐 아니라 진실(眞實)한 음조와 근사하게 발음 할 수 있으리라고 생각해서 이 책에서는 第三聲 부호를 이와 같이 사용했다.
　第一聲 전체적으로 평탄하게 (굴곡없이), 음계(音階)는 다른 세가지 보다는 약간 높다. 우리말의 「입을 아ー아 하고 벌려 봐」라고 할 때의 「아ー아」의 음조(音調), 그것이 第一聲의 음조다. 음이 약간 길다.
　第二聲 음의 끝이 올라가는 음조(音調)이다. 음이 약간 짧다.
　第三聲 정식 부호는 ∨ 표로 되어 있으나, 음의 중턱(허리)을 꺾듯이 높은 곳에서 낮게 내려와서 또 날카롭게 올라간다, 와 같이 생각해서는 안된다. 이 과오를 피하기 위해서 이 책에서는 ー표를 사용한 것입니다. 즉 第三聲은 우선 가장 낮게 발음한 음을 그대로 끌어서 최후에 가볍게 꼬리가 올라가는 음조(音調)이다. 음이 몹씨 길다.
　第四聲 발음과 동시에 음성을 낮추는 듯한 음조로서 대개 第二聲의 반대가 된다. 음이 몹씨 짧다.
　중국어에 있어 된소리, 예사소리는 하나의 음운(音韻 phoneme)이지만 실지 발음에 있어서는 경우에 따라 구별이 된다고 앞서 말했지만, 그 경우라는 것은 四聲의 차이를 말하는 것입니다. 대개 第一聲과 第四聲에서는 된소리에 가깝게, 第二聲과 第三聲, 輕聲에서는 예사소리에 가깝게 나니, 이점을 유의하면 발음하기가 한결 쉬울 것입니다.

— 47 —

```
第四聲  第三輕聲   二四  三늘輕    一四  二三輕
ㄅ  ㄅㄅ,  ㄅ  ㄉㄉ  ㄉ,  巜  ㄍㄍ  ㄍ,
ㄐ  ㄐㄐ,  ㄒ  ㄙㄙ  ㄒ,  ㄅ  ㄗㄗ  ㄗ,
ㄕ  ㄕㄕ,  ㄇ  ㄗㄗ  ㄗ,  ㄥ  ㄙㄙ  ㄙ,
```

2. 四聲의 변화(變化)

이상은 고정(固定)된 「四聲의 型(형)」이지만 음조(音調)라는 것은 미묘(微妙)하게 또한 무리가 없는 변화를 일으키는 것이며 두자 석자 하고 계속되는 경우에는 각각의 四聲에 자연히 변화가 일어나는 경우가 있다. 크게 나누면 다음의 6 종류가 된다. (파음(破音)은 제외한다——뒤에 설명을 참조하라)

(1) 第三聲의 글자가 두자 석자가 계속되는 경우, 최후의 글자를 본래 그대로 第三聲으로 읽고, 위의 글자는 第二聲으로 변화한다. 이것은 일부러 변화시키는 그러한 성질의 것은 아니라 자연히 이렇게 변화하는 것이다.

(가) 小 姐 → 샤오(／)제(一)　ˇ+ˇ→／+一
　　　샤오(一) 제(一)

(나) 很 好 → 헌(／)하오(一)　ˇ+ˇ+→／+一
　　　헌(一) 하오(一)

(다) 你 也 有 → (A) 니(／)예(／)여우(一)
　　　니(一) 예(一) 여우(一)　　　ˇ+ˇ+ˇ→／+／+一
　　　　　　　　　(B) 니(一)예(／)여우(一)
　　　　　　　　　ˇ+ˇ+ˇ+→ˇ→／+一

(라) 你 也 有 表 →
　　　니(一) 예(一) 여우(一) 비야오(一)
　　　　(A) 니(／)예(／)여우(／)비야오(一)
　　　　　　ˇ+ˇ+ˇ+ˇ→／+／+／+一
　　　　(B) 니(一)예(／)여우(／)비야오(一)
　　　　　　→一+／+／+一
　　　　(C) 니(／)예(一)여우(／)비야오(一)
　　　　　　→／+一+／+一

(다) (라) 의 四聲은 두 종류 세 종류가 되지만 그 경우에 따라서 적당히 읽는 것이고 결정된 형(型)은 없다.

(2) 第三聲의 글자가 두자 계속해서 부사가 되는 경우.

(가) 好^{하오(一)} 好^{하오(一)} 兒 的^{얼 더}→하오(一)하오(一)얼 더.
⌣＋⌣→⌣＋一

(나) 小^{쌰오(一)} 小^{쌰오(一)} 的^더→쌰오(✓)쌰오(一)더
⌣＋⌣→✓＋一

위의 두가지의 형(型)은, 어떤것은 (가)형, 어떤것은 (나)형(型)과 일정(一定)한 말이 있고 또 (가) (나) 어느것으로 읽어도 좋다, 고 하는 말도 있다.

(3) 第三聲 글자의 다음에 第一·第二·第四聲이 왔을 때의 第三聲의 문자(文字)의 음조(音調)의 발음법. 이것은 다음에 설명할 「반상성(半上聲)」을 참조하라.

(4) 一·七·八·不의 四聲의 변화. (一·七·八은 원래 第一聲이고 不(뿌)는 第四聲.)

一 隻→이^{이(一)즈(一)}(\)즈(一)　1 다음이 第一聲의 글자일때 ⎫
一 年→이^{이(|)녠(✓)}(\)녠(✓)　1 다음이 第二聲의 글자일때 ⎬ 1은 第四聲으로 읽는다.
一 點→이^{이(一)뎬(一)}(\)뎬(一)　1 다음이 第三聲의 글자일때 ⎭
一 位→이^{이 웨이}(✓)웨이(\)　1 다음의 第四聲의 글자일때……
　　　　　　　　　　　　1은 第二聲으로 읽는다.
七 月→치^{치(一)유에(\)}(✓)유에(\)　7 다음이 第四聲의 글자일때……
　　　　　　　　　　　　7은 第二聲으로 읽는다.
八 課→바^{바(一)→커(\)}(✓)커(\)　8 다음이 第四聲의 글자일때……
　　　　　　　　　　　　8은 第二聲으로 읽는다.

(5) 의문사(疑問詞)를 생략(省略)한 경우의 어미(語尾), 예를들면 「당신의 아버지시요?」는 「是你的父親麽」로 하는것이 옳지만 실제의 회화에서는 「당신의 아버지?」와 같이 어미

(語尾)를 올리는 표현이 있는것과 같이 중국어에서도 의문사 「麽(마)」를 생략해서 「是你的父親?」과 같이 할수가 있다. 아버지의 「親」은 ch'in 의 第一聲이고, 여기서는 경성(輕聲)이 되지만, 이 경우 어미를 가볍게 올려서 第二聲과 같이 발음한다. 이것으로 보더라도 「四聲」이라는 것은 엄밀(嚴密)한 존재(存在)이기는 하지만, 또한 대단히 변통성이 많다는 것도 알수가 있다. 또 노래를 부르는 경우와 같은 때에도 四聲에 얽매여서 음계(音階)를 무시(無視)하고는 완전히 노래가 되지 못하므로 자연적으로 四聲은 일단 파산(破産)이 되는 것이다.

3. 반상성(半上聲)

앞서 설명한 경우에서

베이(ー) 징(ー)　　하이(ー) 꽌(ー)　　양(ー) 훠(／)
北　　京　　　海　　關(세관(稅關) 養　活(기르다)
왕(ー) 라이(／)　깐(ー) 콰이(／)　왕(ー) 허우(＼)
往　　來　　　趕　　快(급히, 빨리) 往　後(금후(今後))

이상과 같은 경우에 첫째의 第三聲 글자는 第三聲의 음조(音調)로서 읽는 것이지만 이러한 경우에 한해서 전반(前半)의 낮은 음조의 부분만을 발음하고 후반(後半)의 음의 끝을 올리는 부분이 소멸(消滅)하고 곧 다음의 글자의 음조(音調)로 옮기는 것이다. 〔北京〕에 대해서 말한다면 「베이·징」의 「이」음은 〔北〕 단독(單獨)의 경우에는 올라가지만 이 경우 「베이」 전체가 낮은 음조 그대로 음의 끝이 올라감이 없이 〔京〕(징)에 계속하여 본래의 第三聲의 앞부분 반(半)만을 발음한 것이 된다. 이것을 「반상성(半上聲)」이라고 한다. 이 음조(音調)를 이 책에서는 특히 (ー)를 가지고 표시했다. 음의 꼬리 (끝)가 올라가는 부분을 소멸(消滅)시키는 의미를 포함한 표이다. 이것도 일부러 이와같이 발음하는 것이 아니라 부드럽게 발음할려고 하면 자연히 이와같이 변화하는 것이고, 第三聲의 글자가 두자 계속해서 위의 글자가 第二聲으로 변화하는 것과 같이 자연스러운 것이다. 말이 일단 끝나는 곳이 아니면 第三聲 의 音調를 제대로 내지 않는다.

또한 둘째번 글자가「경성(輕聲)」일 경우에도 첫째번의 第三聲의 글자는 역시「반상성(半上聲)」이 된다.

4. 경성(輕聲)

四聲의 명칭(名稱)중에서 상평(上平)・하평(下平)・상성(上聲)・거성(去聲)에 경성(輕聲)을 추가(追加)시켰으나 이것은 과거로부터「중념(重念)」이라는 방식과 혼동(混同)되고 있었으므로 약간 해설(解說)한다.

두자로서 단어(單語)를 구성(構成)하는 경우, 예를 들면 〔朋 평(/) 여우(ー) 友〕(친구) 에 대해서 말한다면 종래(從來)에는 〔朋〕이「중념」이므로 이것을 강하게 읽는다, 라고 설명되었었다. 이것에 대해서 〔朋〕은 원래의 第二聲 유기음(有氣音)으로 읽고,〔友〕는 경성(輕聲)이므로 이것을 가볍게 四聲이 없어진 듯이 읽는다, 라고 설명하는 것이 경성(輕聲)의 설명이다.

이「중념(重念)」적 설명에 의하면「朋 평(/)」을 강하게 읽고〔友〕도 역시 第三聲으로 읽어도 좋은가, 라는 의문(疑問)이 일어난다. 그러나 사실은 그렇지 않은 것으로〔友〕는 第三聲의 음조(音調)를 완전히 상실(喪失)하고〔朋〕의 음조에 계속해서 오직 (여우) 하고 자연적으로 가볍게 발음할 뿐이다. 다시 말하면〔朋〕을 정확하게 第二聲으로 발음하고〔友〕는 第三聲을 소실(消失)한 가벼운 음조로 (여우) 의 음(音)만이 남게 되는 것이다. 이 경우의〔友〕음조를「경성(輕聲)」이라고 한다.

워(ー)더 　　하이(/)즈 　　뻬(ー)리
我 的 (나의)　孩 子 (어린애)　玻 璃 (유리)
뤄(/)버 　　자오(ー)얼
蘿 蔔 (무우)　棗 兒 (대추)

— 51 —

이것들의 둘째번 글자는 모두 「경성(輕聲)」이 된다. (본서에서는 경성의 글자에는 아무런 부호도 붙이지 않는다).

이 경성(輕聲)은 그 높고 낮음이 고정(固定)되어 있는것이 아니라 앞에 있는 글자의 四聲에게 영향(影響)된다. 예를 들어 높고 낮음(高低)에 대해서 설명하면,

(가) 媽媽 즉 둘째번 글자의 〔媽〕는 경성(輕聲)인고로 第一聲보다도 높고 짧게 발음한다.

(나) 慢慢兒的 〔兒〕〔的〕가 모두 경성(輕聲)이지만 〔兒〕은 〔慢〕의 第一聲의 음조에 직결(直結)해서 〔慢兒〕의 두 음으로 하나의 第一聲의 음과 같으며, 따라서 〔兒〕은 높은 음조의 계속이 되고, 다음 발음의 「的」는 역시 경성이지만 이것은 음조가 한층 낮고도 약하게 발음한다.

(다) 我的 〔我〕는 반상성(半上聲)으로 끝이 올라가는 부분이 없어져서 낮은 그대로 〔的〕는 경성이지만 (가) (나)의 두 예(例)와는 달리 약간 높고도 짧은 음조(音調)가 된다. 이 형(型)은 〔我的〕의 두 음도 하나의 第三聲을 내도록 하면 된다.

(라) 妹妹 둘째번의 〔妹〕는 경성(輕聲)이 되며 높고도 짧은 음조(音調)가 된다.

두자(二字)로서 구성(構成)된 단어는 예외(例外)없이 한자는 「경성」으로 읽는다는 것은 아니다. 두자를 모두 원래의 성조(聲調) 그대로 읽는 경우가 오히려 많다는 것을 부기(附記)하여 둔다.

다음에 세자(三字) 이상으로 되어 있는 경우에 한자는 원래 그대로의 음조(音調)로 읽고, 한자는 경성(輕聲)이 되고, 다른 한자는 그 중간적인 음조로 읽는다, 와 같은 경우도 있을수 있다. 이 「중간적인 성조(聲調)」에 관해서는 아직 호칭(呼稱)은 주어지지 않고 있으나 사실은 존재(存在)할수 있는 것이지만, 요컨대 음조(音調)라는 것은 인공적(人工的)으로 결정하는 것

이 아닐뿐 아니라 무리가 없는 자연적인 음조에 따른 것이다.

5. 파음(破音)

앞서 「중국어의 음운(音韻)」중에서 중국의 문자(文字)는 「一字一音一聲」이 원칙(原則)이라고 말 했으나 한 문자(文字)가 두음 혹은 세음을 갖고 있을뿐 아니라 또 성(聲)을 둘 내지 셋을 갖고 있는 것도 있다. 이러한 글자를 「파음자(破音字)」라고 한다. 예를들면

行 ｛ (1) ㄏㄤˊ hang 항 가게(商店) 행(行)
　　 (2) ㄒㄧㄥˊ hsing 싱 좋다

즉〔行〕이라는 글자는 음을 두가지나 가지고 있고 각각 다른 의미를 나타낸다. 또

好 ｛ (1) ㄏㄠˇ hao 하오 좋은, 훌륭한
　　 (2) ㄏㄠˋ hao 하오 즐기다

이것은 음(音)은 같지만 의미에 따라서 四聲이 달리되는 예(例)이다.

6. 중념(重念)

51 페―지 「경성(輕聲)」의 항(項)에서 설명한 중념(重念)은 단어의 경우에 대해서 그 호칭(呼稱)이 적당하지 못하다는 점을 지적했지만 중념(重念)에는 종래(從來)로부터 또 하나의 의미가 있었다. 그것은 구(句) 안에서 강하게 읽는 말과 같이 「중념」이라는 호칭을 주어진 것이었으며 이 의미에 있어서의 「중념」의 생각하는 바는 옳다. 그러나 이것은 중국어에 한정한 것이 아니라 한국어나 영어는 물론 어느 나라의 말이라도 그것은 자연스러운 표현에 지나지 않을뿐, 이렇다고 특별히 말할 문제는 아니다. 즉 「나는 이것이 좋다」의 「나」「이것」「좋

다」의 세개의 어느것을 강하게 읽느냐에 의해서 의미에 조금씩의 차이가 생긴다. 영어의 인토네이숀 (intonation)이며 인간의 감정(感情)・의미(意味)의 표시(表示)에 미묘(微妙)한 차이(差異)를 부여(附與)하는 것이며 따라서 고정(固家)된 「중념(重念)」이란 있을수 없다.

7. 음미(音尾)의 소멸(消滅)

중국어에는 어미사(語尾詞)로서 〔兒〕을 동반(同伴)한 것이 많이 있다. 이러한 경우 〔兒〕의 앞의 음미(音尾)에 변화가 있는 경우가 있다.

孩 兒　hai êrh ─→ ha rh (하 얼)
今 兒　chin êrh ─→ chi rh (찌 얼)

과 같이 〔兒〕의 앞의 「i」「n」는 소멸(消滅)해서 위와 같이 된다. 여기서 한가지 주의할 것은

杏 兒　hsing êrh ─→ hsing rh (싱(씽)얼)
信 兒　hsin êrh ─→ hsi rh (씨 얼)

과 같이 되는 것이다. 종래(從來)에는 가끔 hsing 이나 hsin 이나 모두 각각 (ng) (n) 이 소멸해서 (rh) 에 계속된다, 와 같이 설명되고 있었으나, 그렇게 한다면 모두 (hsi rh) 이 되는 고로 구별 할 수가 없게 된다. 사실은 그러한 것이 아니라 (ng) 의 경우에는 음(音)이 전부 코로 나오면서 (rh) 음으로 계속되는 것으로서 (ng)음은 훌륭하게 살아있는 것이고, (n) 의 경우에는 (n) 음이 소멸(消滅)해서 (rh) 음으로 계속해서 (n) 음은 완전히 죽고있는 것이다. 이 두개의 발음의 구별(區別)은 대단히 습득(習得)하기 어려운고로 선생님으로부터 충분한 연습(練習)을 받지 않으면 안된다.

≪음미(音尾)의 n(ㄴ)과 ng(ㅇ)≫

「金」은 chin (찐), 〔京〕은 ching (찡) 입니다마는 음미(音尾)의 n (ㄴ) 과 ng(ㅇ) 의 외우는 방법은 간단합니다. 한국어의 음(音)으로 읽어서 (ㄴ) 또는 (ㅁ)으로 끝나는 한자의 중국음은 음미(音尾)가 n(ㄴ) 이고 (ㅇ) 으로 끝나는 한자의 중국음은 음미가 ng(ㅇ) 이 됩니다. 다음의 예(例)를 보십시오. 安・便・人・碗 등은 (ㄴ), 心, 音 등은 (ㅁ)으로 끝나고 있읍니다. 그리고 중국어의 음도 an・pien・jên・wan・hsin・yin 과 같이 음미(音尾)는 n 이 되고, 昻・經・桑・長 은 한국어의 음은 (ㅇ)으로 끝나며 중국어도 ang・ching・sang・chang 과 같이 어느 것이나 ng 로 끝납니다.

"안녕하십니까"의 중국어

우리말과 같이 일정하지 않읍니다. 아침이면, 早啊〔자오(ㅡ) 아〕, 您早啊〔닌(／) 자오(ㅡ) 아〕 가 제일 많이 쓰이고, 바로 일어났을 경우에는 您早起來了〔닌(／) 자오(／) 치 라이라〕. 아침 식사 때이면 您喝茶了麽〔닌(／) 허(ㅡ) °차(／) 라마〕, 이 대답은 喝茶了〔허(ㅡ) °차(／) 라〕. 학교와 같은 곳에서 만났을 때에는 您早來了〔닌(／) 자오(ㅡ) 라이(／) 라〕 등이다. 아침・낮・저녁에 공통되는 것으로서는 〔好啊〕하오(ㅡ) 아〕. 您好啊〔닌(／) 하오(ㅡ) 아〕, 식사전후 때라면 您吃了飯了麽〔닌(／) 츠(ㅡ) 라 왠(／) 라 마〕 등이고 이에 대한 대답은 吃了〔°츠(ㅡ) 라〕. 길에서 만났을 때에는 您上那兒去〔닌(／)쌍(＼) 나(ㅡ) 얼 취(＼)〕 와 같은 것.

一부터 十까지의 중국어

이(ㅡ), 얼(＼), 싼(ㅡ), 쓰(＼), 우(ㅡ),
려우(＼), 치(ㅡ), 빠(ㅡ), 져우(ㅡ), 쓰(ㅡ).
이것이 一부터 十까지의 서수(序數).
한개, 두개하고 셈 할 때에는, 이(／)거, 량(ㅡ)거,
싼(ㅡ)거, 쓰(＼)거, 우(ㅡ)거, 려우(＼)거, 치
(／)거, 바(／)거, 져우(ㅡ)거, 쓰(／)거.

第 四 日

第 一 課   어순의 기본형 (1)

```
주어(主語) + 술어(述語)
         (자동사(自動詞))
……은(이)……하다.
```

(1) 我 去   나는 (내가) 간다.
　　워(ㅡ) 취(ㄟ)

(2) 你 來   당신은 (이) 온다.
　　니(ㅡ) 라이(ㄱ)

(3) 他 跑   그는 (그가) 뛴다.
　　타(ㅡ) 파오(ㅡ)

(4) 花 開   꽃이 핀다.
　　화(ㅡ) 카이(ㅡ)

(5) 狗 叫   개가 짖다.
　　거우(ㅡ) 쨔오(ㄟ)

<구형(句型)의 설명(說明)>

★ 「○○은 (이) △△하다」 는 것은 「주어(主語)+술어(述語)」의 순서(順序)가 된다.

★ 「…은」 와 「…이」 의 구별(區別)은 중국어에는 없다. 구별이 필요한 경우에는 주어를 강하게, 혹은 약하게 읽음에 따라서 마음의 차이(差異)를 표현한다.

★ 인칭(人稱)의 구별에 의해서 동사의 형(形)에 변화는 없다.

<발　음(發音)>

〔我〕 wo³ 워(ㅡ) 입을 충분히 내밀고 낮은 음으로 (우)

음을 내는것과 동시에 (어)로 옮기고, (어)를 길게 뽑고 또 다시 높은 음으로 끌어 올린다.

〔去〕 ch'ü⁴ 취(＼) 입을 (유이)의 모양으로 벌리고 (취) 음을 낸다.

〔來〕 lai² 라이(／) l 음을 낮은 음으로 내는 동시에 ai 를 밀어 올리는듯이 음의 끝을 끌어 올린다. 그러나 (이)는 높고 가는 음으로서 명료하게 (이) 음을 내는 것은 아니다.

〔跑〕 p'ao³ 파오(一) p 는 유기음. pa 의 a(아)를 낮고도 길게 뽑아서 (오)를 올리는 것과 같이 한다.

〔開〕 k'ai¹ 카이(一) k 는 유기음. 전체를 높고도 평탄하게 소리 내며 소리끝의 (이)는 극히 약한 음이 된다.

〔狗〕 kou³ 거우(一) o(어)를 낮고도 길게, u(우)를 높이 올린다.

〔叫〕 chiao⁴ 쨔오(＼) chi 를 높게 발음하는 것과 동시에 ao 의 음의 끝은 낮추듯이 소리 낸다.

<주 해(註解)>

〔我〕 남녀노소(男女老少) 또는 존비(尊卑)의 구별이 없이, 제일인칭은 모두가 〔我〕 이다. 〔你〕〔他〕도 같다.

〔去〕 가다. 영어의 go 에 해당한다.

〔跑〕 뛰다, 뜀박질하다, 도망하다.

〔開〕 열다, 피다 (꽃이), 벌리다 (입, 구멍등을).

〔狗〕 개(犬). 크고 작고를 막론하고 〔狗〕 라고 한다.

〔叫〕 외친다, 부르짖다, 소리를 지르는 것을 일컫는다.

<응 용(應用)>

(1) 鳥 飛 　냐오(一) 페이(一) 　새가 날은다.
(2) 鳥 吵 　냐오(一) 챠오(\) 　새가 지저귄다.
(3) 花 謝 　화(一) 세(\) 　꽃이 시든다.
(4) 雞 叫 　찌(一) 쨔오(\) 　닭이 시간을 만든다.
(5) 猫 叫 　마오(一) 쨔오(\) 　고양이가 운다.
(6) 他 跑 　타(一) 파오(一) 　그는 뛴다.

第 二 課　어순의 기본형 (2)

> 주어(主語)＋술어(형용사)
> ……은……이다.

(1) 哥 哥 大 　꺼(一) 거 따(\) 　형은 크다.
(2) 弟 弟 小 　띠(\) 디 샤오(一) 　동생은 작다.
(3) 天 氣 好 　톈(一) 치 하오(一) 　날씨가 좋다.
(4) 今 天 冷 　쩐(一) 톈(一) 렁(一) 　오늘은 춥다.
(5) 你 大 我 小 　니(一) 따(\) 워(/) 샤오(一) 　너는 크고 나는 작다.

< 구형의 설명 >

★술어(述語)로서 형용사를 사용할 경우에는 주어와 형용사

를 바로 이으며 그 사이에는 다른 말은 안쓴다.

★한국어에서는 「형님은 크십니다」 「형은 크다」 라고 어느편이고 좋으나 중국어에서는 이런 경우에 「……십니다」에 해당하는 말은 안쓴다.

★형용사는 「……이다」 라고 현상(現狀)을 가리킴과 동시에 「……였다」 라고 과거의 상태(狀態)도 가리킨다. 그런 고로 〔天氣好〕는 「날씨가 좋다」 「날씨가 좋았었다」라고 어느 편으로나 모두 된다. 다른 예도 같다.

★〔你大我小〕 「너는 크고 나는 작다」 라고 되지만 「고」에 해당하는 중국어는 없으므로 〔你大〕와 〔我小〕를 나란히 쓰면된다.

< 발 음(發音) >

〔哥哥〕 kê¹~kê 꺼(一)~거. 모음 ê (어)참조. 첫째 글자는 第一聲으로 바르고도 약간 길게 뽑고, 둘째번 글자는 경성(輕聲)으로서 짧게 낸다.

〔弟弟〕 ti⁴ ti 띠 (＼)디. 첫째 글자는 第四聲으로서 약간 길게 발음하고, 둘째 글자는 가벼운 소리로서 짧게 낸다.

〔小〕 hsiao³ 샤오(一). 쨔 (chiao) 의 경우와 같이 i (이) 음을 낸 뒤에 ao 로 옮겨 간다. (샤)를 얕은 음으로 내고 (오)를 높인다. (아)음은 길게낸다.

〔天氣〕 t'ien¹ ch'i 텐(一) 치. 〔天〕은 (텐)이 아니라, i (이)를 삽입한 유기음이다. (텐) 전체를 비교적 높고도 평탄하게 발음하고 〔氣〕(치)에서 맺는다.

〔好〕 hao³ 하오(一). ha (하)의 (a)를 낮고도 길게 뽑아서 (오)를 높인다.

〔今天〕 chin¹ t'ien 쩐(一) 텐. (쩐)을 비교적 높고도 평탄하게 낸뒤에 〔天〕을 가볍게 붙인다.

〔冷〕 lêng³ 령(ㅡ) (러)의 모음 (어)를 낮고도 길게 낸뒤에 (ㅇ)을 높여서 발음한다.

〔你大〕 (ㅡ+\) 의 모양(型)으로서 第三聲字의 〔你〕는 천천히 읽으면 第三聲 그대로도 좋지만, 你와 大를 계속해서 읽으면 〔你〕는 반상성(伴上聲)이 되며, (니)를 얕고도 길게 뽑기만 하고 곧 (따)로 계속하면, (ㅡ+\)가 된다.

〔我小〕 두자가 모두 第三聲字이므로 첫번 글자의 〔我〕를 第二聲으로 고친다. (ㅡ+ㅡ)→(/+ㅡ)의 형(型).

< 주 해(註解) >

哥哥 형, 형님. 형제자매(兄弟姉妹)는 두자를 겹쳐서 쓴다. 즉 姐姐(제(ㅡ)(제), 妹妹 메이(\) 메이), 弟弟(띠(\)디)라고 하며 둘째번 글자는 경성(輕聲)이다.

大 큰, 크기, 커지다. 중국어에서는 명사·동사·형용사등이 같은 말로서 표현되는 경우가 많다, 또한 (컸었다)라고 할 경우도 같다.

天氣 천기, 기후, 기온, 날씨.

好 좋은, 훌륭한, 원기있는, 〔大〕와 같이 「좋아지다」라고 하는 동사로도 된다. 또한 (좋았었다) 라는 과거의 표현도 같다.

今天 금일, 오늘. 〔明天〕 밍(/)텐 〔昨天〕 쥐(/)텐, 〔前天〕첸(/)텐, 〔後天〕 허우(\)텐 등은 각각 내일·어제·그저께·모레가 되며, 모두 「天」을 쓰되 「天」은 또한 경성(輕聲)으로 읽는다.

冷 춥다, 차다. (추웠다) 도 같다.

< 응 용(應用) >

(1) 쥐(/) 텐 령(ㅡ)
    昨 天 冷   어제는 추웠다.

(2) 天氣冷　　　　　날씨가 차다.
(3) 姐姐大　　　　　누님은 키가 크다.
(4) 妹妹小　　　　　누이동생은 (키가) 작다.
(5) 前天熱　　　　　그저께는 더웠었다.
(6) 今天熱　　　　　오늘은 덥다.

第 三 課　어순의 기본형 (3)

> 주어(主語)+계사(繫詞)
> 　　　　+보어(補語)
> …은…이다.

(1) 這是書　　　　　이것은 책입니다.
(2) 那是表　　　　　저것(그것)은 시계입니다.
(3) 今天是六號　　　오늘은 6日입니다.
(4) 昨天是五號
　　　　　　　　　어제는 5日이었읍니다.
(5) 他們是學生
　　　　　　　　　그네들은 학생입니다.

＜ 구형(句型)의　설명 ＞

★주어가 명사이고 보어(補語)도 명사일때에 이 둘이(＝)로서
　맺어지는 경우 다시 말하면 (……은……이다)의 형(形)은

— 61 —

주어와 보어의 사이에 「是」은 를 놓는다.

＜ 발　　음 ＞

〔這〕 chê⁴ 쩌(\). 권설음(捲舌音)에 주의 할 것.

〔是〕 shih⁴ 쓰(\). →第 一 日 (15—18). 경성(輕聲)으로 읽는다.

〔書〕 shu¹ 쑤(—). 입을 마음껏 내 밀고 shu 음을 낸다.

〔表〕 piao³ 뱌오(—). pia 까지를 얕은 음으로 뽑아서 (오)에서 튕겨 올린다.

〔六〕 liu⁴ 려우(\). liu 의 i 와 u 와의 사이에 극히 가볍게 (오)를 내는 기분으로.

〔五號〕 wu³～hao⁴ 우(ㅡ)～하오(\). 〔五〕는 반상성(半上聲)으로 읽고 얕은 음 그대로 hao 로 옮긴다.

〔們〕 mên² 먼(/). 가벼운 소리(輕聲)로 읽는다.

〔學生〕 hsüeh² shêng 슈에(/). 엉 (슈)와 (에)의 두음의 요소로서 되었고 음 끝을 높이 올리면서 (엉)을 가볍게 낸다.

＜ 주　　해 ＞

這 이것(지시대명사), 이 (지시형용사)의 두가지로 쓰인다.

是 ……이다. ……이었다, 의 두가지로 쓰인다. 또 일인칭, 이인칭, 삼인칭, 단수, 복수의 구별이 없이 모두 〔是〕를 쓴다.

書 서적, 편지, 「책」이라는 글자는 중국어에서는 「卷」의 뜻에 해당해서 「一卷의 책」은 〔一册書〕 라고 한다.

那 저것·그것 (지시대명사), 저·그 (지시형용사)의 두가지에 쓰인다. 중국어에서는 「저것」과 「그것」의 구별이 없이 모두 〔那〕 나(\)를 쓰고, 지시사(指示詞)로서는 〔這〕와 〔那〕의 두가지 밖에 없다.

表 팔뚝시계·회중시계와 같은 것을 말하며, 벽시계 사발시계 같은 것은 〔鐘〕쫑(一) 이라고 한다. 두가지를 구별하고 총칭해서 〔鐘表〕쫑(一) 뱌오(一) 라고 한다.

六號 몇월 몇일의 일(日)은 〔號〕를 쓴다.「八月十五日」은 〔八月十五號〕라고 한다. 일수(日數)는 〔天〕을 쓰고, 「육일간(六日間)」은 〔六天〕으로 쓴다.

他們 그네들. 사람의 복수는 〔們〕을 덧 붙여서 나타낸다. 「우리들」「너희들」은 〔我們〕 워(一) 먼, 〔你們〕 니(一) 먼.

學生 학생, 생도. 「학생들」은 〔學生們〕 이라고 하지만 주어에 〔他們〕 이라고 복수를 사용할 경우에 보어(補語)는 〔學生們〕이라고는 하지 않는다.

＜ 응　　용(應用) ＞

(1) 我 是 弟 弟　　나는 동생입니다.
　　워(一) 쓰 띠(丶) 디

(2) 你 是 姐 姐　　당신은 누님입니다.
　　니(一) 쓰 졔(一) 졔

(3) 他 們 是 妹 妹
　　타(一) 먼 쓰 메이(丶) 메이
　　　　　　　　그 여자들은 누이동생입니다.

(4) 這 是 表　　이것은 시계입니다.
　　쩌(丶) 쓰 뱌오(一)

(5) 那 是 鐘　　저것(그것)은 시계입니다.
　　나(丶) 쓰 쭁(一)

(6) 你 是 哥 哥, 他 是 弟 弟
　　니(一) 쓰 꺼(一) 거　타(一) 쓰 띠(丶) 디
　　　　　　　　너는 형이고 그는 동생이다.

연 습 문 제 〔1〕

1. 일인칭·이인칭·삼인칭의 단수·복수를 쓰고 각각의 자음

(字音)(읽는 법)과 사성(四聲)을 달어라.
2. 他와 大, 號와 好는 발음이 어떻게 틀리느냐?
3. 오늘·어제·내일·그저께·모레의 중국어는?
4. 중국어 한역(中國語韓譯)
   (가) 워(ㅗ) 쓰 슈에(╱) 썽
   (나) 타(一) 먼 쓰 띠(╲) 디
   (다) 니(ㅗ) 따(╲) 타(一) 샤오(一)
   (라) 나(╲) 쓰 거우(一)
   (마) 쩌(╲) 쓰 화(一)
   (바) 찐(一) 뎬 렁(一)
5. 한국어 중국어역(韓國語 中國語譯)
   (가) 그들은 중학생입니다.
   (나) 내가 가겠읍니다.
   (다) 날씨가 좋다.
   (라) 내일은 열흘(10日) 입니다.
   (마) 개가 뛴다.
   (바) 그것은 시계입니다.

≪ 라디오와 중국어의 공부 ≫

단파수신기가 아니래도 밤이 깊어지면 중국어의 본고장 방송이 들립니다. 무엇을 방송하고 있는지는 몰라도 같은 방송국의 같은 시각의 방송을 끈기있게 듣는 동안에 지명(地名) 쯤은 들을수가 있을 것입니다. 하나의 지명이라 할지라도 실제로 귀로 들을수 있는것은 사성발음에 대단한 공부가 될 것입니다. 라디오의 중국어 강좌 방송을 듣는 것이 필요하다는 것은 두말 할 여지도 없읍니다.

第 五 日
第 四 課 어순의 기본형 (4)

> 주어(主語)＋술어(자동사)＋보족어(補足語)
> ……은(이)……이 되다(하다)

(1) 她 坐 洋 車
타(一) 쭤(／) 양(／) 쳐(一)
　　　　　　　그 여자는 인력거에 탄다.

(2) 我 的 父 親 在 家
워(→) 더 뿌(\) 친 짜이(\) 쟈(一)
　　　　　　　나의 아버지는 집에 계십니다.

(3) 學 生 當 兵
슈에(／) 성 땅(一) 삥(一)
　　　　　　　학생이 군인이 된다.

(4) 我 騎 自 行 車
워(→) 치(／) 쯔(\) 싱(／) 쳐(一)
　　　　　　　나는 자전거에 탄다.

(5) 花 子 變 財 主
화(一) 즈 벤(\) 차이(／) 쭈
　　　　　　　거지가 부자가 된다.

〈구형(句型)의 설명〉

★ 자동사가 술어로 되어 있고, 뿐만 아니라 자동사만으로는 의미가 완전치 못할 경우의 형(型)이다.
★ 이 때의 어순(語順)은 《자동사(自動詞)＋보족어(補足語)》가 된다.
★ [是]는 안쓴다.

〈발   음(發音)〉

〔坐〕 tso⁴ 쭤(\)   tsuo 와 u(우)를 가볍게 넣어 발음한다.

〔洋〕 yang² 양(／)   ya의 모음 a(아)를 분명히 발음하고, 모음은 (앙)이라고 음끝을 올린다.

〔車〕 ch'ê¹ 쳐(一)   〔這〕의 第一聲 유기음(有氣音)의 발음.

〔的〕 tê 더   tê, ti의 어느것이나 좋으나 요컨대 모음이 극히 가볍다, 전체를 짧고도 가볍게 읽는다. 경성(輕聲).

〔父〕 fu⁴ 뿌(\)   →第一日 (4) ㄷ·f, 第二日 (2) ㄨ·u.

〔在〕 tsai⁴ 짜이(\)   tsa (짜)와 i (이)의 두 음의 요소로서 발음 된다.

〔家〕 chia¹ 쟈(一)   모음은 (야)와 (이)를 떨리게 발음한다.

〔當〕 tang¹ 땅(一)   (ㅇ)은 第二日 (14)를 참조하라.

〔騎〕 ch'i,² 치(／)   (치)의 모음 (이)를 치켜 올리듯이 높인다.

〔自〕 tzǔ⁴ 쯔(\)   모음 (으)를 떨리게 발음하지 않는다. → 第一日 (19).

〈주   해(註解)〉

她 그 여자. 앞서 나온 〔他〕는 남녀를 막론하고 사용하지만 최근에는 여성에는 〔她〕를 사용한다. 발음은 같다.

坐 앉다, 타다(전차, 기차, 자동차 등에).

洋車 인력거(人力車). 〔東洋車〕라고도 한다. 천진(天津)에서는 〔膠皮〕짜오(一)피(／), 상해(上海)에서는 〔黃包車〕윙(／) 빠오(一) 처(一), 광동(廣東)에서는 〔車仔〕 처(一) 자이, 라고 한다.

我的 나의. 〔的〕는 「……의」에 해당한다. 〔他的〕 그의, 〔你

的〕너의,〔花的〕꽃의,〔狗的〕개의, →第10, 11, 13, 19 課.

父親 아버지, 부친. 어머니는 〔母親〕무(ㄧ)친. 어린애들의 말로는 부·모를 각각 〔爸爸〕빠(ㄥ) 바,〔媽媽〕마(ㄧ) 마, 라고 한다.

在家 집에 있다. 〔在〕는 「있다」「……에 있다」. 〔在〕는 사람이나 물건의 존재를 의미하며, 〔在〕의 다음엔 반드시 장소를 가리키는 낱말이 놓인다.

當兵 병정이 된다. 〔當〕은 「……이 된다」「……에 취임한다」. 군인이 된다, 관리가 된다, 과장이 된다, 등과 같다. 〔兵〕은 한 자(字)로서 병정, 군인의 뜻이 된다.

騎 타다. 그러나 걸터 앉아서 타는 경우를 말하며, 「말을 탄다」는 것은 〔騎馬〕치(ㄥ) 마(ㄧ)라고 해서 〔坐〕와는 구별한다. 자전거도 역시 걸터 앉아서 타는고로 〔騎〕를 쓴다. 또한 〔上車〕쌍(ㄥ) 쳐(ㄧ)라는 말이 있는데 이것은 차에 타는 동작을 가리켜서 말하는 것으로서, 「어서 타십시오」라고 말 할 경우에는 〔上車〕이고, 〔下車〕싸(ㄥ) 쳐(ㄧ) 「내린다」와 서로 반대되는 말이다.

自行車 자전거. 또한 「자동차」는 〔汽車〕치(ㄥ) 쳐(ㄧ), 「기차」는 〔火車〕훠(ㄧ) 쳐(ㄧ), 「전차」는 〔電車〕뗀(ㄥ)쳐(ㄧ), 「삼륜차」는 〔三輪車〕싼(ㄧ) 룬(ㄱ) 쳐(ㄧ), 「버스」는 〔公共汽車〕꿍(ㄧ) 궁(ㄥ) 치(ㄥ) 쳐(ㄧ), 혹은 〔長途汽車〕창(ㄱ) 두(ㄱ) 치(ㄥ) 쳐(ㄧ), 「비행기」는 〔飛機〕페이(ㄧ) 지(ㄧ) 라고 한다.

花子 거지. 〔乞丐〕츠(ㄧ) 까이(ㄥ), 〔化子〕화(ㄥ) 즈, 라고도 말한다.

財主 부자(富者). 가난한 사람은 〔窮人〕츙(ㄱ) 런 이라고 한다.

— 67 —

	단수(單數)	복 수(複數)	단수소유격 (單數所有格)	복수소유격 (複數所有格)
일인칭 (一人稱)	我	我們	我的	我們的
이인칭 (二人稱)	你	你們	你的	你們的
삼인칭 (三人稱)	他(她)	他(她)們	他(她)的	他(她)們的

〈응 용(應用)〉

(1) 他 在 樓 上
　　타(一) 짜이(\) 로우(／)
　　　　　　　　그는 이층에 있다.

(2) 我 在 東 京
　　워(一) 짜이(\) 뚱(一) 징(一)
　　　　　　　　나는 동경에 있다.

(3) 他 上 車 我 下 車
　　타(一) 샹(\) 쳐(一) 워(一) 쌰(\) 쳐(一)
　　　　　　그는 차를 타고 나는 내린다.

(4) 悟 空 變 小 人
　　우(／) 쿵(一) 뻰(\) 샤오(一) 런(／)
　　　　　　손오공(孫悟空)이 난쟁이가 된다.

(5) 母 親 坐 汽 車
　　무(一) 친 쭤(\) 치(\) 쳐(一)
　　　　　　어머니는 자동차에 타신다.

(6) 哥 哥 當 先 生
　　꺼(一) 거 땅(一) 셴(一) 성
　　　　　　형님께서 선생이 되신다.

第五課 어순의 기본형 (5)

주어+술어(述語)(타동사)+목적어(目的語)
……은(이) ……을 ……한다.

(1) 我 看 今 天 的 報
　　워(一) 칸(\) 찐(一) 톈 더 빠오(\)
　　　　　　나는 오늘의 신문을 본다.

— 68 —

(2) 他 有 十 塊 錢
　　타(ㅡ) 여우(ㅡ) 스(㷍) 콰이 첸(㷍)
　　　　　　　그는 십원을 갖고 있다.

(3) 母 親 做 菜
　　무(ㅡ) 친 쭤(㷎) 차이(㷎)
　　　　　　　어머님께서 반찬을 만드신다.

(4) 我 們 吃 飯
　　워(ㅡ) 먼 츠(ㅡ) 앤(㷎)
　　　　　　　우리들은 밥을 먹는다.

(5) 弟 弟 念 書
　　띠(ㆍ) 디 녠(㷎) °수(ㅡ)
　　　　　　　동생은 책을 읽는다.

(6) 妹 妹 買 點 心
　　메이(㷎) 메이 마이(㷍) 뎬(ㅡ) 신
　　　　　　　누이 동생은 과자를 산다.

< 구형(句型)의 설명 >

★동사가 타동사인 경우, 목적어는 그 뒤에 놓인다.
★그러므로 어순(語順)은 전과(前課)와 같다.

< 발　　　음(發音) >

〔看〕 k'an⁴ 칸(㷎) (카)는 유기음으로서 강하며, 第四聲이므로 (카)를 높이 발음하고 (카)의 모음 (아)를 명료하게 낸 뒤에 (ㄴ)으로서 끝낸다.

〔報〕 pao⁴ 빠오(㷎) 무기음으로서 요령(要領)은 위와 같다.

〔有〕 yu³ 여우(ㅡ) (유)가 되지 않도록 주의하라, (이)를 짧게 소리낸 후에 곧 (오)를 낮고도 길게 뽑아서 가볍게 (우)를 끌어 올린다.

〔十〕 shih² 쓰(㷍) (是)의 第二聲→第一日 (15)—(18).

〔錢〕 ch'ien² 첸(㷍) chen 이 아니라 모음의 i (이)를 넣어서 발음한다.

〔母〕 mu³ 무(ㅡ) 모음 u(우) 에 주의. →第二日(2.)

〔做〕 tso⁴ 쭤(\) 〔坐〕와 자음·四聲이 모두 같다.

〔菜〕 ts'ai⁴ 차이(\) 〔在〕의 유기음(有氣音).

〔吃〕 ch'ih¹ 으즈(一) →第一日 (15)—(18).

〔飯〕 fan 팬(\) (ᅋᅡᆫ·아·ㄴ)하고 세음으로 발음하지 않고 (애)와 (ㄴ)을 四聲으로 발음한다.

〔念〕 nien⁴ 녠(\) 이것도 (넨)이라고 발음하지 않도록 주의, 반드시 (니)의 모음 i (이)를 분명히 낸 뒤에 (엔)하고 낮춘다.

〔買〕 mai³ 마이(ᐯ) (마)의 모음 (아)를 분명하고도 나즈막하게 끌면서 치켜 올린다. 여기서는 다음의 〔點〕도 第三聲이기 때문에 〔買〕는 第二聲으로 바뀐다.

〔點〕 tien³ 뎬(ᐯ) (데)가 아니라 (디)를 발음한 후에 (에)를 나지막하게 발음하면서 (ㄴ)으로 올린다. 그러나 〔點心〕이라고 잇달을 때에는 〔點〕은 반상성(半上聲)이 되므로 (ㄴ)의 부분을 올리지 않고, tien 전체를 낮은 음 그대로 (신)하고 계속한다.

< 주 해(註解) >

看 본다, 읽는다. 그러나 눈으로 훑어 보는것 같은 것을 가리켜서, 즉 신문, 잡지, 소설을 읽는다, 라고 할 때에 쓰인다.

報 신문. 〔今天的〕의 〔的〕는 「오늘의」의 「의」에 해당한다. 신문은 〔報〕라고 하며 〔新聞〕이라고는 아니한다. 〔新聞〕 씬(一) 원(/), 이라면 뉴우스를 가리킨다.

有 있다. 갖는다. 소유한다. →第十三課

十塊錢 십원. 〔錢〕은 「돈」, 그러므로 「有錢」은 돈을 가지고 있다. 일원은 〔一塊錢〕 이(/) 콰이 첸(/), 십전은 〔一毛錢〕 이(\) 마오 (/)첸 혹은 〔一角錢〕 이(\) 쟈오(一) 첸(/), 일전은 〔一分錢〕 이(\) 펀(一) 첸(/).

做菜 요리를 만든다. 〔做〕만든다, ……을 한다. 의 두가지 뜻이 있다. 〔菜〕반찬, 요리. 〔中國菜〕쭝(ㅡ) 궈(／) 차이(＼)는 중국요리, 〔韓國菜〕한(＼)궈(／)차이 (＼)는 한국요리.

吃飯 식사를 한다, 밥을 먹는다. 〔吃〕먹는다. 〔飯〕밥, 또는 모든 의미의 식사. 〔做飯〕밥을 짓는다. 〔開飯〕식사를 한다. 그러므로 買菜→做菜→開飯→吃飯의 순서가 된다.

念書 책을 소리내어 읽는다, 공부한다. 〔看〕은 속으로 읽는것, (묵독(默讀)). 〔念〕은 소리내어 읽는것. 〔念書〕라고 써서 소리내면서 책을 읽는것 즉 공부한다는 뜻에 쓰인다.

買 (마이)의 第三聲이「산다」, 파는 것은 (마이)의 第四聲. 第三聲과 第四聲의 차이뿐만으로서「산다」「판다」가 되므로 주의할것.

點心 과자 간식, 또는 아침 식사때에 쓰는「밀가루」로 만든 간단한 음식도 말한다.

＜ 응　　　　용(應用) ＞

(1) 我 買 書　　워(／) 마이(ㅡ) 쑤(ㅡ)　나는 책을 산다.
(2) 你 念 書　　니(ㅡ) 녠(＼) 쑤(ㅡ)　네가 책을 읽는다.
(3) 他 賣 書　　타(ㅡ) 마이(＼)쑤(ㅡ)　그가 책을 판다.
(4) 先 生 教 書　셴(ㅡ) 성 쨔오(ㅡ) 쑤(ㅡ)　선생님이 책을 가르치신다.
(5) 我 愛 你　　워(ㅡ) 아이(＼) 니(ㅡ)　나는 너를 좋아한다.
(6) 他 們 吃 點 心　타(ㅡ) 먼 츠(ㅡ) 뎬(ㅡ) 신
　　그들은 과자를 먹는다.

第六課 어순의 기본형 (6)

> 주어(主語)+술어(述語)+간접목적어(間接目的語)+직접목적어(直接目的語)
> ……은 ……에게 ……을 ……한다.

(1) 워(╱)게이(ㄧ) 타(ㄧ) 쯔(╲) 라이(╱)쉐이(╱) 비(ㄧ)
　　我　給　他　自　來　水　筆
　　　　　나는 그에게 만년필을 준다.

(2) 타(ㄧ) 원(╲) 워(ㄧ) 쨔(╲) 첸
　　他　問　我　價　錢
　　　　　그는 나에게 값을 묻는다.

(3) 워(ㄧ) 쨔오(ㄧ) 타(ㄧ) 쭝(ㄧ) 궈(╱) 화(╲)
　　我　教　他　中　國　話
　　　　　나는 그에게 중국어를 가르친다.

(4) 타(ㄧ) 까오(╲) 수 워(ㄧ) 스(╱) 화(╲)
　　她　告　訴　我　實　話
　　　　　그 여자는 나에게 바른 말을 알린다.

(5) 워(ㄧ) 쏭(╲) 타(ㄧ) 리(ㄧ) 우(╲)
　　我　送　他　禮　物
　　　　　나는 그에게 선물을 보낸다.

< 구형의 설명 >

★第五課의 형(型)과 비슷하지만 여기서는 직접목적(直接目的)과 간접목적(間接目的)의 두개를 동반하고 있다.

★이 경우에 동사의 다음에 《간접목적+직접목적》의 순서로 놓는다.

★이 어순(語順)은 영어와 같다.

< 발　　음 >

〔給〕 kei³ 게이(ㄧ) (에)를 낮게 발음하면서 (이)로 올린

다. 그러나 여기서는 반상성(半上聲)이므로 (게이) 전체를 저음(低音)으로 내고 다음에 〔他〕로 옮긴다.

　〔自〕 tzu⁴ 쯔(╲) →第一日 (19).

　〔水〕 shui³ 쒜이(─) shu 의 모음은 (우)이지만 다음의 모음 (이)로 옮기기 위해서 (우)는 (어)에 근사하게, 즉 (우)와 (어)의 중간 모음이 되고 극히 가볍게 (에)를 통하는 기분으로 (이)로 옮긴다. (우에)까지가 낮고 (이)로 올린다. 그러나 여기서는 다음의 〔筆〕가 第三聲이기 때문에 第二聲으로 변화한다.

　〔問〕 wên⁴ 원(╲) (우)는 입술을 내밀고 세고도 똑똑한 (우)를 낸다.

　〔價〕 chia⁴ 쨔(╲) cha 가 되지 않도록 반드시 모음(이)를 통해서 (아)에서 끝난다.

　〔教〕 chiao¹ 쨔오(─) chao 가 되지 않도록, 반드시 모음 (이)를 통해서 (ao)로 끝난다.

　〔中〕 chung¹ 쭝(─) (쭈·엉)이라고 말하는 기분을 가지고 (우)와 (어)를 극히 가볍게 떨면서 소리낸다.

　〔國〕 kuo² 궈(╱) 모음(워)를 올리듯이 발음한다.

　〔告〕 kao⁴ 까오(╲) 꼬(─)라고 발음해서는 안되며 모음은 (아오)라고 발음한다.

　〔訴〕 su⁴ 쑤(╲) 입술을 내밀고 (우)를 분명히 낸다. 여기서는 경성(輕聲).

　〔實〕 shih² 쓰(╱) 〔十〕(쓰) 와 꼭 같다.

　〔送〕 sung⁴ 쑹(╲) 〔中〕과 같은 요령(要領)으로서 (웅)이 내려 간다.

　〔禮〕 li³ 리(─) 혀를 말지않도록 할것, 영어의 R 이 아

니라 L 음이다. 여기서는 반상성(半上聲)으로서 얕은음 그대로 옮긴다.

〔物〕 wu⁴ 우(＼) 입술을 내민다. →第二日 (2).

< 주　　　해 >

給 준다, ……에게 준다, ……을준다. 〔給他〕그에게 준다. 〔給錢〕돈을 준다. 〔給他錢〕 그에게 돈을 준다.

自來水筆 만년필. 〔自來水〕는 수도(水道)를 가리킨다. 「볼ー펜」은 〔原子筆〕이다. 「샤프펜슬」은 〔活動鉛筆〕.

問 묻는다, ……에게 묻는다, ……을 묻는다. 〔問他〕그에게 묻는다. 〔問道〕길을 묻는다. 〔問他道〕그에게 길을 묻는다.

價錢 가격, 값, 정가.

教 가르친다, ……에게 가르친다, ……을 가르친다. 〔教他〕그에게 가르친다. 〔教話〕말을 가르친다, 〔教他話〕그에게 말을 가르친다.

中國話 중국어. 〔話〕는, 말, 이야기. 〔韓國話〕한(＼)궈(／)화(＼)한국어, 〔英國話〕잉(ー) 궈(／)화(＼)영어. 〔學話〕슈에(／) 화(＼) 말을 배운다. 〔說話〕숴(ー) 화(＼) 이야기를 한다.

告訴 알린다, 통지해서 알린다. 우리말의 고소(告訴)의 뜻이 아니다. 발음은 kao(＼) sung 이라고도 읽는다.

實話 실지로 있는 이야기, 정말.

送 증정(贈呈)한다. 〔送他〕그에게 증정한다. 〔送禮物〕선물을 보낸다. 〔送他禮物〕그에게 선물을 보낸다.

< 응 용 >

(1) 父(\)親 給(/)我(一)錢(/)
　　뿌 친 게이 워 첸
　　　　아버지께서 나에게 돈을 주신다.

(2) 媽(一)媽 給(/)我(/)點(一)心
　　마 마 께이 워 뎬 신
　　　　어머니께서 나에게 과자를 주신다.

(3) 我(/)問(\)他(一)名(/)字
　　워 원 타 밍 즈
　　　　나는 그에게 이름을 묻는다.

(4) 我(/)還(/)他(一)書(一)
　　워 환 타 수
　　　　나는 그에게 책을 돌려 준다.

(5) 哥(一)哥 教(\)弟 弟 英(一)國(/)話(\)
　　꺼 거 쨔오 띠 디 잉 궈 화
　　　　형이 동생에게 영어를 가르친다.

연 습 문 제 〔2〕

1. 話와 花, 十와 實와 細, 買와 賣, 報와 跑, 點과 天의 각각의 발음의 차이를 말하라.
2. 做의 발음과 의미를 말하고 용례(用例)를 들어라.
3. 騎車, 坐車, 上車의 발음을 쓰고, 뜻의 차이를 말하라.
4. 다음의 중국어를 한국어로 번역하시오.
　(가) 워(ˇ) 더 쨔(一) 짜이(\) 뿌(一) 완(一).
　(나) 타(一) 여우(ˇ) 이(\) 마오(/) 첸(/).
　(다) 에(/) 엉 칸(\) 쑤(一).
　(라) 띠(\) 디 마이(ˇ) 빠오(\).
5. 다음 문장을 중국어로 번역하시오.
　(가) 나는 상인(商人)이 된다. (나) 나는 그에게 묻는다.
　(다) 그는 나에게 책을 줬다. (라) 어머니는 집에 계십니다.

第 六 日

第 七 課 어순의 기본형 (7)

> 주어(主語)＋술어(述語)＋목적어(目的語)＋보족어(補足語)
> ……은 ……이(를) ……라고 ……한다
> ……은 ……에게 ……을 ……한다

(1) 我 想 那 些 個 好
　　워(↗) 샹(一) 나(↘) 세(一) 거 하오(一)
　　　　　　　　나는 그것들이 좋다고 생각한다.

(2) 他 請 我 吃 飯
　　타(一) 칭(↗) 워(一) 츠(一) 퐌(↘)
　　　　　　　그는 나를 식사에 초대한다.

(3) 他 說 我 糊 塗
　　타(一) 쉬(一) 워(一) 후(↗) 두
　　　　　　　그는 나를 바보라고 말한다.

(4) 當 局 禁 止 民 衆 遊 行
　　땅(一) 쥬이(↗) 찐(↘) 즈(一) 민(↗) 중(↘) 여우(↗) 싱(↗)
　　　　　　　당국은 민중의 데모를 금지한다.

(5) 孩 子 們 等 父 親 回 來
　　하이(↗) 즈 먼 덩(一) 푸(↘) 친 후이(↗) 래이
　　　　　　　애들이 아버지가 돌아오시길 기다린다.

＜구형의 설명＞

★ 보족어(補足語)는 목적어(사람이나 물건)의 성질 동작 등에 대하여 설명을 가(加)해 주고 있다.

★ ≪목적어＋보족어≫만의 어순(語順)에 대하여 말할것 같으면 第一課, 第二課, 第五課의 ≪주어＋술어(자동사)≫ ≪주

어＋술어(형용사)≫ ≪주어＋술어(타동사)＋목적어≫의 각각의 형과 같고 그것들의 ≪주어≫가 이 과〈課〉에서는 ≪목적어≫로서 쓰이고 또한 그 위에 ≪주어＋술어……≫가 가(加)하여진 형(型)이다.

＜발 음＞

〔想〕 hsiang³ 샹(一) (샤)가 아니라 (시이·아)하고 (이)를 울리며 또한 (아)를 낮은 음으로 뽑아서 (ㅇ)으로 올린다.

〔些〕 hsieh¹ 셰(一) 이것도 (세)가 아니라 (시이·에) 하고 (이)의 음을 짧게 울린다.

〔請〕 ch'ing 칭 (一) 유기음 (치)의 모음 (이)를 낮게 뽑아서 (ㅇ)으로 올린다. 여기서는 第二聲으로 바뀐다.

〔糊〕 hu² 후(／) 입을 (우)의 모양으로하여 (후)를 발음한다.

〔塗〕 t'u² 투(／) 입의 모양은 〔糊〕와 같다. 원래 유기음이지만 〔糊塗〕의 경우에는 무기음(두) 전성(轉聲)으로 읽는다.

〔當〕 tang¹ 땅(一) (따)와 (ㅇ)의 사이에 모음 (아)를 분명히 떨려나오게 하듯이 소리 낸다.

〔局〕 chü² 쥬이(／) (지)의 모음 (이)의 대신에 (유이)를 붙인다.

〔止〕 chih³ 즈(一) →第一日의 (15)의 第三聲.

〔衆〕 chung⁴ 쭝(＼) 〔中〕의 第四聲.

〔遊〕 yu² 여우(／) (여)는 극히 약하게 소리낼 뿐이다.

〔孩〕 hai² 하이(／) (하)의 모음 (아)를 분명히 낸 뒤에 ai (아이)의 음 끝을 올린다.

〔等〕 têng³ 덩(一) (더·ㅇ)의 요령 (要領)으로 발음하면

된다. 이와 비슷한 음으로서 〔東〕 tung 이 있으나 이것은 (뚱) 의 요령이다. 〔等〕은 모음 (우)를 전연 떨지 않고 (더)는 약간 (다)에 가깝게 발음한다.

〔回〕　hui² 후이(／) 엄밀(嚴密)하게 말하면 hu 는 입술을 내밀고 후(一)라고 하면서 약하게 (에)를 통해서 (이) 에서 끝낸다. 〔來〕는 경성(輕聲).

<해　　　설>

想　생각한다, ……이라고 생각한다. 〔我想〕 나는 생각한다. 나는 ……이라고 생각한다. 〔想他〕 그의 일을 생각한다(염려한다), 〔想好〕 좋다고 생각한다.

那些個　그것들, 저것들, 〔些〕는 복수(複數)를 가리킨다. 〔那個〕 나(丶) 거 는 (저것) (그것) 이라는 단수를 가리키고, 〔那些個〕는 (저 몇개의 것). 〔那些個好〕는 (저것들은 좋습니다)가 되며, 〔好〕는 술어 (형용사)로서 第二課의 기본형(基本型).

請　청한다, 초대한다, 부탁한다. 가장 많이 쓰이는 것은 (자 어서)(제발) 할 경우이다, 〔你請〕 당신께서 제발, 의 경우와 같이 쓰인다. 여기에서는 초대한다의 뜻.

吃飯　밥을 먹는다, 식사하는것, 식사라는 명사로도 된다.

說　말한다, 지꺼린다. 〔說話〕 얘기를 한다.

糊塗　어리석은, 바보같은, 〔我糊塗〕는 (나는 바보다)가 되며 〔糊塗〕는 형용사이기 때문에 계사(繫詞)는 쓰이지 않는다.

遊行　데모, 데모를 한다. 여기서는 동사.

孩子　어린애. 〔孩子們〕 어린애들. 사람의 복수는 〔們〕을 쓴다. 앞서 나온 〔些〕는 형용사로서 명사의 앞에 놓고 〔這些個

孩子〕〔那些個孩子〕와 같이 사용하며 〔孩子些〕라고는 아니 쓴다. 〔孩子〕는 아들의 총칭으로 두·세살이든 스무살이든 좋고 특히 어린아이를 가리킬 경우에는 〔孩兒〕하(／)얼 이라고 한다.

等　기다린다. 문어(文語)에서는 복수를 가리키는 말이 되지만 구어(口語)에서는 (기다린다)의 뜻이 된다.

回來　돌아온다, 돌아간다. 〔回〕가 (돌아온다)의 뜻이고, 〔來〕는 현재 있는 곳으로 다른 곳에서 오는 것을 말하고, 반대는 〔去〕취(＼)라고 하며, (돌아온다)의 번역에는 〔回來〕와 〔回去〕의 두가지로 말하는 법이 있다.

<응　　용>

(1) 　워(／) 　칭(一) 　타(一) 　라이(／)
　　　我　請　他　來
　　　　　나는 그에게 와 주기를 청한다.

(2) 　워(／) 　샹(一) 　타(一) 　충(一) 　밍
　　　我　想　他　聰　明
　　　　　나는 그의 두뇌가 좋다고 생각한다.

(3) 　워(一) 　쭈(＼) 　닌(／) 　이(／) 　루(＼) 　핑(／) 　안(一)
　　　我　祝　您　一　路　平　安
　　　　　나는 당신이 여행중 가시는 곳 마다 편안하시길 바랍니다.

(4) 　타(一) 　마(＼) 　워(一) 　마이(＼) 　궈(／) 　누(／)
　　　他　罵　我　賣　國　奴
　　　　　그는 나를 매국노(賣國奴)라고 욕한다.

(5) 　셴(一) 　성 　덩(／) 　워(一) 　취(＼)
　　　先　生　等　我　去
　　　　　선생님께서 내가 가는것을 기다리고 계신다.

第八課 어순의 기본형 (8)

> 어순전도(語順顚倒)의 예(例) (1)
> 술어(述語)(자동사)＋주어(主語)
> ……이 ……한다

(1) 下雨 쌰(＼) 유이(—) 　비가 온다.
(2) 颳風 꽈(—) 펑(—) 　바람이 분다.
(4) 打雷 다(—́) 레이(／) 　번개가 친다.
(4) 鬧賊 나오(＼) 제이(／) 　도적이 들어온다.
(5) 凍氷 뚱(＼) 삥(—) 　얼음이 언다.

＜구형의 설명＞

★第一課에서는 ≪주어＋술어≫의 어순(語順)을 설명하였으나 그 반대의 어순에 대하여서도 설명하겠다.

★그러나 이 어순의 전도(顚倒)는 모든 경우에 쓰이는 것이 아니라 한정(限定)된 용법으로서 관용어(慣用語)처럼 되어 있다.

★예를들면 (비가온다)는 것은 절대로 〔雨下〕 "유이(—) 쌰(＼)"라고 말하지 않고 〔下雨〕라고 말한다. 다른 예도 같다.

★대체로 말하면 이와 같은 반대의 어순이 성립되는 것은 현상(現象)을 보든가, 듣던가 직접 몸으로 체득(體得) 하든가 하는 것이 시간적으로 앞서며 그 현상을 본 뒤에야 그 물건의 실체(實體)를 파악(把握) 할 수 있다 라고 말할 수 있는 경

우로써, 예를들면 〔下雨〕는 부슬부슬 비가 오는 현상을 본 후에야 그것이 비라는 것을 알수가 있고, 〔鬧賊〕은 바삭바삭 어떠한 소리가 나므로 내다 보니까 도적이었다 라고 하는 경우에 쓰이는 어순인 것이다.

★〔下雨〕는 위의 설명과 같지마는 그러면 (비가 그친다) 라고 하는 것은 그친 뒤에야 그 그친것이 비(雨)였었다는 것을 아는 것이 아니라 눈에 보이는 비가 차차 그쳐 가는 것이므로 이 경우에는 〔雨住〕"유이(ㅡ) 쭈(ㄟ)"라고 한다. 역시 도적이 들어온 것은 〔鬧賊〕이지만 (도적이 달아난다)는 것은 〔賊跑〕 "쩨이(ㄟ) 파오(ㅡ)"가 된다.

★이 과(課)의 예문은 반드시 ≪술어＋주어≫의 어순이어야 되지만 ≪주어＋술어≫가 올바른 어순이며 ≪술어＋주어≫로도 될 수 있다, 와 같은 예(例)도 있다. (비가 그친다)는 것은 〔雨住〕인데 반대로 〔住了雨了〕라고 하는 표현도 있다. 이러한 것의 반대의 어순은 뜻밖의 일에 놀라서 (그쳤구나! 비가)라고 말할 정도의 표현이다.

＜발　　　　음＞

〔下〕　hsia⁴ 쌰(ㄟ) (싸) 가 아니라 (씨이·아)로서 모음 (이)를 발음한다.

〔雨〕　yü³ 유이 (ㅡ) →第二日 (3)의 第三聲.

〔颳〕　kua¹ 꽈(ㅡ).

〔風〕　fêng¹ 웽(ㅡ).

〔打〕　ta³ 다(ㅡ) 모음(아)를 나즈막히 끌면서 퉁겨 올린다. 그러나 여기서는 반상성(半上聲)이므로 저음(低音) 그대로 〔雷〕로 계속한다.

＜주　　　　해＞

下雨　비가 온다. 〔下〕는 비, 눈 서리 와 같은 모든 것에

쓰인다.

颳 (바람이)분다. 입으로 분다. 좁은 데로 바람이 불어나 간다, 는 것은 〔吹〕 "췌이(一)". 남방에서는 둘다 〔吹風〕 이라 고도 한다.

打 친다, 때린다, 두드린다.
鬧 떠든다, 허뜨린다, 일을 저지른다.
賊 적(賊), 도둑놈.

<응 용>

(1) 下霜 (쌰(\) 썅(一)) 서리가 내린다.
(2) 出虹 (추(一) 깡(\)) 무지개가 선다.
(3) 晃太陽 (황(一) 타이(\) 양) 해가 눈부시게 빛난다.
(4) 鬧天氣 (나오(\) 뗀(一) 치) 날씨가 나빠진다.
(5) 天晴 (뗀(一) 칭(/)) 날씨가 개인다.
(6) 雨佳 (유이(一) 쭈(\)) 비가 그친다.
(7) 風息 (뼁(一) 시(/)) 바람이 멎는(잔)다.

第九課 어순의 기본형 (9)

어순전도(語順顚倒)의 예(例) (2)
개사(介詞)(전치사)를 쓴다.

(1) 他把門關上 (타(一) 바(\) 먼(/) 꽌(一) 쌍) 그는 문을 닫는다.

(2) 巡 警 把 賊 拿 住
　　쉰(ノ) 징(ㅡ) 바(ㅡ) 제이(ノ) 나(ノ) 주
　　　　순경이 도적을 잡는다.

(3) 我 把 書 還 給 先 生
　　워(ノ) 바(ㅡ) 쑤(ㅡ) 환(ノ) 게이(ノ) 셴(ㅡ) 셩
　　　　나는 책을 선생님께 돌려드린다.

(4) 我 和 他 借 錢
　　워(ノ) 허 타(ㅡ) 쩨(\) 첸(ノ)
　　　　나는 그에게서 돈을 꾼다.

(5) 他 將 合 同 作 廢
　　타(ㅡ) 쟝(ㅡ) 허(ノ) 퉁 쩌(\) 페이(\)
　　　　그는 계약을 어긴다.

<구형의 설명>

★(……을 ……한다)의 형(型)은 第五課 ≪주어+술어(타동사)+목적어≫에서 설명하였으나 이번 과(課)에서는 이와 반대의 어순에 대해서 설명하겠다.

★(문을 닫는다)는 것은〔關門〕≪타동사+목적어≫가 되지만 이 목적어의 앞에〔把〕"바(ㅡ)"를 놓고 그것을 타동사의 앞에 놓은 것이다.

★그러나〔關門〕은〔把門關〕,〔拿賊〕은〔把賊拿〕라고 하지 않고〔把門關上〕〔把賊拿住〕와 같이〔上〕이나〔住〕등의 조동사(助動詞)를 동반하는 경우가 많다.

★≪타동사+목적어≫의 어순은 여하한 경우에도〔把〕를 사용하여 어순을 반대로 바꿀수 있는가 하면 그렇지 않고〔把〕는 원래 (손에 잡다)의 뜻으로 그것을 손에 잡아서 어떠한 동작을 가한다, 라고 할 경우와 같은 때에만 한정(限定)되는 것이다.

<발 음>

巡　hsün² 쉰(ノ) (시)의 모음 (이) 대신에 (유)를 내면서

(ㄴ)으로 옮긴다.

〔警〕　　ching³ 징(ㅡ) (지)의 모음 (이)를 길게 끈다.

〔先〕　　hsien¹ 셴(ㅡ) (셴)이 아니라 (씨·이·에·ㄴ)이다.

〔和〕　　hê² 허(／) 第二聲이지만 경성(輕聲)으로 읽는다. 또 hai⁴, han⁴ 라고도 읽는다. 다음의 〔合〕도 hê².

〔借〕　　chieh⁴ 쩨(＼) (찌)의 모음 (이)를 떨리면서 소리 낸다.

〔將〕　　chiang³ 쟝(ㅡ) (이아)를 나즈막히 뽑는다.

〔作〕　　tso⁴ 쭤(＼) (쩌)가 아니고 (우)를 가볍게 떨며 소리낸다.

〔廢〕　　fei⁴ 쩨이(＼) (후·에·이)가 아니라 (쩨이)이다.

<주　　　해>

把　　……을 손에 잡는다, ……을 손아귀에 쥔다, ……을.

門　　문, 도어, 입구.

關上　　닫는다.

拿住　　잡는다, 붙잡는다. 〔住〕는 (단단히)의 뜻.

還給　　……에게 돌려 준다. 〔還〕한 자(字) 만이면 (……을 돌려준다) (……에게 돌려 보낸다)의 양쪽이 되지만 〔給〕를 붙이면 (……에게 돌려 준다)가 된다.

先生　　스승, 선생님, 의사등의 호칭(呼稱). 또는(……씨) 하고 남자의 호칭에도 쓰인다.

和　　……와, ……은……와, ……은……에게. 여기서는 (그에게) (그에게 대해서)의 뜻이다.

將　　第三聲으로 읽고 (……을)의 뜻에 쓰인다.

合同　　계약서(契約書).

作廢　　폐지(廢止)한다, 어긴다, 위약(違約)한다.

<응　　용>

(1) 把　煤　添　上
　　바(ㅡ) 메이(ノ) 텐(ㅡ) 샹
　　　　석탄을 땐다.

(2) 他　把　狗　打　死
　　타(ㅡ) 바(ノ) 꺼우(ㅡ) 다(ノ) 쓰(ㅡ)
　　　　그는 개를 때려 죽인다.

(3) 姐　姐　把　舖　蓋　舖　上
　　졔(ㅡ) 졔 바(ㅡ) 푸(ㅡ) 가이 푸(ㅡ) 샹
　　　　누님이 이불을 깐(펀)다.

(4) 弟　弟　把　石　頭　挪　開
　　띠(\) 디 바(ㅡ) 쓰(ノ) 터우 눠(ノ) 카이
　　　　동생이 돌을 치운다.

(5) 大　家　把　他　擧　薦
　　따(\) 쟈(ㅡ) 바(ㅡ) 타(ㅡ) 쥐이(ㅡ) 젠(\)
　　　　여러사람이 그를 추천한다.

(6) 把　信　拆　開
　　바(ㅡ) 씬(\) 차이(ㅡ) 카이
　　　　편지를 뜯는다.

연　습　문　제　〔3〕

1. 想과 上, 請과 警, 糊와 和의 발음의 차이를 말하라.
2. 다음의 중국어를 우리말로 고치시오.
　(가) 워(ノ) 샹(ㅡ) 쩌(\) 거 하오(ㅡ).
　(나) 쌰(\) 유이(ㅡ) 꽈(ㅡ) 훵(ㅡ), 나오(\), 텐(ㅡ) 치.
　(다) 타(ㅡ) 바(ノ) 워(ㅡ) 나(ノ) 주.
3. 다음 문장을 중국어로 고치시오.
　(가) 누님이 옷을 빤다. 옷(衣裳)＝ 이(ㅡ) 상,　빤다＝〔洗〕시(ㅡ).
　(나) 나는 그들은 바보라고 생각한다.
　(다) 나는 그에게 돌아와 주기를 간청한다.
　(라) 햇빛이 나고, 무지개가 선다.

第 七 日

 이상 아홉개의 「형(型)」은 가장 기본적인, 다시 말하면 모든 꾸밈이 없이 과거·미래 혹은 완료(完了)·미연(未然) 등을 생각하지 않고 근본적인 「골자(骨子)」에 대하여서만 말했다. 그러나 인간의 말은 (새가 운다)는 것으로만은 만족할수 없고 (어여쁜 새가 아름다운 소리로 운다) 라고 말 하는것과같이 형용부가어(形容附加語)(──의 부분)나, 부사부가어(副詞附加語)(═══의 부분)가 필요하게 된다. 다음에는 이러한 점에 대해서 말하겠다.

第十課 어순의 기본형 (10)

형용부가어의 용법 (形容附加語의 用法)

(1) 他 的 孩 子 是 好 孩 子
　　타(ㅡ) 더 하이(／) 즈 스 하오(ㅡ) 하이(／) 즈
　　　　그의 어린애는 착한 아이입니다.

(2) 這 是 方 便 的 東 西
　　쪄(＼) 스 팡(ㅡ) 벤 더 뚱(ㅡ) 시
　　　　이것은 편리(便利)한 물건입니다.

(3) 我 吃 三 碗 飯
　　워(ㅡ) 츠(ㅡ) 싼(ㅡ) 완 팬
　　　　나는 밥을 세공기 먹는다.

(4) 你 做 的 菜 好 吃
　　니(ㅡ) 쭤(＼) 더 차이(＼) 하오(ㅡ) 츠(ㅡ)
　　　　당신이 만드는 요리는 맛있다.

(5) 那 個 有 鬍 子 的 人 是
　　나(＼) 거 여우(ㅡ) 후(／) 즈 더 런(／) 스

워(ㅡ)　더　셰(ㅡ)　성
　　　我　的　先　生
　　　　　　　저 수염을 기르고 있는 분이 나의 선생
　　　　　　　님입니다.
　　　워(ㅡ) 게이(ˇ) 니(ㅡ) 이(ˇ) 타오(ˋ) 이(ㅡ)　상　히
(6)　我　給　你　一　套　衣　裳　和
　　　량(ㅡ) 쑹(ㅡ) 셰(ˇ)
　　　兩　双　鞋
　　　　　　　나는 당신에게 옷 한벌과 신 두컬레를
　　　　　　　준다.

<구형의 설명>

★문례(文例)중의 형용부가어(形容附加語)는 他的·好·方便的·三碗·做的·那個·有鬍子的·我的·一套·一双이다.
★(1) (2) (5)는 第三課, (3)은 第五課, (4)는 第二課, (6)은 第六課의 각각의 응용(應用)이다.
★형용사는 ≪명사+형용사≫와 ≪형용사+명사≫의 두 용법이 있다. 전자(前者)는 「人好」(사람이 좋다), 후자(後者)는 「好人」(좋은 사람)과 같이 전자는 형용사가 술어로 쓰여진 경우이고, 후자는 형용사가 형용부가어로서 쓰여진 경우이다.
★형용 부가어(形容附加語)는 명사의 앞에 놓인다.
★형용 부가어에는 〔的〕을 동반하는 것과 그렇지 않은 것이 있다. 〔三碗〕〔那個〕〔一套〕〔一双〕과 같이 수량형용사(數量形容詞)는 〔的〕을 쓰지 않고 다음의 명사와 곧 이어서 쓴다. 그 외의 것은 〔的〕을 붙여서 쓰는 것이 원칙이지만 형용부가어(形容附加語)가 한 자(字) 뿐일 경우에는 〔的〕를 생략하는 것이 보통이다. 〔好孩子〕의 〔好〕와 같이.

＜발　　음＞

〔方〕　　fang¹ 꽹(ㅡ) (후・아・ㅇ)이 아니라 (꽹)이다.

〔便〕　　pien⁴ 삔(＼) (비)의 모음 (이)를 가볍게 떨어가지고 (엔)이라고 소리낸다. →第二日 (23).

〔東〕　　tung¹ 뚱(ㅡ).

〔西〕　　hsi¹ 시 〔ㅡ〕 〔東西〕의 〔西〕는 여기서는 경성(輕聲)이다. 그러나 東西南北의 경우의 〔西〕는 第一聲으로 읽는다.

〔三〕　　san¹ 싼(ㅡ)

〔碗〕　　wan³ 완(ㅡ) (와)의 모음 (아)를 분명히 내도록.

〔壺〕　　hu² 후(／) 입을 (우) 모양으로 벌린 후에 (후)를 소리내면 된다.

〔人〕　　jên² 런(／).

〔一〕　　i¹ 이(ㅡ) 입을 옆으로 벌리고 똑똑하게 (이) 하고 발음한다. 「一」의 다음에 第一聲・第二聲・第三聲의 글자가 있는 경우에는 「一」는 第四聲으로 바꿔서 읽고, 〔一〕의 다음에 第四聲의 글자가 있을 때에는 〔一〕은 第二聲으로 바꿔 읽는다.

〔套〕　　t'ao⁴ 타오(＼) (토ㅡ)라고 읽지 않도록 주의, (타오) 하고 분명히 발음 하여라.

〔兩〕　　liang³ 량(ㅡ) (량)이 아니라 (이아)의 모음을 울리면서 특히 (아)를 나즈막하고 길게 뽑는다. 여기서는 반상성(半上聲)이다.

〔雙〕　　shuang¹ 쐉(ㅡ).

〔鞋〕　　hsieh² 세(／) 이것도 모음 (이)를 떨면서 발음한다.

<주 해>

他的   명사에〔的〕가 붙으면 (……의)와 같이 소유격 (所有格)이된다.〔今天的〕(오늘의),〔學校的〕(학교의),〔衣裳的〕(옷의)와 같이 모든 명사에 붙어서 형용부가어(形容附加語)를 이루고 다음의 명사에 계속된다.〔他的孩子〕(그의 어린아이),〔今天的報〕(오늘신문),〔衣裳的土〕(옷에 묻은 먼지)와 같이.

好   훌륭한, 좋은, 멋진.〔好孩子〕(착한아기)와 같이 되며,〔好〕는 형용부가어(形容附加語)로서 사용되고 있다.〔孩子好〕라고 하면 (어린이는 좋다, 어린이는 좋은 것이다)라고 하듯이〔好〕는 술어(述語)가 된다.

的   〔他的〕의 경우에는〔的〕를 쓰고〔好〕인 경우에는〔的〕를 사용하지 않으나, 형용부가어의 원칙으로 말하면〔好的孩子〕로 한들 좋지만은 형용부가어가 한 자(字)인 때에는 보통〔的〕를 생략한다. 예를들면 (붉은 꽃은〔紅的花〕)라고 하여야 할 것을〔紅花〕라고 하며, (좋은 날씨)를〔好天氣〕, (둥근 테불)은〔圓卓子〕라고 한다.

「是」와 형용부가어   형용사가 술어로 되어 있는 경우에는〔是〕를 동반하지 않는다고 第二課에서 설명하였으나, 이 과(課)의 (1) (2)는 모두〔是〕를 쓰고 있다. 이것은 이 과에서는 형용사가 술어로 되어있기 때문이 아니다, 오직 명사의 부가어(附加語)가 되어 있어서 (1)은〔是〕가 다음의 명사〔孩子〕에, (2)의〔是〕는〔東西〕에 속하고 있으므로 이러한 경우에는 第三課와 같이〔是〕를 동반한다.

方便的   편리한. 문장의 예 (2)는〔這是東西〕(이것은 물건입니다)가 원형(原型)이고,〔東西〕에〔方便的〕라는 형용부가어를 붙인 형(形)이다. 이 경우에〔的〕는 원칙대로 반드시 사용하지 않으면 안된다. (이것은 편리하다) 라고 하는 것은

〔這方便〕이라 하고, 〔這是方便〕이라고는 하지 않는다.

三碗 세공기의. (3)은 〔我吃飯〕의 원형에〔三碗〕이라는 형용부가어를 쓴 형(形)이다. 우리말로는 (세공기의 밥)(밥을 세공기)라고 다 쓰지만, 중국에서는 수량형용사(數量形容詞)는 반드시 명사 앞에 놓아서, 〔三碗飯〕〔一套衣裳〕〔兩雙鞋〕와 같이 쓴다. 그리고 (석잔의)의 (의)에 해당하는 〔的〕는 쓰지 않는다. 앞서 말한바와 같이 수량형용사에는 〔的〕를 사용하지 않고 명사에 곧 이어서 쓴다. 가령 (한 사람의 사람, 사람 한 사람)은 〔一個人〕이라고 할 뿐이지, 〔一個的人〕이나「人一個」라고는 하지 않는다. 본문(本文)의 예도 〔我吃三碗的飯〕이라거나 「我吃飯三碗」이라고 하지 않는다. 또 〔碗〕은(……공기, ……그릇,)의 뜻인데 〔三杯飯〕이라고는 안한다. 〔杯〕는 잔(盃)의 경우이고, 밥인 경우에는 사발(공기)이므로 〔碗〕을 쓴다.

做的 만드는 바의, 만든바의. 동사의 다음에 〔的〕가 붙으면, (……하는 바의) (……한 바의)의 뜻이 된다. 이 경우에 중국어에서는 미연형(未然形)이나 완료형(完了形)에 구별(區別)이 없이 〔的〕만을 쓴다. 〔你的菜〕(당신의 요리), 〔做的菜〕(만드는 요리, 만든 요리),〔你做的菜〕(당신이 만드는 요리, 당신이 만든 요리)가 되고, 동사를 형용부가어로써 쓸 경우에는 반드시 〔的〕를 동반한다. 〔你做菜〕라고 하며는 (당신이 요리를 만든다)가 되고, 〔你做的菜〕라 하면 비로소 (당신이 만드는 요리)가 된다. 문례(文例) (4) 에서는 이것이 주어가 되고, 다음의 〔好吃〕가 술어가 된다.

好吃 맛 있는. 〔好喝〕마시는 음료수(飮料水) 종류가 맛 있을 때에 쓴다. 〔好看〕아름다운, 〔好聽〕귀에 기분좋게 들리는 것,과 같은 때에 쓴다.

那個 본래는 〔那一個〕라고 할 것이지만 〔一〕를 생략해서

〔那個〕라고 한 것이다. 한개를 가리킬때에 쓰는 말, (그것 하나) (저것 하나) (그것) (저것). 〔那個〕〔這個〕 는 그대로 독립되어 사용된다. 예컨데 〔我吃那個〕 (나는 그것을 먹는다), 〔他買這個〕(그는 이것을 산다). 그러나 본문의 예에서는 〔那個〕는 지시형용사(指示形容詞)로써 쓰여지고 있다. 즉 〔那個(有鬍子的) 人〕이 되어 (저…… 수염 있는 …… 사람)의 의미이고 〔那個人〕(저 사람)의 용법의 〔那個〕와 〔人〕과의 사이에 〔有鬍子的〕라는 형용부가어가 삽입(挿入)되어 있는 것이다.

有鬍子的 이 〔的〕는 〔鬍子的〕(수염의)라고 계속되는 것이 아니라, 〔有鬍子〕(수염을 가진) 전체에 걸쳐서 (수염을 가진 바의……) (수염을 기르고 있는 바의……)가 된다. 문례 (5)의 원칙 짜임은 「那個人是先生」이며, 그것에 〔有鬍子的〕와 〔我的〕가 부가(附加)된 형(形)이다.

一套衣裳 옷 한벌. 〔套〕는 의류(衣類)의 한벌이라는 말이고, 옷 하나는 〔一件〕 "이(／) 젠(＼)" 이라고 한다.

兩雙鞋 신 두켤레. 〔雙〕은 두개가 하나로 된것을 가리키는 말. 〔一雙襪子〕 (한 켤레의 양말), 〔一雙鞋〕한켤레의 신발. 一·二·三……의 서수(序數) 의 경우에는 〔一〕〔二〕〔三〕……하고, 한개, 두개, 세개……라고 할 때에는 〔二〕를 안 쓰고 〔兩〕을 쓴다. 〔鞋〕는 (짚신)이 아니고 신(구두, 주로 단화)를 말한다.

和 ……및……. 〔這個和那個〕(이것과 저것), 〔一套衣裳和兩雙鞋〕(옷 한벌과 신 두켤레).

<응 용>

(1) 타(ー) 쓰 하오(ー＼) 런(／)
　　他　是　好　人
　　　　　　　그는 착한 사람이다.

(2) 鐘(ㅡ) 路(㇏) 熱(㇏) 鬧
종로는 번화하다.

(3) 鐘(ㅡ) 路(㇏) 是(㇏) 熱(㇏) 鬧(㇏) 的 地(㇏) 方
종로는 번화한 곳이다.

(4) 我(ㅣ) 穿(ㅡ) 母(ㅣ) 親(ㅡ) 做(㇏) 的 衣(ㅡ) 裳
나는 어머니가 만드신 옷을 입는다.

(5) 我(ㅣ) 想(ㅣ) 那(㇏) 個 法(ㅣ) 子 好(ㅣ)
나는 저 방법이 좋다고 생각한다.

(6) 我(ㅣ) 想(ㅣ) 那(㇏) 是(㇏) 好(ㅣ) 法(ㅣ) 子
나는 저것을 좋은 방법이라고 생각한다.

第十一課 어순의 기본형 (11)

부사부가어의 용법
(副詞附加語의 用法)

(1) 他(ㅡ) 竟(㇏) 在(㇏) 家(ㅡ) 裏 做(㇏) 事(㇏)
그는 집에서 일만하고 있다.

(2) 今(ㅡ) 天 很(ㅣ) 熱(㇏) 我(ㅣ) 少(ㇾ) 穿(ㅡ) 衣(ㅡ) 裳
오늘은 대단히 덥다, 나는 옷을 얇게 입는다.

(3) 她(ㅡ) 的 病(㇏) 好(ㅣ) 一(ㇾ) 點(ㅣ) 兒
그 여자의 병은 좀 좋아졌읍니다.

(4) 行(ㅣ) 市 漸(ㇿ) 漸(ㅡ) 的 又(ㇿ) 漲(ㅣ) 了
시세(時勢)는 점점 또 올라 갔다.

(5) 我 累 極 了 再 休 息 一 天
　　워(ㅡ) 레이(ヽ) 지(／) 라 짜이(ヽ) 셔우(ㅡ) 시 이(ヽ) 톈(ㅡ)
　　　　　　　　　나는 대단히 피곤하다, 하루 더 쉬겠다.

<구형의 설명>

★이 과(課)의 부사(副詞)는 竟・在家裏・很・少・現在・一點兒・漸漸的・極了・一天의 아홉개이다.

★(1) 은 第五課, (2) 는 第二課와 第五課, (3) 은 第二課, (4) 는 第一課, (5) 는 第一課의 각각의 응용이다.

★부사(副詞)는 (1) 지위부사(地位副詞), (2) 성대부사(性態副詞), (3) 수량부사(數量副詞), (4) 시간부사(時間副詞), (5) 부정부사(否定副詞), (6) 의문부사(疑問副詞)의 여섯으로 크게 나눌수 있다. (4) (5) (6) 은 第二週 이하의 「표현 기본형(表現基本型)」에서 설명하기로 하고, 이 과(課)에서는 (1) (2) (3) 에 대하여 설명하겠다.

★부사 부가어(副詞附加語)는 동사・형용사의 앞에 놓이는 것이 원칙인데 수량부사(數量副詞)는 동사 형용사의 다음에 놓인다.

<발　　음>

〔竟〕 ching⁴ 찡(ヽ) (찌)의 모음 (이)를 분명히 내는 기분을 가지고 전체를 낮추어서 읽는다.

〔事〕 shih⁴ 쓰(ヽ) 〔是〕와 동음동성(同音同聲). → 第一日 (17). 第四聲으로 읽는다.

〔今〕 chin⁴ 찐(ㅡ) 음미(音尾)는 n(ㄴ)으로서 〔竟〕의 ng (ㅇ)과는 분명히 구별하라. 第一聲.

〔很〕 hên³ 헌(ㅡ)(ㄴ)을 (ㅡ)형(型)으로 하는것이 아니고, (허)의 모음 (어)를 나즈막하게 뽑아서 (ㄴ) 하고 퉁겨 올린다. 그러나 여기서는 반상성(半上聲)이므로 전체를 저음(低

— 93 —

音) 그대로 읽는다.

〔熱〕 jê⁴ 러(\) (러)를 탁음(濁音)으로 한것과 같은 음.

〔少〕 shao³ 싸오(ㅡ) 〔小〕 는 (샤·오)가 되지만〔少〕는 (사·오)가 된다. (아)를 나즈막하게 뽑고 (오)를 퉁겨 올린다 그러나 여기서는 반상성(半上聲)이므로 전체를 저음(低音)으로 읽는다.

〔點兒〕 tie³ rh 떼(ㅡ)얼 (디)의 (이)는 짧고, (어)는 (아)와 (에)의 중간음(中間音), (어)를 나즈막히 뽑고 (얼)을 퉁겨 올린다.

〔行〕 hang² 항(/) (하)의 모음 (아)를 명료하게 발음하면서 (앙)하고 끝을 올린다.

〔漸〕 chien⁴ 쩬(\) (제)가 아니고 (찌·에·ㄴ)의 세 음소(音素)로서 이루어진다. 〔漸漸〕하고 두 자(字)가 계속되었을 경우에는 첫자는 第四聲, 둘째자는 第一聲으로 바꿔서 읽는다.

〔又〕 yu⁴ 여우(\) 〔有〕의 第四聲.

〔漲〕 chang³ 쨩(ㅡ) (짜)의 (아)를 나즈막하게 뽑은 뒤에 (ㅇ)에서 퉁겨 올린다.

〔極了〕 chi² la 지(/) 라 (지)의 (이)를 밀어 올리듯이 읽고, (라)는 가볍게 붙여서 읽는다.

〔再〕 tsai⁴ 짜이(\) 〔在〕와 동음동성(同音同聲). (쯔·와·이)라고 발음 해서는 안된다.

〔休〕 hsiu¹ 셔우(ㅡ) (시·우)라고 하여도 무방하겠지만, 극히 가볍게 (어)를 삽입하듯이 발음 한다.

<주　　해>

竟　한층, 보다 더.

在家裏　집에 있어서, 집안에서. 〔在〕는 (……에 있다) 라고 하는 동사와, (……에서)라는 전치사(前置詞)의 두가지로 사용된다. 여기서는 (집에서)라고 하는 부사(副詞)의 역할(役割)을 하고, 〔竟〕과 〔在家裏〕의 두개가 〔做事〕를 수식(修飾)하고 있다. 〔他竟在家裏〕(그는 집에만 있다), 〔他竟做事〕(그는 일만하고 있다). 특히 〔裏〕는 (뒤)라는 뜻이 아니라, (……의 안에)의 뜻으로서, 〔家裏〕라고 하면 (집안), 〔在家裏〕(집안에서・집에서) 라는 것이 된다.

做事　일을 한다, 볼일을 본다. 〔做〕는 (……을 한다) (……을 만든다)의 두가지 뜻이 있다. 〔事〕는 〔事情〕 "스(\)칭"과 같으며, 일, 용무(用務)등을 가리킨다.

很　대단히. 〔很好〕(대단히 좋다), 〔很大〕(대단히 크다)

熱　더운. 〔暑〕는 문장에는 쓰지만, 말 할때에는 〔熱〕을 쓴다. 반대로 (추운)은 〔冷〕 "령(一)"이다.

少穿　얇게 입는다. 반대로 (많이 입는다)는 것은 〔多穿〕. 〔少吃〕(조금 먹는다), 〔多吃〕(많이 먹는다) (많이 먹고 그 위에 더 먹는다), 〔穿〕은 (입는다), (신는다)와 같이 손이나 발을 움직여서 입거나 신는 동작을 말한다.

一點兒　조금, 약간. (1) (2) 모두 부사는 동사・형용사의 앞에 놓여졌지만 〔一點兒〕은 동사・형용사의 뒤에 놓인다. 그리고 〔一點兒〕은 (조금의・약간의)와같이 형용사로서도 사용되며, 그때에는 명사의 앞에 놓는다. 즉 〔一點兒熱心〕(약간의 열성), 〔一點兒酒〕(약간의 술). 「兒」는 없어도 무방하다.

行市　시세(時勢).

漸漸的　점점, 차차로. 두자를 포갠 부사로서는 〔好好的〕(잘), 〔慢慢的〕(천천히), 〔快快的〕(빨리, 서둘러서) 등이 있다. 이러한 경우에는 반드시 〔的〕를 동반한다.

又　또……했다. 과거에 사용 된다.

漲　물이 넘치는것, 올라간다.

累　피곤하다, (乏) "야(／)" 라고도 한다.

極了　대단히. 〔了〕는 단정적(斷定的)인 말투. 〔了〕는 없어도 좋다. 〔極了〕는 형용사의 뒤에 놓는다. 〔極〕한 자인 경우에는 형용사의 앞이나 혹은 뒤에 놓아도 좋다.

再　또 다시, 또……. 그러나 미래인 경우에만 사용한다. 〔又〕(또……하였었다), 「再」(또……했다).

一天　하루 동안. 九月一日, 十月一日의 경우의 (一日)은 〔一號〕"이(／) 하오(＼)" 라고 한다. (하루 동안)이라고 하는 수량부사(數量副詞)는 동사의 뒤에 놓는다. 〔等一天〕(하루 동안 기다렸다), 〔走一天〕(하루 동안 걷는다). (九月一日에 간다)는 것은 〔九月一號走〕라고 한다.

정도(程度)를 나타내는 부사(副詞)

很　헌(一)(대단히)라고 번역되지만 정도(程度)로서는 그다지 높은 것은 아니다.

極　지(／) 정도(程度)가 가장 높은 것을 표시한다.

怪　꽈이(＼)〔很〕과 거의 같은 정도의 (대단히)의 뜻이지만, 〔怪冷〕(대단히 춥다), 〔怪麻煩〕(대단히 귀찮은)것과 같이 좋지 않은, 상태의 경우에 사용된다.

頗　포(一)(그만하면, 웬만큼)의 뜻이다.

一點兒　조금, 약간, 웬만큼.

些　쎼(一) 위와 같다.

太　타이(＼) 너무……지나친다, 도저히…….

最　쮀이(＼) 몇개를 비교하였을 때에 최고를 나타낸다.

頂　딩(一) 위와 같다.

更 껑(\) 비교해 보고, ……보다도 더욱…….
一樣 이(/) 양(\) 비교해서 같은 정도의 것.
一般 이(\) 빤(ー) 위와 같다.

<응　　용>

(1) 잉(ー) 화(ー) 쓰(/) 짜이 하오(ー) 칸(\)
　　櫻　花　實　在　好　看
　　　　　　　벚꽃은 참으로 아름답다.

(2) 타(ー) 짜이(\) 샹(\) 하이 쭈(\)
　　他　在　上　海　住
　　　　　　　그는 상해(上海)에 살고 있다.

(3) 타(ー) 헌(ー) 융(\) 꿍(ー) 이(/) 딩(\) 카오(ー) 쭝(\)
　　他　很　用　功　一　定　考　中
　　　　　　　그는 공부를 잘한다, 반드시 합격한다.

(4) 쩌(\) 거 꿍(ー) 쭤(\) 헌(ー) 난(/) 빤(\)
　　這　個　工　作　很　難　辦
　　　　　　　이 일은 대단히 하기가 어렵다.

(5) 타(ー) 쉮(ー) 다 쭝(ー) 궈(/) 화(\) 헌(ー) 뿌(/) 춰(\)
　　他　說　的　中　國　話　很　不　錯
　　　　　　　그가 이야기 하고 있는 중국어는 대단
　　　　　　　히 능란하다.

(6) 워(ー) 먼 만(\) 만(\) 더 저우(ー)
　　我　們　慢　慢　的　走
　　　　　　　우리들은 천천히 걷는다.

연 습 문 제 〔4〕

1. 方과 飯, 少와 小, 今과 竟, 做와 走, 각각의 발음의 차이를 말하라.
2. 다음의 의미의 차이를 말하라.
　(가) 多吃와 吃多.
　(나) 一套衣裳과 一件衣裳.
　(다) 兩杯와 兩碗.

3. 다음의 중국어를 한자(漢字)로 고치고 우리말로 번역하시오.
   (가) 니(ㄨ) 더 쭝(ㄧ) 궈(ㄧ) 화(ㄟ) 헌(ㄧ) 하오(ㄧ).
   (나) 워(ㄧ) 마이(ㄧ) 량(ㄨ) 거 몐(ㄟ) 바오(ㄧ).
   (다) 타(ㄧ) 만(ㄟ) 만(ㄧ) 더 녠(ㄟ) 쑤(ㄧ).
   (라) 쩐(ㄧ) 톈 타이(ㄟ) 렁(ㄧ), 워(ㄨ) 뚜(ㄧ) 좬(ㄧ) 이(ㄧ) 쌍.
4. 다음의 문장을 중국어로 번역하시오.
   (가) 이것은 아버지께서 주신 편지입니다.
   (나) 그는 신을 두컬레 가지고 있읍니다.
   (다) 이것은 가장 좋고도 대단히 싸다.
   (라) 나는 집에서 하루 쉽니다.
   (마) 오늘은 눈이 와서 조금 춥다.

≪중국의 상용자(常用字)≫

한자 문제(問題)의 해결법의 하나로서 중국에서는 거년(去年)에 1500 의 상용자를 선정공포(選定公布) 하였읍니다. 민중교육용(民衆敎育用)의 자전(字典)과 교과서에서 문자를 선택하여 그중에서 빈번히 나오는 한자를 조사하고, 연구를 거듭한 결과 一등 상용자로서 1010 字, 二등 상용자로서 490 字를 결정하였읍니다. 그후 보충(補充) 상용자로서 500 자를 추가(追加)하여 합계 2000 자를 상용자로서 채택하였읍니다.

물론 이것은 강제적인 것은 아니나 잡지, 신문은 물론, 일반 서적에는 될수 있는대로 이 2000 字를 주로 해서 나타내어 문맹(文盲) 타파에 도움을 꾀함과 동시에 문화의 전면적인 철저(徹底)와 발양(發揚)에 이바지 하고자 꾀하였던 것입니다.

第 二 週

 第一週에서는 「발음」과 「어순의 기본형」을 설명했다.
 第二週 이하에서는 「의문(疑問)의 형」 「명령의 형」 「부정의 형」……과 같이 「표현(表現)의 형」에 대해서 설명 하겠다.
 第二週 以下는 어법(語法)의 설명에 중점을 두고, 하나 하나의 발음의 설명은 생략하지만, 第一週의 발음 설명에 의해서 판단(判斷)하여 주기를 바란다.
 지금부터 「부정의 형」으로부터 설명하겠으나 第一週에서 설명한 것은 모든 「긍정의 형」이므로 특히 긍정형은 설명하지 않겠다.

第 八 日

第十二課 표현기본형(表現基本型)(1)

부정형(否定型)(1)「不」

(1) 這些個都不是是我的
　쩌(\) 세(ー) 거 떠우(ー) 뿌(/) 쓰 워(ー) 더
　이것들은 어느것이나 내것은 아니다.

(2) 昨天到的人不多
　줘(/) 톈 따오(\) 더 런(/) 뿌(\) 뛰(ー)
　어제 온 사람은 많지 않았다.

(3) 身體不大好, 我不上學校去
　썬(ー) 티 뿌(/) 따(\) 하오(ー) 워(ー) 뿌(/) 샹(\) 슈에(/) 샤오(\) 취
　몸이 대단히 좋지 않으므로 (않다), 나는 학교에 안간다.

(4) 肚子疼, 不想吃飯
　뚜(\) 즈 텅(/) 뿌(\) 샹(ー) 츠(ー) 팬(\)
　배가 아프므로 (아퍼서) 나는 밥을 먹고 싶지 않다.

(5) 錢不夠我不買它
　첸(/) 뿌(/) 꺼우(\) 워(ー) 뿌(\) 마이(ー) 타(ー)
　돈이 부족하므로 (부족해서) 나는 그것을 안 산다.

<구형의 설명>

★(1)은 第三課, (2)는 第二課, (3)(4)는 第二課와 第一課, (5)는 第二課와 第五課의 각각의 응용문(應用文)이다.

★부정부사(否定副詞)에는 「不」"뿌(＼)" 와 「没」"메이(／)"의 둘이 있고, 이 과(課)에서는 「不」에 대하여 설명하겠다.
★형용사・계사(繫詞)「是」・知覺, 이상의 세가지의 부정(否定)은 과거・현재・미래의 구별이 없이 모두 「不」를 쓴다.
★동사의 부정은 사건이 미래에 속하는 경우에는 「不」를 쓴다.
──第十三課.
★「不」의 위치는 형용사・동사의 앞에 놓인다. 「不」는 부정부사(否定副詞)로서 第十一課의 부사와 같은 위치에 놓인다.
☆부사를 동반하고 있는 경우의 「不」의 위치는 부사의 앞에 놓을 때와 부사의 뒤에 놓을 때의 두가지 경우가 있다.
★조동사(助動詞)를 동반하였을 경우에는, 「不」는 조동사의 앞에 놓인다.
★개사(介詞)(전치사)를 동반한 경우에 「不」는 조동사의 앞에 놓인다.

<신자발음(新字發音)>

都 tou[1]　떠우(ㅡ)　　不 pu[4]　뿌(＼)　　昨 tso[2]　쭤(／)
到 tao[4]　따오(＼)　　多 to[1]　뚸(ㅡ)　　身 shên[1]　쎤(ㅡ)
體 t'i[3]　티(ㅡ)　　肚 tu[4]　뚜(＼)　　疼 t'êng[2]　텅(／)
夠 kou[4]　꺼우(＼)　　它 t'a[1]　타(ㅡ)

〔註〕〔都〕는 원음(原音)은 tu 뚜(ㅡ)인데, 〔都〕〔都市〕와 같은 경우에는 반드시 tu (ㅡ)라 읽고, (전부, 모두)의 뜻으로는 tou(ㅡ)로 읽는다.

〔不〕는 第四聲이지만 〔是〕가 第四聲이므로 〔不〕는 第二聲으로 바꾸어서 읽는다. ──第三日 四聲의 변화(變化).

<주　　　해>

(1) 〔這些個〕 이 몇개의 것, 이것들. 〔幾個〕는 (몇개) (몇개의 것)의 두가지 의미가 있다. 〔些個〕는 (몇개의 것)의

의미로 의문에는 사용하지 않는다. 〔些個〕를 형용사로 사용해서 〔那些個人〕이라 하면 (저 사람들)이 된다. 이 경우에, 〔那些個人們〕하고 〔們〕은 사용하지 않는다. 〔幾個〕〔些個〕하고 복수(複數)가 있으면 〔們〕은 절대로 사용하지 않는다.

〔都〕 모두, 전부라는 뜻이지만 그 하나 하나를 가리키는 말.

〔不是〕 ……아니다. 〔不是〕의 다음에는 반드시 명사 혹은 명사구(名詞句)가 놓인다.

〔我的〕 나의, 나의 것, 의 두가지 뜻이 있으나 여기서는 후자(後者). 〔我的東西〕의 생략. 문례(文例) (1)은 〔這不是我的〕 이것은 나의 것이 아니다, 의 형(形)으로 〔這〕를 복수로 하여 〔這些個〕라고 하여서 그 주어를 받아서 〔都〕로 연결한 형(形)이다.

〔這不是我的〕 는 〔這不我的〕 라고는 안한다. 〔這是……〕의 부정은 반드시 〔這不是……〕 라고 한다.

〔是〕 는 (……이다) (……이었다) 어느것에나 쓰이며 한편

〔不是〕 는 (……이 아니다) (……이 아니었다)의 어느것에나 쓰인다.

〔都不是…〕 와 〔不都是〕 의 차이.

〔都不是…〕 는 어느것이나 전부……이 아니다. 전체부정(全體否定).

〔不都是…〕 는 전부가……라는 것은 아니다. 부분부정(部分否定). 다른 예를 든다면, 〔很不好〕 대단히 좋지 않다, (不很好) 그다지 좋지 않다.

(2) 〔到的人〕 도착하는 사람, 도착한 사람, 의 두가지 뜻으로 해석할수 있음은 第十課 〔做的〕에서 설명한바와 같다. 그러나 시간부사(時間副詞) 〔昨天〕(어제)이라고 하였으므로 여

기의 〔到的人〕은 (도착한 사람) (출석한 사람)이 될 것이다.

〔不多〕 많지 않다, 적다, 많지 않았다, 적었었다. 〔少〕라고 해도 무방하다. 형용사의 부정은 항상 〔不〕를 사용하고, 과거·현재·미래에도 〔不〕를 사용한다. 〔不多〕는 〔不是多〕라고는 하지 않는다. 형용사에는 〔是〕는 사용하지 않는다──第二課.

여기서는 〔昨天〕이 있으므로 과거로 번역한다. 〔明天不多〕이면 (내일은 적다)가 되며, 〔不多〕라고 하는 형(形)은 과거·현재·미래에도 같다.

(3) 〔不大好〕 그다지 좋지 않다. 〔大〕는 (그다지·대단히)의 뜻. 〔不大好〕는 앞서 설명한바와 같이 부분부정(部分否定)으로서 그다지……아니다, 가 된다.

〔不上學校去〕 학교에 아니간다. 〔上〕은 (……에)라는 전치사로서, 〔上學校去〕로서 비로서 학교에 간다,가 되며 〔不〕를 전치사의 앞에 놓고, 〔上學校不去〕라고는 하지 않는다.

(4) 〔肚子〕 배(腹).

〔疼〕 아픈, 쑤시는.

〔不想〕 ……하고 싶지 않다. 〔想〕은 원래 (생각한다)의 뜻으로서 의사(意思)를 포함한 의미로도 된다. 〔不想〕은 (생각하지 않는다) (……하고 싶지 않다)의 두가지 뜻에 쓰인다. (……하고 싶다)는 것은 〔要〕 "야오(﹨)"가 있지만 〔要〕를 부정(否定)해서 〔不要〕라고 하면 (……해서는 안된다) (……는 필요하지 않다)의 의미가 되어 버리며 (……하고 싶지 않다)고는 되지 않는다.

(5) 〔不够〕 모자란다, 부족하다. 〔它〕는 (충분한).

〔不買它〕 그것을 사지 않는다. 〔它〕는 〔他〕와 같으나,

〔他〕 그사람, 그여자, 그것 (물건을 가리킨다).
〔她〕 그여자.
〔它〕 그것 (물건을 가리킨다).
〔牠〕 그것 (동물이나 또는 물건을 가리킨다).

어느 것이나 음(音)은 t'a(一)로서 동음동성(同音同聲)이지만 글자를 가지고 구별한다. 〔買它〕 그것을 산다. 미래부정(未來否定)은 〔不〕를 동사의 앞에 놓아서 〔不買它〕라고 한다.

<응　　　용>

(1) 워(一) 뿌(／) 쩌(＼) 머 샹(一)
　　 我　不　這　麼　想
　　　　　나는 이렇게는 생각하지 않는다.

(2) 워(一) 뿌(＼) 허 타(一) 라이(／) 왕(一)
　　 我　不　和　他　來　往
　　　　　나는 그와는 교제(交際)하지 않는다.

(3) 쭤(／) 텐 뿌(＼) 렁(一) 찐(＼) 텐 렁(一)
　　 昨　天　不　冷, 今　天　冷
　　　　　어제는 춥지 않았다, 오늘은 춥다.

(4) 타(一) 뿌(／) 짜이(＼) 푸(一) 샨(一) 쭈(＼)
　　 他　不　在　釜　山　住
　　　　　그는 부산에 살고 있지는 않다.

(5) 워(一) 뿌(＼) 샹(一) 츠(一) 멘(＼) 바오(一)
　　 我　不　想　吃　麵　包
　　　　　나는 빵(만두)이 먹고 싶지 않다.

(6) 타(一) 충(一) 밍 핀(一) 싱(＼) 뿌(＼) 헌(／) 하오(一)
　　 他　聰　明, 品　行　不　很　好
　　　　　그는 두뇌가 좋다, 품행은 그다지 좋지 않다.

(7) 타(一) 이(／) 딩(＼) 뿌(＼) 라이(／)
　　 他　一　定　不　來
　　　　　그는 틀림없이 오지 않는다.

(8) 我 不 一 定 去
　　　워(ˉ) 뿌(ˋ) 이(ˊ) 딩(ˋ) 취(ˋ)
　　　나는 반드시 간다고는 작정하지 않고 있다.

第十三課　표현기본형 (2)

부정형(否定型) (2) 没, 没有

(1) 我 家 裡 没 有 底 下 人
　　워(ˉ) 쨔(ˉ) 리 메이(ˊ) 여우 디(ˇ) 샤(ˋ) 런(ˊ)
　　나의 집에는 하인이 없다.

(2) 我 很 忙, 没 有 工 夫 寫 信
　　워(ˇ) 헌(ˇ) 망(ˊ) 메이(ˊ) 여우 꿍(ˉ) 뿌 세(ˇ) 씬(ˋ)
　　나는 대단히 바쁘다, 편지를 쓸 여가가 없다.

(3) 我 剛 起 來, 還 没 吃 飯
　　워(ˇ) 깡(ˉ) 치(ˇ) 라이(ˊ) 하이(ˊ) 메이(ˊ) 츠(ˉ) 팬(ˋ)
　　나는 지금 막 일어 났을 뿐으로, 아직 식사를 하지 않았다.

(4) 前 天 我 没 能 上 他 那 兒 去
　　첸(ˊ) 톈 워(ˇ) 메이(ˊ) 넝(ˊ) 상(ˋ) 타(ˉ) 나(ˋ) 얼 취(ˋ)
　　그저께 나는 그이 한테 가지 못 하였다.

(5) 找 了 半 天 没 找 着
　　자오(ˇ) 라 빤(ˋ) 톈(ˉ) 메이(ˊ) 자오(ˇ) 자오(ˊ)
　　상당히 찾아 보았으나 찾아 내지를 못 하였다.

<구형의 설명>

★(1)은 第五課, (2)는 第二課와 第五課, (3)은 第一課와 第五課, (4)(5)는 第一課, 의 각각의 응용(應用)이다.

★〔是〕의 부정이 언제나〔不是〕임에 대해서, 반대로〔有〕의

— 106 —

부정은 어떠한 경우일지라도 〔没有〕가 된다.
★형용사의 부정은 반드시 〔不〕를 쓰며, 어떠한 경우일지라도 〔没〕는 안 쓴다.
★〔没有〕는 두가지 뜻이 있다. (1) 갖고 있지 않다, ……이 없다. (2) 동사의 부정(否定), ……하지 않았다, 이어서 〔没〕 한 자(字)와 같은 뜻이다.
★(2)의 용법을 가지고서, 〔没來〕〔没有來〕는 모두 (아니 왔다) 혹은 (아니 왔었다)라고 같은 의미가 된다.
★그러나 〔没〕가 문미(文尾)에 오는 경우엔 〔没〕 한 자를 쓰지 않고 반드시 〔没有〕의 두 자(字)를 쓴다.
★〔没〕와 〔不〕의 구별.
〔没〕는 과거의 부정(否定), 현재까지 (현재를 포함해서)의 부정(否定).
〔不〕는 미래에 향해서는 부정(否定).
그러므로 〔没在家〕와 〔不在家〕는 모두 (집에 계시지 않습니다.) 부재중(不在中)입니다. 의 뜻이지마는, 〔没在家〕는 아직까지 들어오지 않았다, 곧 돌아올런지 어떨런지는 전혀 염두에 두지 않고 오직 현재까지의 상태의 부정이다. 〔不在家〕는 아직 지금은 돌아 오지 않았고, 아직도 돌아 올것 같지 않다, 와 같이 부정을 미래에까지 연장시킨 표현이다. 그러므로 또한 〔没去〕와 〔不去〕와는, 〔没去〕는 (가지 않았다)하고 단순한 현재 상태의 부정이지만, 〔不去〕는 (가지 않는다, 가려고 하지 않는다)는 것이며, 따라서 (갈 의사는 없다)라고 하는것 같이 의사(意思)의 부정도 포함되는 경우도 있다.

<신 자 발 음>

没 mei²	메이	(／)	底 ti³	디	(—)
下 haia⁴	쌰	(＼)	忙 mang²	망	(／)
工 kung¹	꿍	(—)	夫 fu¹	뿌	(—)

寫	hsieh³	셰	(ㄧ)		信	hsin⁴	씬	(ㄟ)
剛	kang¹	깡	(ㅡ)		起	ch'i³	치	(ㄧ)
還	hai²	하이	(ㄱ)		前	ch'ien²	첸	(ㄱ)
能	nêng²	넝	(ㄱ)		上	shang⁴	샹	(ㄟ)
找	chao³	자오	(ㄧ)		半	pan⁴	빤	(ㄟ)
着	chao²	자오	(ㄱ)					

<주 해>

(1) 〔我家裡〕 나의 집안, 나의 집에는. 〔裡〕는 명사의 뒤에 놓여서 그것의 안을 가리키는 장소(場所)의 부사(副詞)가 된다. 〔我家裡〕는 〔我的家裡〕의 〔的〕를 생략한 꼴이다.

〔没有〕 ……이 없다, ……을 가지고 있지 않다.

〔有〕 ……이 있다, ……을 갖고 있다. 앞서 第四課에서 설명한 〔在〕도 (……이 있다) 의 뜻이지만 〔有〕는 (……은 ……을 소유(所有)한다), 〔在〕는 (……이 ……에 존재한다)의 뜻으로서,

장소(場所)+있음(有)+물건
물건(物件)+있음(在)+장소

의 관계가 되고

家裡 有 人 (집안에 사람이 있다)
人 在 家裡 (사람이 집안에 있다)

와 같이, 〔有〕와 〔在〕로서는, 어순(語順)이 반대가 된다.
그리고 부정형(否定形)은

有──→没有 (없다, 없었다)
在──→ {不在 (없다) / 没在 (없었다)}

(2) 〔我很忙〕 나는 대단히 바쁘다. (바쁩니다)
〔没有工夫〕 여가(餘暇)가 없다, 여가가 없었다.

〔寫信〕 편지를 쓴다. 〔寫〕는 (베낀다)는 것이 아니고 글씨를 쓰는 것이다. 〔没有工夫寫信〕이라는 표현은, 〔寫信〕은 〔工夫〕의 설명이고 여가가 없다, 어떠한 여가냐 할 것 같으면 편지를 쓰기 위한 ……이라는 의미이다. 이 표현은 〔没有寫信的工夫〕라고 하여도 좋지만 전자(前者)의 형(形)은 중국에 예전부터 있었던 형식이다. 예를 들어보면 〔没有人去〕 갈 사람이 없다, 아무도 안 간다. 〔没錢買〕 살 돈이 없다. 〔没飯吃〕 먹고자 하는 밥이 없다, 밥이 없어서 먹을수가 없다.

(3) 〔剛〕 지금 막, ……지금 곧 끝냈다. 〔剛〕은 과거부사(過去副詞)중에서 가장 현재에 가까운 시각을 표시한다. 〔現在〕는 (현재, 지금 곧)이고 〔剛〕은 〔現在〕의 조금 전(前)의 시간을 나타내는 말이다. 또한 과거에 있어서 (……하고 났을 때, ……을 끝마쳤을 때)의 뜻으로도 쓰인다.

〔起來〕 일어난다. 과거의 부사 〔剛〕이 있으므로 〔起來〕는 (일어났다)라고 과거로 번역한다.

〔還没〕 아직 ……안 했다, 아직 ……안하고 있었다. 이러한 경우에 〔還不……〕라고 하면 (아직 ……하려고는 하지 않는다)와 같이 미래의 부정(否定)이 된다.

〔没吃〕 현재까지의 부정이므로 (먹지 않았다) (먹지 않고 있다)와 같이 된다. 예를 들면 〔他没來〕는 (그는 오지 않았다) 또는 (그는 와 있지 않다)와 같이 어느 쪽이고 될 수가 있다. 또한 〔他不來〕는 금후(今後)의 부정이고 과거나 현재는 문제로 하고 있지 않다.

(4) 〔前天〕 그저께. 〔今天〕 오늘, 〔明天〕 내일, 〔昨天〕 어저께, 〔後天〕 글피, 〔前天〕 그저께, 〔大後天〕 그글피, 〔大前天〕 그끄저께.

〔没能〕 ……할수 없었다. 〔不能〕이라고 하면 (할수 없다).

〔他那兒〕 그가 있는곳. 〔那兒〕은 〔這兒〕에 대한 말로서 말하고 있는 상대방(相對方)의 현재 있는 곳이 (這兒) 이고 떨어져 있는 곳이 〔那兒〕이다. 〔我這兒〕(내가 있는 곳), 〔你這兒〕(당신이 있는 곳), 〔我那兒〕〔你那兒〕〔他那兒〕 등과 함께 쓰인다.

〔上…去〕 ……로 간다.

(5) 〔找了半天〕 오랫동안 찾았다. 〔找〕은 (물건을 찾는다) (사람을 찾는다). 〔半天〕은 〔天〕을 第一聲으로 읽으면 (오랜 시간)이 되고, 〔天〕을 경성(輕聲)으로 읽으면 (반나절)이 된다.

〔找着〕 찾아낸다. 〔没找着〕은 물론 〔没有找着〕라고 해도 같지마는 〔不〕를 쓸 때에는 〔找不着〕라는 어순(語順)이 된다.

<응　　　용>

(1) 타(一) 쮀(／) 텐 메이(／)라이(／) 밍(／) 텐 라이(／)
他 昨 天 没 來, 明 天 來
그는 어제 오지 않았다, 내일 옵니다.

(2) 런(／) 타이(＼) 뚸(一) 메이(／) 띠(＼) 빵 쮀(＼)
人 太 多, 没 地 方 坐
사람이 너무 많아서 있을 곳이 없다.

(3) 타(一) 여우(一) 쓰(＼) 메이(／)라이(／)
他 有 事 没 來
그는 볼일이 있어서 오지 않았다.

(4) 쬐(一) 즈 샹 메이(／) 여우 수(一)
卓 子 上 没 有 書
테―블 위에는 책이 없다.

(5) 메이(一) 여우 런(／) 리(一) 타(一)
没 有 人 理 他
아무도 그를 돌보아 줄 사람이 없다.

(6) 没人不知道
메이(ノ) 런(ノ) 뿌(\) 쯔(ー) 따오(\)
　　　　　아무도 모르는 사람은 없다.

(7) 他没用功, 没考中
타(ー) 메이(ノ) 융(\) 꿍(ー) 메이(ノ) 카오(ー) 쭝(\)
　　　　　그는 공부를 하지 않았다 (않았으므로),
　　　　　합격 못 했다.

(8) 我着涼, 没上學校去
워(ー) 쨔오(ー) 량(ノ) 메이(ノ) 샹(\) 슈에(ノ) 샤오(\) 취
　　　　　나는 감기가 들어서 학교에 가지 않았
　　　　　다.

연 습 문 제 〔5〕

1. 多와 都와 肚, 找와 着, 身과 先, 走와 昨의 각각의 발음의 차이를 설명하라.
2. 다음 문장의 의미의 차이를 설명하라.
   (가) 他還不死 와 他還没死.
   (나) 我想這個很不好 와 我想這個不很好.
   (다) 我没有衣裳穿 와 我没穿衣裳.
3. 다음 문장을 중국어로 번역하시오.
   (가) 이것은 그러한 뜻은 아니다.
   　　　의미(뜻)=〔意思〕 "이(\)스"
   (나) 국민은 먹을 것이 없고 살 집이 없다.
   (다) 나는 그에게는 얘기하지 않았었읍니다.
   (라) 오늘은 기분이 나쁘다, 식사를 하고 싶지 않다.
   　　　기분이 나쁘다=〔不舒服〕 "뿌(\) 쑤(ー) 푸"
   (마) 내일은 볼일이 있으므로, 당신한테는 갈수가 없다.

第 九 日

第十四課 표현기본형 (3)

> 의문형(疑問形) (1) (가) 麽 (嗎)
> (나) 의문사(疑問詞)를 쓴다
> (다) 원형(原型) 그대로

(1) 他 是 做 買 賣 的 麽?
　　그는 상인(商人)입니까?

(2) 你 送 給 他 哪 個?
　　당신은 어느것을 그에게 주겠읍니까?

(3) 剛 走 的 是 甚 麽 人?
　　지금 간 사람은 누구입니까?

(4) 你 跟 我 有 甚 麽 事 嗎?
　　당신은 나에게 무슨 볼일이 있으십니까?

(5) 你 今 年 多 大 歲 數 兒?
　　당신은 올해 몇살이십니까?

(6) 這 是 你 翻 譯 的?
　　이것은 당신이 번역하신 것입니까?

<구형의 설명>

★(1)은 第三課, (2)는 第六課, (3)은 第三課, (4)는 第五課, (5)는 第二課, (6)은 第三課의 각각의 응용(應用)이다.

★의문문(疑問文)의 표현에는 第十四課와 第十五課의 6개의 형(型)이 있다.

★긍정문(肯定文)의 문미(文尾)에 〔麼〕를 붙이면 그대로 의문문이 된다.

★문장(文章)중에 의문의 말 (무엇·언제·누구……등)을 사용했을 경우에는 문장끝에 〔麼〕를 붙이지 않고도 의문문이 된다. 문례(文例) (4)에 대해서는 주해(註解)의 항(項)을 참조하라.

★문장중에 의문사가 없고 또한 문미(文尾)에 〔麼〕도 붙이지 않고, 긍정문(肯定文) 그대로 문장 끝(文尾)에 「?」표를 붙인 의문형(疑問型)이 있다. 이것은 우리말에도 (당신의 것입니까?)라고 하여야 할 것을 (당신의 것?) 이라고 하는 것과 같다.

＜신 자 발 음＞

賣	mai⁴	마이	(╲)	麼	ma	마	
送	sung⁴	쑹	(╲)	哪	na³	나	(一)
甚	shên²	썬	(╱)	麼	mê	머	
跟	kên¹	껀	(一)	嗎	ma	마	
年	nien²	넨	(╱)	多	to²	둬	(╱)
歲	sui⁴	쒜이	(╲)	數	shu⁴	쑤	(╲)
翻	fan¹	앤	(一)	譯	i⁴	이	(╲)

【註】 〔麼〕는 문장끝의 조사(助詞)일 경우에는 ma 라 읽고, 그 외의 경우에는 mê 라고 읽는다. 어느것이나 모두 경성(輕聲)으로 읽는다.

〔多〕는 第一聲字이지만 여기와 같이 의문으로 쓰일 경우에는 第二聲.

〔哪〕는 문장끝의 조사(助詞)로서 사용될 경우에는 na 의 경성(輕聲), 의문사로서 사용될 경우에는 na (一) 라고 읽는다.

<주   해>

(1) 〔買賣〕 장사. 〔做買賣的〕로 비로서 장사하는 사람, 상인(商人). 〔的〕는(……하는 바의)의 뜻이라는 것은 앞서 설명하였지마는 여기서는 〔做買賣的人〕 (장사하고 있는 바의 사람)의 뜻이고 〔的〕는 때때로 〔人〕을 생략해서 쓴다. 〔送報的〕 신문배달부, 〔送信的〕 우편배달부, 〔送牛奶的〕 우유배달부와 같음. 〔做買賣的〕는 또한 〔買賣人〕이라고도 한다. 그러므로 〔他是做買賣的〕 또는 〔他是買賣人〕이라고 하면 (그는 상인입니다)가 되며, 이 긍정문에 〔麽〕를 붙이면 의문문이 된다.

〔是…的〕의 형(形)에 대해서. 〔是〕는 명사와 명사 (혹은 명사구)를 맺어 주는 것이고, 〔的〕는 (……하는 바의 것, ……하는바의 사람)이 되어서, 〔的〕가 붙으므로서 명사화(名詞化)가 되므로 〔是…的〕의 형(形)은 보통 볼 수 있는 것이다. 본문의 예(例)에서도 〔他做買賣〕 (그는 장사를 한다)라고도 말할수 있지만 〔他是做買賣〕라고는 할수 없다. 〔是〕의 다음이 명사 혹은 명사구가 되어 있지 않기 때문이다. 〔他是做買賣的〕가 되어야만 비로소 〔是〕의 다음이 〔做買賣的〕라고 하는 것과 같이 명사화(名詞化) 되어진 것이 놓여야만 성립된다.

(2) 〔送給他〕 그에게 준다. 그에게 증정(贈呈)한다. 〔送〕은 우편으로 보낸다는 뜻이 아니라, 갖다 준다, 보내 준다의 뜻이다. 〔給〕는 (준다)의 뜻과 (……에게, ……을 위해서)의 뜻이 있다. 〔送給他〕와 같은 표현에 〔賣給他〕(그에게 팔아 준다)라고 하는 방식도 있다. 이것들은 〔送〕이라든가 〔賣〕라던가 하는 동사 자체가 〔他〕(그 사람)에게 미치게 될 때에 쓰이는 어순(語順)이다. 그러므로 같은 표현이라고 할지라도 (그에게 사서 준다)는 것은 〔買給他〕라고 하지 않고 〔給他買〕라고 한다. 왜냐하면, (산다, 사서)라는 행위는 보내는 사람과

상인과의 사이의 관계이고, 산다는 것 자체는 (그)와는 아무런 관계가 없는 행위이다. 이와같은 경우에는 (그를 위하여 사서 주다)라는 어순이므로 〔給他買〕라고 한다. 이 어순(語順)은 〔送〕〔賣〕〔買〕 등의 행위의 성질에 따라서 어순이 틀려진다.

　〔哪個〕 어느것, 어느것 한개. 본문에서는 이것이 의문사로 되어 있으며, 문장끝에 〔麼〕를 붙이지 않고 의문문이 된다. 〔麼〕를 붙이면 틀리게 된다. 〔哪個〕는 또한 〔那個〕라고 써서 〔那〕를 第三聲으로 읽어도 좋다. 이전에는 〔那〕를 第四聲으로 읽어서 (그것·저것)이 되었고 第三聲으로 읽어서 (어느것·어떤것)이라고 하였었으나 최근에는, 의문사인 경우에는 〔哪〕의 글자를 사용한다.

　〔哪〕와 〔哪個〕 둘다 함께 뜻은 (어느것)이지만, 〔哪個〕는 〔哪一個〕의 생략으로서 (어느 하나)와 같이 단수(單數)를 가리키고, 복수(複數)인 경우에는 〔哪些個〕라고 한다. 그리고 문장 끝에 놓을 때에는 절대로 〔哪〕한 자만을 쓰지 않고 반드시 〔哪個〕〔那些個〕의 둘중의 하나를 쓴다.

　(3) 〔剛走的〕 지금 나간 바의, 지금 나간 사람. 〔的〕는 앞서도 설명한바와 같이 〔사람〕을 가리킨다. 〔走〕는 (걸어간다)의 뜻에서 (나간다·간다)와 같이 번역할 수 있다. 여기서는 〔剛走的〕가 주어. 〔…是…的〕의 형(形)이 사용되면 앞서 설명한 바와 같은 이유로서, 반대로 〔…的是…〕의 형식이 성립된다. 즉 (…하는 (한)것은 ……이다)의 형식이다.

　〔甚麼〕 무엇, 어떠한. 즉 의문사와 의문형용사의 두가지로 사용된다. 〔你吃甚麼〕 당신은 무엇을 먹는가, 〔你吃甚麼飯〕 당신은 어떠한 밥을 먹는가, 와 같이.

　〔甚麼〕와 〔哪個〕 〔甚麼〕는 종류를 묻고, 〔哪個〕는 많이 있는 물건중에서 어느 하나를 묻는 말이므로 이 둘의 뜻은 서로 틀린다.

〔甚麽人〕는 따라서, 어떠한 종류의 인간, 이라는 의문사로서, 성명(姓名), 직업(職業)등 모든 것을 포함한 광의(廣義)의 의문. 같은 종류의 낱말에 〔誰〕 "웨의(╱)" 가 있으나 이것도 역시 성명 또는 신분(身分)등을 포함한 의문이지만 〔甚麽人〕 보다는 그다지 쓰이지 않는다. 그리고 오직 성명만을 물을 경우에는 〔姓甚麽〕 "싱(╲)쩌(╱)머" 라고 하는 형식도 있다.

(4) 〔跟我〕 나와, 나에게, 의 두가지 뜻이 있고 또한 〔和我〕 라고도 한다.

〔甚麽事〕 어떠한 용무(用務=볼일), 라고 번역함이 보통이지만, 〔甚麽〕에는 (어떠한·여하한) 이라고 하는 의문사와, (무엇이……)라고 하는 반의문사(半疑問詞) 의 두가지 뜻이 있는데, 여기서는 〔甚麽事〕 는 (무슨 용무가……)라고 해석한다. 그러면 〔甚麽〕 는 여기서는 순수한 의문은 아니므로 문장끝에 〔麽〕를 붙여서 (……입니까) 라고 표현한다. 즉 (어떠한 용무?)하고 용무의 내용(內容)을 묻는 글이 아니라 (어떠한 용무가) (있는가, 없는가)를 묻는 글이고 〔麽〕의 상대는 〔有〕이므로 〔有……麽〕의 형식이 된다. 예컨데 〔誰來〕(누가 오는 것인가), 〔誰來麽〕(누가 오시는 것입니까)와 같음. 또한 〔你知道他是誰麽〕는 (당신은 그가 누구인지를 알고 있는가)가 되며, 〔麽〕의 상대(相對)는 〔知道〕이므로 (你知道……麽)가 된다.

그리고 의문사는 언제나 의문문을 만든다고는 말할 수 없다. 가령 没有甚麽 아무것도 없다.
  没見誰 아무도 만나지 않았다.
  没有幾個 얼마 없다.
와 같이 부정문(否定文)에 있어서는 의문사를 사용하여도 의문문이 되지 않는다. 이것을 의문문으로 만들기 위하여서는 문장끝에 〔麽〕〔哪〕등을 사용한다.

(5) 〔多大歲數兒〕 얼마. 〔多大〕의 〔多〕는 (얼마만한)

— 116 —

이라는 의문사로서 〔多深〕 얼마만한 깊이, 〔多長〕 얼마만한 길이 (長), 〔多高〕 얼마만한 높이, 와 같이 쓰인다.

(6) 〔…是…的〕 문장의 예 (6)도 이 형(形)을 사용하고 있다. 즉 〔的〕는 물건 혹은 사람을 나타내서 〔翻譯的〕는 (번역한바의 것)의 뜻으로서 명사화한 것이다. 이 글은 문장 끝에 (?)가 없으면 단순한 긍정문으로서 (이것은 당신이 번역한 것입니다)가 되어 버린다. 정확히 말하면 〔這是你翻譯的麼〕와 같이 〔麼〕가 필요하지만 말하는 어조(語調)를 의문의 음조(音調)로서 읽는, 즉 어미(語尾)를 당겨 올려 읽으므로써 의문문이 되는 것이다. 그러면 第四聲이 원래의 어조와 차이(差異)가 생기는 경우도 있겠지만 그것은 전혀 문제가 되지 않는다. 예를 들면 〔他是你的父親?〕의 어조는 〔親〕을 본래의 읽는 법에 구애(拘碍)를 받을 필요가 없는 것이다. 이것은 중국어의 四聲이라고 하는 한정(限定)된 관념(觀念)을 초월(超越)한 인간이 갖고 있는 어조의 중요성(重要性), 자연성(自然性)을 나타내는 것이라고 말할 수 있다.

<응 용>

(1) 你 有 中 國 衣 裳 麼?
니(✓) 여우(一) ·쭝(一) 궈(✓) 이(一) 쌍 마
　　　　당신은 중국 옷을 가지고 있읍니까?

(2) 你 多 喒 回 來?
니(一) 뚸(一) 잔 후이(✓) 라이
　　　　당신은 언제 돌아 오시겠읍니까?

(3) 怎 麼 辦 好?
전(一) 머 빤(\) 하오(一)
　　　　어떻게 하면 좋겠읍니까?

(4) 他 不 是 律 師 麼?
타(一) 뿌(✓) 쓰 뤼(\) 쓰(一) 마
　　　　그는 변호사가 아니었읍니까?

(5) 他 的 病 還 沒 好 麼?
  타(一) 더 삥(\) 하이(/) 메이(/) 하오(一) 마
  그의 병은 아직 낫지 않았읍니까?

(6) 你 禮 拜 幾 有 工 夫?
  니(/) 리(一) 바이(\) 지(一) 여우(一) 꿍(一) 푸
  당신은 무슨 요일이 한가 하십니까?

(7) 你 一 天 吃 幾 枝 煙?
  니(一) 이(\) 뗀(一) 츠(一) 지(一) 즈 옌(一)
  당신은 하루에 담배를 몇개피나 피우십니까?

(8) 在 那 裏 念 書 的 是 你 的 哥 哥?
  짜이(\) 나(\) 리 녠(\) 쑤(一) 더 쓰(\) 니(一) 더 꺼(一) 거
  저기서 책을 읽고 있는 분은 너의 형님이냐?

第十五課 표현기본형 (4)

의문형(疑問型) (2) (라) 呢
              (마) 긍정(肯定)＋부정(否定)
              (바) 是……(還)是……

(1) 王 先 生 來 了 麼, 李 太 太 呢?
  왕(/) 쎈(一) 성 라이(/) 라 마 리(一) 타이(\) 타이 너
  왕선생은 오셨읍니까, 이씨 부인은?

(2) 中 國 菜 好 吃 不 好 吃?
  쭝(一) 궈(/) 차이(\) 하오(一) 츠(一) 뿌(\) 하오(一) 츠(一)
  중국 요리는 맛이 있읍니까?

(3) 這 次 考 試 他 考 中 了
  쩌(\) 츠(\) 카오(一) 쓰(\) 타(一) 카오(一) 쭝(\) 라

　　　　메이　여우
　　　　没　有？
　　　　　　　　　이번 시험에 그는 합격 했읍니까?
　　　나(ヽ) 쓰(ヽ) 뿌 쓰 니(ー) 더
(4) 那　是　不　是　你　的？
　　　　　　　　　저것은 당신의 것입니까?
　　　니(ー) 쓰 아이(ヽ) 다(ˇ) 왕(ー) 처우(ˇ) 쓰 아이(ヽ)
(5) 你　是　愛　打　網　球，　是　愛
　　　다(ˇ)　빵(ヽ) 처우(ˇ)
　　　打　棒　球？
　　　　　　　당신은 테니스를 좋아 하십니까, 야구
　　　　　　　를 좋아 하십니까?

　　　　　　　＜구형의 설명＞

★(1)은 第一課, (2)는 第二課, (3)은 第一課, (4)는 第三課, (5)는 第五課의 각각의 응용이다.
★〔呢〕는 두가지 용법이 있다. (1) 의문문의 문장끝에 사용되어서 의문의 표현으로 된다. (그러나 〔麽〕가 있을 경우에는 쓰지 않는다). 이것은 〔啊〕 „아" 라고 하는 의문의 표현과 같다. (2) 명사의 뒤에 붙어서 다른 것과 비교하여, 이쪽은 어떠냐? 고 할 때의 의문이다. 본문의 예는 (2) 의 용법.
★긍정과 부정을 맺는 방법은 〔…是 …不是〕〔…有 …没有…〕와 같이 동사·형용사와 거기에 대한 부정사(不定詞)를 쓰는 것이어서, 〔…是 …不是…〕〔…是 不是…〕와 같이 긍정과 부정을 따로 사용하는 것과 긍정과 부정을 붙여서 쓰는 것의 두 가지의 형식이 있다.
★〔…是 …是…〕는 두개의 긍정문의 병열(並列)이지만 이것은 …이다(냐), …이다(냐), 그중의 하나를 묻는 의문문이다.
★이 과(課)에서는 설명을 생략해 버렸지만, 〔呢〕의 (1)의 용

— 119 —

법에 대해서 간단히 말하면 문장끝의 표현으로서 ……이 아닙니까?)(……이지요?)와 같이 쓰는 말에 〔啊〕 „아"가 있다. 그러나 (아)음은 곧 앞의 음미(音尾)의 영향을 받아서 ya〔呀〕, wa〔哇〕, na〔哪〕〔呢〕 등으로 글자를 바꾸어서 쓰이는데 원래는 〔啊〕 와 같은 뜻으로 의문문이나 감탄문(感嘆文)의 문장 끝의 표현인 것이다.

<신 자 발 음>

王	wang²	왕	(／)	李	li³	리	(ー)
太	tʻai⁴	타이	(＼)	呢	nê	너	
次	tʻzǔ⁴	츠	(＼)	考	kʻao	카오	(ー)
試	shih⁴	스	(＼)	中	chung⁴	쯍	(＼)
愛	ai⁴	아이	(＼)	打	ta³	다	(ー)
綱	wang³	왕	(ー)	球	chʻiu²	쳐우	(／)
棒	pang⁴	빵	(＼)				

【註】〔中〕은 보통 第一聲이지만 (적중(的中)한다, 합격한다)인 경우에는 第四聲이다.

<주　　해>

(1) 〔王先生〕 왕선생, 왕씨. 〔先生〕 은 (先生)이라는 뜻 이외에 중국에서는 이름 뒤에 붙여서 당자의 경칭으로 쓰이며, 남자에게 대해서 (당신)이라고 하는 경우에도 쓰인다.

〔李太太〕 이씨 부인, 이씨. 〔太太〕는 〔先生〕에 대해서 기혼(旣婚)부인에 대한 경칭이며 또는 (부인) (아주머니) 하고 부를 경우에도 쓴다. 미혼 부인에 대해서는 〔小姐〕 „쌰오(／) 제" 라 하고 노부인(老婦人)에게는 〔老太太〕 „라오(ー) 타이 (＼) 타이" 라고 한다. 〔女士〕 „뉴이(ー) 스(＼)" 라고 하는 말이 있지만 이것은 우리 말의 (……여사(女史))에 해당하며

격식을 갖춘 표현이 된다.

〔來了麼〕 오셨읍니까, 오셔서 계십니까. 〔了〕는 동작의 완료를 표시한다.

〔麼〕와 〔呢〕 〔麼〕는 앞서 말한바와. 같거니와, 〔呢〕는, 甲은……, 乙은……, 그렇지 않으면 丙은? 이라고 하는 경우의 (丙은?)에 해당한다. 예를들면 〔你是張先生麼, 錢先生呢〕 (당신은 장씨이십니까, 전씨는?) 하고 말하는 어조이다. 그리고 전화(電話)의 예를들면,

(甲) 喂！ 您是毛先生麼　　여보세요, 毛씨입니까?
(乙) 我不是毛, 他出去了　　저는 毛가 아닙니다, 그는 외출했읍니다.
(甲) 那麼, 周先生呢？　　그러면 周씨는?

(2) 〔好吃〕라는 긍정과 〔不好吃〕라고 하는 부정을 함께 써서 (맛이 있읍니까, 없읍니까)와 같은 의문문이다. 이 문장에 〔麼〕를 쓰면 〔中國菜好吃麼〕가 된다. 그러나 〔긍정(肯定)＋부정(否定)〕의 의문과 〔麼〕를 사용한 의문이어서 뜻이 약간 다르게 된다. 전자(前者)는 (……이냐 ……아니냐) 어느쪽이냐, 라고 말하는 기분이고, 〔麼〕는 때로는「긍정＋부정」과 같은 의미인 경우도 있지만, 때로는 그 일의 뒤나 반대를 생각한다던가 또는 어떤 예상(豫想)을 포함시켜서 질문한다, 든지 할 경우의 기분이 있다.

你 去 不 去　　당신은 가시겠소, 어찌 하시겠소.
你 去 麼　　(1) 당신은 가시겠소.
　　　　　　(2) 뭐야, 당신은 가는거야?

(3) 〔這次〕 이번에. 〔這一次〕의 생략, 〔次〕는 (다음)이 아니라 (回)의 뜻. 〔考試〕 시험. 〔考中〕시험에 합격한다. 〔中〕은 第四聲으로 읽는다. 〔考〕한 자만으로 (시험) (시험본다)와 같이 명사와 동사로 쓰여 진다. 〔了〕는 완료(完了)를 표시해

— 121 —

서 (……했다).

〔没有〕는 (없다)의 뜻이 아니다. 여기서는 〔有〕의 부정이 아니고 〔没〕 한자와 같아서 과거의 부정사(否定詞)가 된다. 즉 〔没有〕는 〔没有考中〕(합격하지 못했다)의 〔考中〕을 생략한 것이다. 과거문(過去文)의 부정형(否定形)은 언제나 〔没有〕를 쓰며 더욱이 문장끝에는 동사를 동반하지 않고 오직 〔没有〕만을 쓴다. 〔没〕 한자만으로서는 안된다.

他 來 了 没 有　　　그는 왔읍니까?
你 見 他 了 没 有　　당신은 그를 만났읍니까?

〔没有〕를 사용할 때에는 문장끝의 동사를 생략하지만, 미래문(未來文)인 경우와 같이 〔不〕를 쓸 때에는 〔不〕만 가지고서는 안되고 반드시 동사 혹은 형용사를 동반한다.

他 來 不 來　　　　그는 옵니까?
你 見 他 不 見 他　　당신은 그를 만납니까?
這 個 好 不 好　　　이것은 좋습니까?

(4) 〔是不是〕 ……이냐 ……아니냐, 긍정 〔是〕와 부정 〔不是〕를 직결(直結)시킨 형식이지만 둘을 나누어서 〔那是你的不是〕라고 하여도 좋다. 그러나 이 글은 원래의 형식은 〔那是你的不是你的〕(저것은 당신의 것입니까, 당신의 것이 아닙니까?)가 된다. 이 문장을 〔麼〕를 써서 고쳐보면 〔那是你的麼〕가 되지만 이 두개의 표현은 위와 같이 묻는 사람의 마음의 약간의 차이를 생기게 하는 경우가 있다.

(5) 〔愛〕 좋다, 사랑한다, 즐긴다.

〔打〕 친다, 한다. 그러나 손을 움직여서 친다든가 때린다든가 하는 것과 같은 동작을 가져오는 경우의 (한다)라는 뜻.

〔網球〕 테니스, 정구(庭球). 〔棒球〕 야구(野球).

〔愛打網球〕 테니스 치기를 좋아한다. 정구(庭球)를 즐긴다. 〔愛〕는 (좋아한다)의 뜻이지만, 〔愛網球〕라고는 하지 않

고 좀더 상세하게 (테니스를 치기를 좋아한다)와 같이 반드시 적당한 동사를 사용한다. 우리말에 가끔 (나는 야구를 좋아한다)라고 곧잘 말하지만 이렇게 말하게 되면 (하는 것이 좋다)는 것인지 (보는것이 좋다)는 것인지를 판단하기가 매우 어렵다. 중국어에서는 전자(前者) 같으면 〔愛打網球〕가 되고, 후자(後者) 같으면 〔愛看網球〕라고 해서 확실하게 구별한다. 그리고 (나는 중국 요리를 좋아한다)는 것은 〔我愛吃中國采〕와 같이 (먹는다)라는 동사를 반드시 사용한다.

〔…是…是…〕 〔是〕는 긍정형으로 직역을 하면「……이다, ……이다」와 같이 두개의 긍정문이 되지만 이것은 긍정문이 아니라 그 중의 어느 것인가를 묻는 의문문이다. 둘만이 아니라 셋 이상이라도 좋다. 〔是〕는 긍정이라고 했지만, 그러나 〔你是愛打網球〕라는 글은 성립되지 않는다. 〔是〕는 명사와 명사를 이어주는 말로서 (당신은 정구를 좋아한다)는 것은 〔是〕는 필요치 않다. 여기서 〔是〕를 사용한 것은 오직 〔…是…是…〕로서의 의문형만을 나타내기 위한 것이다.

<응　　　용>

(1) 你　誰　呀？
　　　니(一) 웨이(/) 야
　　　　　　누구 십니까？

(2) 我　姓　張, 你　呢？
　　　워(一) 싱(\) 짱(一) 니(一) 너
　　　　　　저는 장(張)이라고 합니다, 당신은？

(3) 是　眞　的　是　仮　的？
　　　쓰(\) 쩐(一) 더 스(\) 쨔(一) 더
　　　　　　정말이냐, 거짓말이냐？

(4) 你　知　道　不　知　道？
　　　니(一) 쯔(一) 따오 뿌(\) 쯔(一) 다오(\)
　　　　　　당신은 알고 계십니까？

(5) 你 是 愛 吃 点 心, 是 愛 吃 果 子?
　　당신은 과자를 좋아하십니까, 과일을 좋아하십니까?

(6) 這 坑 有 多 深 多 長?
　　이 구멍은 얼마나 깊으며, 길이가 얼마나 됩니까?

(7) 天 黑 了 你 還 不 点 灯 麽?
　　날이 저물었다. 당신은 아직도 전등불을 키지 않았소?

연 습 문 제 〔6〕

1. 甚과 深과 身, 打와 大, 試와 時와 是의 각각의 발음의 차이를 말하라.

2. 다음 문장을 중국어로 번역하시오.
　(가) 당신은 누구에게서 중국어를 배우고 있느냐?
　(나) 당신은 그가 누구인지를 모르는가?
　(다) 그가 언제쯤 집에 돌아 올런지 아십니까?
　(라) 당신은 왜 이렇게 공부하지 않느냐? 왜〔怎麽〕
　(마) 이것은 한 다ー스에 얼마입니까?
　(바) 당신은 하루에 밥을 몇 그릇 잡수십니까?
　(사) 제가 가는 것입니까, 그가 가는 것입니까?
　(아) 당신은 저에게 무슨 용무라도 있으신지요?
　(자) 당신은 팔뚝시계가 좋습니까, 그렇지 않으면 회중시계가 좋습니까?
　(차) 맥주와 약주술중에서 당신은 어느것을 좋아 하십니까?

3. 다음 문장을 우리말로 번역하시오.
    (가) 他老說我不好, 是甚麼意思? 老 (항상, 언제나)
    (나) 這些錢你從哪裏掙得來的?
    (다) 那件事幾時可以了結呢?
        可以 (할수 있다), 了結 (결말(結末)이 나다)
    (라) 你找他去, 有甚麼事嗎?
    (마) 東西太貴, 我沒買幾個.

중 국 의 술(酒)

【紹興酒】〔싸오(\) 싱(ㅡ) 져우(ㅡ)〕절강성(浙江省) 소흥(紹興)이 원산지(原產地)이다. 찹쌀로 만들며 중국 술 중에서는 가장 좋은 술이며, 황금색(黃金色)이고 알콜 분량은 약하지만 오래 저장한 것일수록 맛이 좋다.

【黃 酒】〔황(/) 져우(ㅡ)〕원래 산동성(山東省)의 특산물로서 찹쌀 또는 맵쌀을 주로 하고 보리나 좁쌀을 섞어 만들며, 황백색인 것과 황갈색의 두 종류가 있고, 품질은 紹興酒보다 낮다.

【老 酒】〔라오(/) 져우(ㅡ)〕이것은 오래된 술이라는 뜻으로서 紹興酒·黃酒는 모두 오래된 것일수록 맛이 있는고로 위의 두가지의 술의 총칭(總稱) 명사로서 불리워 지고 있다.

【燒 酒】〔싸오(ㅡ) 져우(ㅡ)〕동북(東北)과 천진(天津)이 본 고장으로서, 옥수수·감자·수수가 원료(原料)이다.

【高粱酒】〔까오(ㅡ) 량(/) 져우(ㅡ)〕동북과 천진이 본 고장으로서 수수 (고량)가 원료인데, 燒酒와는 다른 것이지만 보통 혼동해서 소주라고 말하고 있다. 白乾兒 〔바이(/) 까(ㅡ) 얼〕이라는 것은 고량주를 말하는 것이다.

【汾 酒】〔펀(/) 져우(ㅡ)〕산서성(山西省) 분주(汾洲)에서 만드는 소주의 일종이다.

이밖에도 여러가지 종류가 많이 있읍니다마는 대개 이러한것이 대표적인 것입니다.

第 十 日

第十六課　표현기본형　(5)

```
가능(可能)과 불가능(不可能)　(1)
    (가)    可以        不可以
    (나)    能(能够)    ｛不能（不能够）
                        ｛没能（没能够）
    (다)    會          不會
```

(1) 他希望永遠可以做皇帝
　　타(一) 씨(一) 왕 융(/) 유안(一) 커(/) 이 쭤(\) 황(/) 띠(\)
　　그는 언제까지나 황제로 있기를 바라고 있다.

(2) 韓國人差不多都會寫字
　　한(一) 궈 런(/) 차(\) 뿌 둬(一) 떠우(一) 후이(\) 세(一) 즈(\)
　　한국인은 대개 누구나 글씨를 쓸줄 안다.

(3) 他的老婆會過日子, 很有錢
　　타(一) 더 라오(一) 퍼(/) 후이(\) 꿔(\) 르(\) 즈 헌(/) 여우(一) 첸(/)
　　그의 아내는 살림을 잘하므로 많은 돈을 갖고 있다.

(4) 我能來不能來還不一定
　　워(一) 넝(/) 라이(/) 뿌 넝(/) 라이(/) 하이(/) 뿌 이(/) 딩(\)
　　나는 올수 있을런지 못 올런지 아직 모르겠읍니다.

(5) 今天 我 能夠 跟 諸位
　　　뗀　워(ㅡ)　녕(ˊ)　거우　껀　쭈(ㅡ)　웨이(ˋ)
　　談 談, 我 很 痛 快
　　탄(ˊ)　탄　워(ˇ)　헌(ㅡ)　퉁(ˋ)　콰이

오늘 나는 여러분들과 이야기를 할 수 있게 되어서 매우 기쁘게 생각합니다.

＜구형의 설명＞

★(1) (2)는 第六課, (3)은 第一課와 第六課, (4)는 第一課, (5)는 第一課와 第二課의 각각의 응용이다.

★가능(可能)의 조동사(助動詞)는 4개가 있다. 〔可以〕〔能〕〔會〕〔得〕.

★〔可以〕는 (1)……해도 지장이 없으므로 가능하다. (2) 객관적(客觀的) 정세로 볼때에 가능하다. (3) 어떠한 방법 혹은 어떠한 것에 의해서 그것이 가능하다.

★〔能〕은 (1) 능력이 있으므로 가능. (2) 객관적인 정세로 볼 때에 가능하다. (3) 넓은 의미로서의 가능의 뜻으로서 이유가 막연한 경우에는 〔能〕을 쓴다. 가능조동사(助動詞) 라도 〔能〕은 가장 용법(用法)이 넓으며, 특히 불가능(不可能)의 〔不能〕은 능력적(能力的)인 불가능에만 국한되지 않고. 〔不會〕〔不可以〕와 동등하게 쓰인다.

★〔會〕는 (1) 연습에 의해서 가능한 것. (2) 잘 할수 있다. 잘 한다. (3) 그러한 일이 있을 줄이야……, 하고 뜻밖이라는 의사를 포함하였을 경우의 가능, 부정(否定)의 〔不會〕는 연습 부족에 의한 불가능과 함께 〔不能〕과 같이, 그런일은 있을리가 없다, 하고 말하는 것과 같이 객관적인 부정(否定)도 된다.

★불가능의 부정 부사(否定副詞)는, 〔可以〕〔會〕의 둘은 과거나 미래에 관계없이, 〔不可以〕〔不會〕라 하고 〔能〕은 현재 미래에는 〔不能〕을, 과거에는 〔没能〕을 쓴다.

— 127 —

★〔够〕는 충분한, 넉넉히, 의 뜻으로서 〔能够〕는 〔能〕과 같은 뜻.

<신　자　발　음>

希	hsi¹	씨	(一)	望	wang⁴	왕	(\)
永	yung³	융	(一)	遠	yüan³	유안	(一)
可	k'ê³	커	(一)	以	i³	이	(一)
皇	huang²	황	(/)	帝	ti⁴	띠	(\)
日	jih⁴	르	(\)	本	pên³	번	(一)
差	ch'a⁴	챠	(\)	會	hui	후이	(\)
字	tzǔ⁴	쯔	(\)	老	lao³	라오	(一)
婆	p'o²	포	(/)	過	kuo⁴	꿔	(\)
能	nêng²	넝	(/)	定	ting⁴	띵	(\)
够	kou⁴	꺼우	(\)	諸	chu¹	쭈	(一)
位	wei⁴	웨이	(\)	談	t'an²	탄	(\)
痛	t'ung⁴	퉁	(\)	快	k'uai¹	콰이	(\)

<주　　해>

(1) 〔希望〕 희망, 희망한다, 라고 중국어에서는 명사, 동사가 같으므로 읽어 나아갈 경우에는 주의할 필요가 있다. 여기서는 동사.

〔永遠〕 영원, 영원히. 이것도 명사와 부사가 같은 형(形)이다. 그것을 똑똑히 부사로 하기 위해서는 〔永遠的〕하고 〔的〕를 붙이면 된다.

〔做皇帝〕 황제가 된다, 황제를 지낸다. 〔做〕에는 (한다, 지낸다) (된다)의 두가지 뜻이 있다.

〔可以〕 이 〔可以〕는 구형(句型) 설명중의 (2)의 용법으로서 〔能〕이라고 하여도 좋다. 〔我没事可以去〕(나는 볼일이 없으므로 가도 좋다)와 같이도 쓰이고, 또 〔我可以進去麽〕(나는

들어가도 좋습니까)에 대해서 〔可以〕(좋다)와 같이 쓰기도 한다.

〔可以不…〕와 〔不可以…〕 〔可以不…〕는 (…안해도 좋다) 〔不可以〕는 (……할 수가 없다) (……해서는 안된다)가 되어서 〔不〕의 위치에 따라서 뜻이 전혀 틀려진다.

(2) 〔差不多〕는 (그다지 많지 않은 것) 대개, 대다수, 아마의 뜻이고, 〔都〕는 위의 글을 받아서 거의, 전부, 의 뜻.

〔會〕 할수 있다. 문자등은 연습에 의해서 될수 있는 것이므로, 이러한 가능을 표시하는데는 반드시 〔會〕라고 한다. (아무도 글자를 못쓴다)는 것은 〔都不會寫字〕. 다음에 〔都會寫〕만을 뽑아보면 이 〔都〕는 (1) 누구나 쓸수 있다, (2) 이러한 문자는 모두 쓸수 있다, 와 같이 어느 것으로나 될 수 있다. 〔我們都會寫〕는 (1), 〔這些字我都會寫〕는 (2)의 의미가 되고, 〔都〕는 언제나 그 위에 있는 복수(複數)를 받는다.

(3) 〔老婆〕는 (노파, 할멈)의 뜻 이외에 (아내)라는 뜻도 있다, (아내)는 〔太太〕라고 하며, 〔老婆〕는 그다지 고상(高尙)한 말은 아니다. 마누라.

〔過日子〕 날을 보낸다, 는 것은 (생활한다, 생계를 세운다)는 것.

〔會〕는 (할수 있다)는 뜻에서부터 온 것으로, 여기서는 (잘한다)의 뜻. 〔會過日子〕 살림을 잘한다, 변통(變通)을 잘한다. 반대로 〔不會過日子〕는 살림을 잘못한다, 변통성이 없다. 그러나 〔不能過日子〕가 되면, 〔能〕에는 능력 혹은 객관성이 있으므로 (생활난(生活難))의 뜻이 된다. 〔會〕에다 다시 〔很〕을 붙여서 〔很會…〕라고 하면 (대단히 잘한다)가 된다.

(4) 〔能來不能來〕는 긍정과 부정의 결합에 의하는 의문으로서 (올수 있을는지, 올수 없을는지?)가 된다. 그리고

여기서는 이 전체가 주어(主語)가 되어 술어인〔不一定〕에 계속된다.

〔還〕 아직, 현재까지에는 아직, 그래도 아직.

〔一定〕 정해져 있다, 결정 되어 있다, 반드시.〔不一定〕으로서 (정해져 있지 않다, 확실치 않다)라고 말한다. 반대로〔一定不……〕라고 하면 (반드시……아니다)가 된다.
(5)는 연설(演說)이나 인사의 말이다.

〔能够〕 는〔能〕과 같다. 여기서는 능력이라는 견지에서의 가능이 아니고 모든 의미에서의 가능이다.

〔跟諸位〕 여러분들과, 여러분들에게.〔諸位〕의〔位〕는 사람을 가리킬때의 말로서, 여러분의 뜻.〔你們〕이라는 것은 (당신들, 여러분)이 되지만,〔諸位〕라고 하는것이 공손하며, 면전(面前)에서 말할 때에는〔你〕보다도〔先生〕,〔你們〕보다는〔各位先生〕혹은〔諸位〕〔各位〕등을 쓴다.

〔談談〕 은〔談一談〕의 생략으로서 잠깐 이야기 한다, 라는 동작에 대한 가벼운 기분의 표현이다.〔看看〕잠깐 본다,〔等一等〕잠시 기다린다.

〔痛快〕 우리말의 (통쾌하다)의 뜻으로도 쓰이지만 좀더 가볍게 (즐거운, 유쾌한)의 뜻으로도 사용한다.

<응　　용>

(1) 你(니ー) 一(이\) 天(텐ー) 能(넝/) 走(저우ー) 多(둬/) 遠(유안ー)？
　　당신은 하루에 얼마나 걸을 수 있느냐?

(2) 我(워ー) 可(커/) 以(이) 進(쩐\) 去(쳐) 嗎(마)？
　　나는 들어가도 좋습니까?

(3) 我(워ー) 的(더) 小(샤오ー) 孩(하이/) 子(즈) 會(후이\) 數(누ー) 數(누\) 兒(얼)
　　나의 지식은 수효를 셀줄을 안다.

(4) 明天你準能來麼?
　　밍(/) 톈 니(/) 쥰(ー) 넝(/) 라이(/) 마
　　내일 당신은 꼭 오실수 있읍니까?

(5) 你眞會買東西
　　니(ー) 쩐(ー) 후이(\)마이(/) 둥(ー) 시
　　당신은 참으로 물건을 사는 솜씨가 훌륭합니다.

(6) 下雨我還不能不去
　　쌰(\) 유이(ー) 워(ー) 하이(/) 뿌 넝(/) 뿌(/) 취(\)
　　비가 오셔도 나는 그래도 가지 않을수가 없다.

(7) 你放心罷,不會有錯
　　니(ー) 퐝(\) 씬(ー) 바 뿌(/) 후이 여우(ー) 취(\)
　　여보게 안심하게, 잘못 될 리가 없으니까.

(8) 坐火車去當天可以回來麼?
　　쮜(\) 훠(ー) 쳐(ー) 취 땅(ー) 톈(ー) 커(/) 이
　　후이(/) 라이 마
　　기차(汽車)로 가면, 그날로 돌아 올 수가 있읍니까?

第十七課　표현기본형　(6)

```
가능(可能)과 불가능(不可能) (2)
　(라) 得, 不得, 沒得
　　　○得△, ○不△, 沒○得△
```

(1) 昨天着凉沒得用功
　　쭤(/) 톈 자오(ー) 량(/) 메이(/) 더(/) 융(\) 꿍(ー)
　　어제는 감기가 들어서 공부를 할 수가 없었다.

(2) 現在甚麼都買得着
　　쎈(\) 짜이(\) 셔(/) 머 떠우(ー) 마이(ー) 더 자오(/)
　　지금은 무엇이든지 살 수 있읍니다.

— 131 —

(3) 我看不出是眞的是假的來
　　워 칸(\) 뿌 추(一) 쓰 쩐(一) 더 쓰
　　쟈(一) 더 라이(/)
　　나로서는 진짜인지 가짜인지 판단 할수가 없다.

(4) 我到晚了，没趕得上火車
　　워 따오(\) 완(一) 러 메이(/) 간(一) 더 쌍
　　훠(一) 쳐(一)
　　나는 늦게 도착해서 기차시간에 대지를 못했다.

(5) 那水髒你喝不得
　　나(\) 쒜이(一) 짱(一) 니 허(一) 뿌 더
　　저 물은 더럽다(더러우므로) 여보게 마실수 없네.

　　　　　＜구형의 설명＞

★ (1) (2)는 第一課, (3)은 第五課, (4)는 第一課와 第四課, (5)는 第二課와 第一課의 각각의 응용이다.

★ 〔得〕의 용법은 복잡하지만 간단히 설명하면,
〔得〕가 술어의 앞에 있을때——다음의 술어의 목적점(目的點)에 도착할수 있는 것을 나타낸다. 〔不得〕는 그 반대이며 이러한 종류의 용법으로서는 〔得〕을 써서 가능을 나타내는 용례(用例)는 거의 없으며, 불가능도 나타내는 〔不得〕가 흔히 사용된다.

【예】 〔不得去〕간다 (去)라는 목적을 못이룬다, 못간다.
〔得〕가 술어의 뒤에 있을때—— 〔能〕의 의미와 같다.

【예】 〔做得做不得〕＝能做不能做

★ 동사와 조동사 사이에 〔得〕를 놓고 가능을 가리키고, 〔不〕를 놓고 불가능을 가리키며, 〔没○得△〕의 형(形)으로 해서 과거의 불가능을 표시하는 형식이 있다. 이러한 종류의 형식은 중국어에는 대단히 많으므로 여기서는 자세한 설

명은 생략하기로 한다.
★이 과(課)에서는 응용문(應用文) 및 연습문제를 많이 넣었으므로 〔得〕에 관한 용례(用例)를 잘 보아주기 바란다.

<신 자 발 음>

得	tê²	더	(／)		用	yung⁴	융	(＼)
功	kung¹	꿍	(—)		現	hsien⁴	셴	(＼)
出	ch'u¹	쭉	(—)		眞	chên¹	젼	(—)
假	chia³	쟈	(⌒)		晚	wan³	완	(⌒)
趕	kan³	간	(⌒)		火	huo³	훠	(⌒)
車	ch'ê¹	쳐	(—)		水	shui³	웨이	(⌒)
髒	tsang¹	짱	(—)		喝	hê¹	허	(—)

<주　　　해>

(1) 〔着凉〕 감기가 든다. 〔用功〕 공부 한다.
〔沒得用功〕 공부를 할수 없었다. 공부라는 목적을 달성하지 못했었다. 이것은 또한 〔沒能用功〕이라고 해도 좋다.

(2) 〔現在〕 지금, 현재. (지금……했다)와 같은 과거를 가리키는 말은 〔剛〕〔剛才〕라는 것은 이미 앞서 설명한 바와 같다. 〔現在〕와 〔剛〕의 용법을 틀리지 않도록 주의하라.

〔甚麼都〕 무엇이든지 모두, 어떠한 것이라도.
〔買得着〕 살수 있다, 사 가지고 자기것을 만들수가 있다, 는 것과 같은 의미의 가능이며, 이 의미가 〔……得着〕 안에 포함 되어 있다. 이 경우의 불가능은 〔買不着〕, 또는 (살수 없었다) 는 것은 〔沒買得着〕가 된다. 이와 같이 가능, 불가능의 내용이나 이유를 포함한 표현은 중국어에는 극히 많으므로 뒤에서 설명하기로 한다.

(3) 〔是眞的是假的〕는 〔是…是…〕의 형(形)으로서 (…이냐 …이냐). 〔眞的〕참된 것, 사실 있든일, 진짜. 〔的〕는 (것, 물건)의 생략. 〔假的〕가짜, 거짓의 일.

〔看不出來〕 분간할수 없다. 가능은 〔看得出來〕, 과거의 불가능은 〔没看得出來〕. 이 목적어(目的語)가 〔是眞的是假的〕이고 이 경우에 〔出〕와 〔來〕의 사이에는 목적어를 삽입한다.

【예】〔我看不出是誰來〕
　　　　　나에게는 (그것이) 누구인지 분간할 수 없다.
〔我聽不出是甚麼來〕
　　　　　나는 (그것이) 무슨 소리인지 분간할 수 없다.
〔我吃不出味兒來〕
　　　　　나는 맛을 분간할 수가 없다.

(4) 〔到晚了〕 늦었다, 지각했다. 도착하였을 때에는 이미 늦었었다, 의 뜻이고, 〔晚〕은 형용사이다. 〔晚到〕라고 하면 (늦게 도착 한다)는 것 뿐이고 〔晚〕은 부사(副詞)이다. 또 반대로 〔早到〕와 〔到早〕와를 비교하여 볼때, 〔早到〕는 (일찌기 도착한다), 〔到早〕는 (도착하여 보니 아직 일렀다)와 같이 결과를 표시한다. 지각이나 시기(時期)의 빠르고 늦음이 〔早〕〔晚〕이고, 동작의 민첩 여하는 〔快〕〔慢〕이라고 한다.

〔趕得上〕 (시간에) 대이다. 〔趕不上〕 대지 못한다, 〔没趕得上〕 대지 못하였다.

〔火車〕 기차.

(5) 〔水〕 물, 끓인 물(湯)의 양쪽으로 쓰이고, 이것을 구별하면 물은 〔涼水〕, 더운 물〔湯〕은 〔開水〕, 끓여서 식힌 물은 〔涼開水〕.

〔髒〕 더러운. 더러워진, 반대는 〔乾淨〕 "깐(一) 징".

〔喝不得〕 마시지 못한다, 마시면 안된다. 〔不能喝〕 와 같다.

<응   용>

(1) 這^{쩌(\)} 個^거 太^{타이(\)} 沈^{천(/)}, 一^{이(/)} 個^거 人^런 拿^{나(/)} 不^뿌 動^{둥(\)}
　　　이것은 너무 무거워서 혼자서는 도저히 들수 없다.

(2) 他^{타(一)} 是^쓰 靠^{카오(\)} 得^더 住^{쭈(\)} 的^더 人^{런(/)}
　　　그는 신용할만한 사람 입니다.

(3) 巳^{이(一)} 經^{징(一)} 過^{궈(\)} 了^랴 景^{징(一)} 了^랴, 穿^{촨(一)} 不^뿌 得^더
　　　이미 계절에 어울리지 않으므로 입을 수 없읍니다.

(4) 房^{빵(/)} 錢^{첸(/)} 太^{타이(\)} 大^{따(\)}, 我^워 住^{쭈(\)} 不^뿌 起^{치(一)}
　　　집세가 너무 비싸서 나로서는 살수가 없읍니다.

(5) 你^니 聽^{팅(一)} 得^더 見^{젠(\)} 聽^{팅(一)} 不^뿌 見^{젠(\)}?
　　　여보, 들리오, 안들리오?

(6) 一^{이(\)} 時^{쓰(/)} 想^{샹(一)} 不^뿌 起^{치(一)} 好^{하오(一)} 法^{약(/)} 子^즈 來^{라이}
　　　갑자기 좋은 방법이 생각 나지 않는다.

(7) 怪^{꽈이(\)} 不^뿌 得^더, 他^{타(一)} 沒^{메이(/)} 趕^{간(一)} 得^더 上^{쌍(\)}
　　　어쩐 일인지 그는 시간에 대어 오지 않았다.

(8) 我^워 怕^{파(\)} 一^{이(\)} 天^{텐(一)} 講^{쟝(一)} 不^뿌 了^{랴오(一)}
　　　나는 하루에 강의를 끝내지 못하리라고 생각한다.

(9) 這 個 桃 兒 還 生 着 哪,
　　你 吃 不 得
　　　　　이 복숭아는 아직 익지 않아서 먹을수 없다.

(10) 我 己 經 吃 飽 了, 再 吃
　　不 下 去
　　　　　나는 벌써 배가 부릅니다, 이제는 더 이상 먹지 못합니다.

연 습 문 제 〔7〕

1. 現과 身, 出와 諸, 車와 差, 晚과 網, 의 각각의 發音의 차이를 설명하라.
2. 다음 문장을 중국어로 번역하시오.
    (가) 저는 왕(王)입니다, 들어가도 좋읍니까?
    (나) 그의 병은 좋아지지 (났지) 않습니다.
    (다) 이것은 터무니 없이 비싸다, 나로서는 살수 없다.
    (라) 나는 중국어로 말하지 못합니다.
    (마) 늦게 와서 미안합니다. (對不起)
    (바) 한국사람인지, 중국사람인지 분간하기가 힘든다.
3. 다음의 문장을 번역하시오.
    (가) 你說的價兒我買不下來.
    (나) 人都不喜歡買, 這個賣不出去.
    (다) 他的中國話還不大好, 當飜譯吃不上.
    (라) 我一個人吃不了那麼些個.
    (마) 這張卓子用不着, 快拾掇拾掇罷.
    (바) 今天颳大風我打不住傘.
    (사) 他們是兩個, 我就是一個, 到底打不過他們.

(아) 危險！你拿不得，你若一拿就要命.
(자) 我找了半天，沒找着.
(차) 那一殺那所有的電燈都滅了，我沒看得見了.
(카) 昨天晚上太熱，整夜我沒睡得着了.
(타) 年輕的時候我過了很辛苦的日子，我都受得了這個苦.
(파) 他是個沒對兒，誰也比不上他.
(하) 誰也不能隨便拿你的去.
(햐) 他會死了一家子就乾了.
(허) 若說話呢，我沒有他好說，我到底鬪不了他.
(혀) 我實在不認識這個姓馬的，你若不信的話，可以傳來跟我同堂.
(호) 將許多錢交在他手裏實在是靠不住.
(효) 就是誰來作保，我也不能再借給你錢.

≪중국인의 성(姓)≫

장(張)·왕(王)·리(李)·조(趙)는 가장 흔히 볼수 있는 성이며 이것을 四大姓이라고 합니다. 또는 劉·李·趙·朱를 四大姓으로 나누는 법도 있읍니다. 지방에 따라서는 林이라는 성(姓)이 압도적(壓倒的)으로 많은 곳도 있고, 馬라는 성이 많은 곳도 있으며, 성에도 지방색(地方色)이 있읍니다. 중국인의 성의 총수(總數)는 400 부터 500 가량으로서 대부분이 우리나라와 같이 한자의 姓입니다마는, 諸葛孔明의 諸葛(제갈), 司馬溫公의 司馬(사마), 歐陽脩의 歐陽(구양) 등 두자의 姓도 상당히 있읍니다.

— 137 —

第十一日

第十八課 표현기본형 (7)

명령형(命令型)	(가) 동사 그대로
	(나) 문장끝에 罷(吧)를 놓음
	(다) 동사를 포갠다.
금지형(禁止型)	別, 不要・下用(甭)

(1) 你 快 來
　　니 콰이(\)라이(／)
　　　여보게, 빨리 오게.

(2) 慢 点 兒 吃
　　만(\) 뎬(ㅡ) 얼 츠(ㅡ)
　　　천천히 잡수시오.

(3) 你 等 一 會 兒 罷
　　니(／) 떵(ㅡ) 이(\) 호(ㅡ) 얼 바
　　　여보 잠간 기다리시오.

(4) 只 管 說 呀
　　즈(／) 관 숴(ㅡ) 야
　　　상관 없으니 말씀하십시오.

(5) 你 小 心 点 兒 聽 一 聽
　　니(／) 샤오(ㅡ) 신(ㅡ) 뎬(ㅡ) 얼 팅(ㅡ) 이 팅(ㅡ)
　　　여보시오, 주의해서 잠간 듣도록 하시오.

(6) 你 別 管 他, 他 不 是 人
　　니 베(／) 관(ㅡ) 타(ㅡ) 타 뿌(／) 쓰 런(／)
　　　너는 그를 옹호하지 말아라, 그는 인간
　　　이 아니야.

(7) 你 不 用 說, 我 都 知 道
　　니 뿌(／) 용 숴(ㅡ) 워 떠우(ㅡ) 쯔(ㅡ) 다오
　　　당신은 말하지 않아도 좋다, 나는 모두
　　　알고 있다.

＜구형의 설명＞

★명령형에는 일정불변(一定不變)의 형은 없다.

★단문(短文)만을 표시한 경우에 그것이 명령문인가 혹은 보통의 서술문(叙述文)인가를 판단 할수 없는 것이 많다. 중국어에서 가장 중요한 요소(要素)는 그 단문(短文)의 앞과 뒤의 관계로서 이 문장의 전후관계(前後關係)에 따라서 명령문이냐 아니냐 하는 것을 아는 수가 많다.

★귀로 들을 때에는 그 경우의 관계나 어조(語調)에 따라서 판단되는 수가 많다.

★대개 문장 머리에는 〔你〕가 붙으므로서 「여보게……하게」라고 말하는 표현을 갖는수가 많다.

★동사를 겹치는 형식은 명령문에만 국한된것이 아니다. 그러나 문장 머리에 〔你〕가 있으면 그것이 명령문이 되는 경우가 많다.

★위와 같이 문장끝에 〔罷〕가 있어도 명령문이라고는 한정(限定)되지 않는다. 전후의 관계나 문장머리에 〔你〕가 있으므로서 명령문이라는 것을 판단할 수가 있다.

★〔別〕〔不要〕는 모두 (……하지 마라).

★〔不用〕은 (……할 필요가 없다 ……하지 않아도 좋다).
〔不〕와〔用〕를 一字로 취급해서 새글자〔甭〕가 흔히 쓰인다.

＜신 자 발 음＞

慢	man⁴	만	(＼)	會	hui³	훼이	(ー)
罷(吧)	pa	바		只	chih³	즈	(ー)
管	kuan³	관	(ー)	呀	ya	야	
聽	t'ing¹	팅	(ー)	用	yung⁴	융	(＼)
甭	pêng²	벙	(／)				

【註】〔會〕는 원래 第四聲인데,〔一會兒〕의 경우에는 第三聲으로 읽는다.

〔只〕는 〔只管〕의 경우에는 tzŭ³, 즈(ㄧ), 라고 읽어도 무방하다.

<해   설>

(1) 〔快來〕 빨리 (급히) 온다, 곧 온다. 이 문자머리에 〔他〕〔我〕가 있으면 명령문이 되는 것은 물론 아니다. 그리고 〔快來〕만을 빼내면 (급히 온다) (빨리 온다)의 두가지로 번역할 수 있으며, 그때의 회화의 전후의 관계로서 어느것으로나 택할 수 있는 말이지만, 문장머리에 〔你〕가 있으면 명령문으로서 이해하기가 쉽다.

(2)의 예문은 이대로라면 (천천히 먹는다)는 것이 되므로 반드시 명령문은 아니다. 이것도 전후의 관계나 그때의 분위기에 의하여 명령문도 될수 있는 것이다.

〔慢点兒〕 조금 천천히, 그러나 〔點兒〕은 반드시 (조금)이라는 뜻을 그리 강하게 의식한 표현은 아니고, 거의 말씨(어조=語調)와 같은 말이 되어 있다.

문예(文例) (1)이나 (2)도 상대에게 향해서 말했을 때나 명령문이 되는것이며, 문법적으로 볼때에는 이것은 명령형이라고 말할수 없다.

(3) 〔等一會兒〕 잠간 기다린다. 〔一會兒〕 잠간동안, 잠시동안, 문장의 예(1)(2)의 예에서 볼때에 〔等一會兒〕만으로도 경우에 따라서는 명령문으로서의 역할을 할수가 있다. 거기에 〔罷〕를 붙이므로서 확실해지며 더욱이 문장머리에 (你)가 있으므로 문례(文例) (3)이 비로서 완전한 명령형이라고 할 수 있다. 〔罷〕는 문장끝에 놓여서, 명령·권유·상상 및 가벼운 의사를 나타낸다. 그러므로 〔我等一會兒罷〕는, 나는 조금 기다리겠읍니다, 는 것이 된다.

(4) 〔只管〕 상관하지 말고, 염려 말고.

〔說〕 말한다, 얘기한다. 동사는 한 자만으로도 명령이 된다.

즉 상대방에게 대해서 〔說！〕(말해라！)와 같이 쓸 수 있다. 그리고 〔你說！〕(여보(너) 말해라！)가 된다.

〔呀〕 이것은 第十五課의 구형(句型)설명에서 말한 〔啊〕와 같은 종류로, 일종의 부드러운 말을 띄운 말투이다. 이러한 말씨는 명령·의문등에 공통으로 쓰인다. 문장의 끝에 〔呀〕〔啊〕가 있는 것은 확실히 상대방을 의심하고 친절한듯이 이야기하고 있는 말씨이며, 문장머리에 〔你〕가 있는 것과 똑같은 효과를 갖고 있다. 〔只管說〕 만으로는 문법적으로 반드시 명령문이라고는 말할 수 없지만, 〔呀〕의 말투를 빌려서 명령문의 사명을 완수하고 있다.

(5) 〔小心〕 주의한다, 조심한다. 여기의 〔點兒〕도 (2)와 같다.

〔聽一聽〕 잠간 듣는다. 동사를 겹친 형(形), 또는 동사와 동사와의 사이에 〔一〕를 삽입한 형(形)은, 잠간……한다, 와 같이 가벼운 기분을 나타낸다. 이것도 문장머리에 〔你〕가 있으므로서 명령문도 될수 있으며, 더욱이 문장끝에 〔罷〕를 붙여도 좋다.

(6) 〔管他〕 그를 옹호한다, 그를 도와 준다. 〔別管他〕 저런 놈은 상관하지 말고 내버려 둬라.

〔不是人〕 사람이 아니다, 사람축에 못드는 놈.

(7) 〔不用〕 ……하지 않아도 좋다, ……할것도 없다.

〔都〕는 보통 그 위에 있는것을 받아서 쓰지만 여기서는 (무엇이고)의 뜻으로 회화중에 나온 어떠한 사건을 가리키고 있다.

<응　　　용>

(1) 你　拿　中　國　語　說　罷
　　　　여보, 중국어로 말하시오.

(2) 你把屋子拾掇拾掇罷
　　너는 방을 정돈 하여라.

(3) 你添点兒煤罷
　　여보게, 석탄을 때시오(지펴라).

(4) 你再喝一杯
　　여보게 한잔 더 마시게.

(5) 你快点兒跑
　　너는 빨리 달려라.

(6) 你甭幫助他，那自做自受
　　여보게, 그를 도울것도 없어, 마땅히 받아야 해 (자업자득(自業自得)이다).

第十九課　표현기본형　(8)

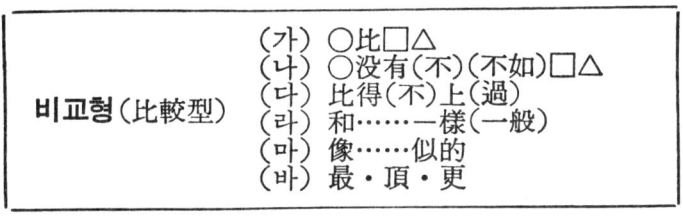

(1) 你比我胖多了
　　당신은 나보다도 훨씬 살쪘다.

(2) 南京没有北京那麼冷
　　　남경(南京)은 북경(北京)보다 춥지 않다.

(3) 會買的不如會賣的
　　　잘 사는 솜씨도 잘 파는 솜씨엔 당하지 못한다.

(4) 他很有力量, 誰都比不過他
　　　그는 대단히 힘이 세다, 아무도 그에게는 당하지 못한다.

(5) 這個和那個一樣
　　　이것과 저것과는 같다.

(6) 他像小孩子似的
　　　그는 어린아이와 같다.

(7) 這些個裏頭還是這個最好
　　　이것들 중에서 역시 이것이 가장 좋다.

<구형의 설명>

★ 비교형(比較型)의 중심의 형(型)은 〔○比□〕이다. 즉 (○은 □에 비해서) (○는 □보다도)의 뜻.

★〔○没有□△〕은 (○은 □ 만한 △이 없다) (○은 □ 만큼 △ 않다).

★〔比得上 (過)〕〔比不上 (過)〕는 〔得〕〔不〕가 가능, 불가능

을 가리키고 (→第十七課), 비교 할수 있다, 비할 바가 못된
다, 의 뜻.

★〔和……一樣(般)〕은 같은 정도의 표시.

★〔像……似的〕 상태의 유사(類似).

★〔最〕〔頂〕은 최고급의 표시. 〔更〕은 비교급.

<신 자 발 음>

比	pi³	비	(一)	胖	p'ang⁴	팡	(\)
京	ching¹	찡	(一)	北	pei³	베이	(一)
如	ju²	루	(/)	力	li⁴	리	(\)
量	liang⁴	량	(\)	也	yeh³	예	(一)
過	kuo⁴	꿔	(\)	樣	yang	양	(\)
像	hsiang⁴	썅	(\)	孩	hai²	하이	(/)
似	shih⁴	쓰	(\)	頭	t'ou²	터우	(/)
最	tsui	쩨이	(\)				

【註】〔似〕는 shih⁴, 쓰(\) 가 원음으로서, 〔似的〕는 „스
(\) 더" 라고 읽는다.

<주　　해>

(1) 〔胖多了〕살이 (훨씬) 많이 졌다. 〔多〕는 (훨씬·
더욱 많이). 〔了〕는 단정(斷定)을 나타내는 말투.

〔比〕는 앞서 설명한 바와 같이 (……은 ……에 비(比)해
서)의 원뜻이고, 〔○比□〕의 어순(語順)은 일정되어 있다. 우리
말에는 (○는 □보다도……) 또는 (□보다도 ○이 오히려……)
의 어느것이 좋으나 中國語에는 (○은 □보다……)의 형이 오
직 하나 있을 뿐이다.

(2) 〔没有…冷〕은 (…의 추위가 없다, ……보다 춥지
않다)의 뜻이고 〔冷〕은 (춥다) 라는 형용사에서 (추위)의 뜻
으로 쓰인다. 〔没有那麼好〕 그렇게 좋지 않다, 〔没有這麼大〕

그다지 크지는 않다, 와 같음. 　중국어의 형용사는 또한 정도를 가리키는 명사로서도 사용된다. 〔芝蔴點兒大〕참깨알만한 크기, (六尺多寬) 여섯자가량의 넓이·폭(幅), 등.

〔北京那麼〕 북경의 그것만큼. 〔那麼〕는 (저렇게·그렇게)의 뜻으로서 말하는 상대방으로부터 떨어져 있는 상태를 가리켜서 〔那麼〕라 하고, 말하는 상대의 가까운 상태를 가리켜 〔這麼〕라 한다. 또〔那麼〕는 독립된 용법으로서 (그러면은)의 뜻으로도 된다.

〔沒有〕의 대신에 〔不〕를 사용하면 〔冷〕은 형용사가 되며, 따라서 〔不那麼冷〕이 되고 〔不北京那麼冷〕은 되지 않는다. 〔北京〕이 들어가면 (북경의 그 추위)가 되어서 명사화(名詞化)되고, 그러므로 형용사 부정(形容詞否定)의 〔不〕를 가지고서는 부정할 수 없다.

(3) 〔會買的〕 사는 솜씨가 있는 사람. 〔會〕는 (잘하는)의 뜻. →第十六課. 〔的〕는 〔…的人〕(…의 사람)의 생략.

〔不如…〕……에 미치지 못한다. 〔不如〕도 〔沒有〕와 같이 뒤에 명사화(名詞化)된 낱말을 놓을수 있다. 예를들면〔…不如你的好〕(…은 당신 것의 훌륭한 품질에는 미치지 못한다, 당신의 것보다는 못하다)와 같이 쓰인다.

(4) 〔有力量〕 힘이 세다 (있다). 〔很〕은 (대단히) 이며 부사이므로 동사앞에 놓인다.

〔誰都…〕 누구든지, 누구나 모두.

〔比不過〕 비교해 보아서 그것 보다는 좋지 않다, 비교할 것이 못된다. 가능형(可能形)은 〔比得過〕. 같은 종류의 표현으로서 〔比不上〕〔比不起〕 등의 종류의 형식도 가능 불가능의 과(課)에서 설명한바와 같이 여러가지가 있다.

(5) 〔和〕는 두가지 용법이 있다. (1)……과……, 즉 접속사(接續詞). (2)……은……과, 즉 전치사(前置詞). 〔這個和那

個] 도 두가지로 해석할 수 있다. (1) 이것과 저것은……, (2) 이것은 저것과……. 따라서 〔這個和那個一樣〕은 (1) 이것과 저것은 같다. (2) 이것은 저것과 같다, 와 같이 두 가지로 해석이 성립되고 어느것이고 옳다. 그 중의 어느것은 전후의 관계나 사실에 의해서 판단한다. 읽는 법으로서는 (1)의 경우에는 〔這個和那個〕를 붙여서 읽고, (2)의 경우에는 〔這個〕에서 숨을 멎듯이 하고, 〔和〕는 다음의 〔那個〕에 붙여서 읽는다.

〔一樣〕 같다. 형용사이기 때문에 〔是〕를 안쓴다. 반대는 〔不一樣〕 또는 〔兩樣〕이라고 한다.

(6) 〔像…似的〕……과 같다. 〔像〕은 비슷하다, 닮았다, 〔很像你〕 당신과 대단히 닮았다, 〔不像他〕 그를 닮지 않았다. 〔似〕도 닮았다, 의 뜻, 〔像…似的〕와 전후해서 쓰여서 (…과 모양이 같다)가 되며, 또한 이 형(形)을 써서 〔像……一樣〕이라고 할것 같으면 (……과 똑 같다)와 같이 더욱 강조하는것이 된다.

(7) 〔裏頭〕……이 속(中). 〔裏〕 한자만으로도 (속(안))의 뜻이지만, 명료하게 말할때에는 〔裏頭〕의 두자를 쓴다. 〔這些個裏頭〕로서 이것들 몇개 중에서, 의 뜻.

〔還是〕 역시, 〔是〕는 (……이다)가 아니고, 〔還〕를 도와서 뜻을 강조하는 역할(役割)을 한다.

〔最〕는 〔頂〕과 같이 최고 비교급(最高比較級)이다.

<응　　　용>

(1) 　　　우(\)　쨔(\)　젼(一)　녠　　비(一)　취(\)　녠 °쌍(一)　라
　　　　物　價　今　年　比　去　年　漲　了
　　　　　　　　　물가가 금년은 작년보다 올랐다.

(2) 　　하이(\)　쓰　　타(一)　딩(/)　하오(一)
　　　　還　是　它　頂　好
　　　　　　　역시 (과연) 저것이 가장 좋다.

(3) 世 上 没 有 他 那 樣 吝
　　쓰(\) 상 메이(/) 여우 타(ー) 나(\) 양 린(\)
　　嗇 的
　　쎄(\) 더
　　　　　세상에 그보다 인색한 놈은 없다.

(4) 這 個 不 如 這 麼 辦 好
　　쩌(\) 거 뿌(\) 루(/) 쩌(\) 머 빤(\) 하오(ー)
　　　　　이것은 이렇게 하는것 보다 더 좋은 방법은
　　　　　없다.

(5) 你 把 他 們 比 一 比 罷
　　니(/) 바(ー) 타(ー) 먼 비(/) 이 비(/) 바
　　　　　여보게, 그들을 비교해 보게.

연 습 문 제 〔8〕

1. 京과 今, 誰와 水, 吃와 起, 等과 東의 각각의 발음의 차이 를 말하라.
2. 다음의 문장을 중국어로 번역하시오.
　(가) 오늘은 어제 보다 춥다, 외투를 입으시오.
　(나) 당신은 어느것이 가장 좋다고 생각하십니까?
　(다) 오늘은 따뜻해서 마치 봄과 같다.
　　　　　　(따뜻한＝暖和, 봄(春)＝春天)
　(라) 장안호(長安湖) 보다 화랑호(花郞湖)가 조금 작다.
　(마) 나는 소매상(小賣商)을 벌리고 있읍니다마는, 빈둥빈둥 노는것 보다는 훨씬 났다.
　　　　　　(빈둥빈둥 놀고 있다＝閒着, 났다＝强)
3. 다음 문장을 우리말로 번역하시오.
　(가) 我的心和淸水一般的乾淨.
　(나) 我的詩没他好.
　(다) 我的小孩兒像猴兒一樣的爬上樹去了.
　(라) 比得上比不上我都不管.
　(마) 都辦錯了不如從新再做.

第十二日

第二十課　표현기본형　(9)

> 사역(使役)과 수동(受動)
> 叫(敎)・讓・令・被.（給・見・挨）

(1) 叫 他 趕 緊 的 拿 回 來
　　쨔오(\) 타(—) 깐(／) 진(—) 더 나(／) 훼이 라이
　　　그에게 급히 가지고 돌아오도록 한다.

(2) 你 躱 開 点 兒 讓 他 過 去
　　니 뒈(—) 카이(—) 뎬(—) 얼 랑(\) 타(—) 꿔(\) 취
　　　여보게 조금 비켜서 그를 지나가게 하여 주게.

(3) 老 王 叫 先 生 見 笑 了
　　라오(—) 왕(／) 쨔오(\) 셴(—) 성 졘(\) 쌰오(\) 라
　　　왕(王)군이 선생님으로 부녀 웃음을 받았다.

(4) 在 電 車 上 被 小 綹 給 吃 了
　　짜이(\) 뎬(\) 쳐(—) 샹 뻬이(\) 샤오(／) 리 게이
　　으(—) 라
　　　전차에서 소매치기에게 도적을 맞았다.

(5) 挨 打 受 罵 丢 了 臉 了
　　아이(／) 따(—) 써우(\) 마(\) 떠우(—) 라 롄(—) 라
　　　얻어 맞기도 하고 욕설도 듣고, 체면이 완전히
　　　손상되었다.

＜구형의 설명＞

★사역(使役)이나 수동(受動)은 구형(句型)이 같고, 두 개의 공통된 조동사는 〔叫〕〔讓〕이며, 〔被〕는 대개 수동, 〔令〕은 주로 사역에 쓰인다.

★〔叫〕또는〔讓〕이 사역에 쓰이고 있는가 수동에 쓰이고 있는가의 판단은 동작(動作)의 종류, 전후의 관계에 의한다. 〔叫〕는 또〔敎〕의 자(字)를 써도 무방하다.

★〔給〕은 물건 혹은 동작의 급부(給付)를 표시하는 것인데 그 자체만으로서는 수동의 뜻은 없고〔叫・讓・被〕와 병용(倂用)된다. 그러나〔給〕만으로 수동(受動)을 표시하는 경우도 있다.

★〔見〕〔挨〕는 모두 동사와 직접 연결해서〔見敎〕〔見笑〕〔挨打〕의 형(形)이 되어서〔叫・讓・被〕와 병용한다.

<신 자 발 음>

叫	chiao⁴	쨔오	(＼)		趕	kan³	간	(—)
緊	chin³	진	(—)		拿	na²	나	(／)
躱	to³	뒤	(—)		讓	jang⁴	랑	(＼)
老	lao³	라오	(—)		王	wang²	왕	(／)
見	chien⁴	쪤	(＼)		笑	hsiao⁴	쌰오	(＼)
電	tien⁴	뗀	(＼)		被	pei⁴	뻬이	(＼)
綹	li	리			挨	ai¹	아이	(—)
受	shou⁴	서우	(＼)		罵	ma⁴	마	(＼)
丟	tiu¹	떠우	(—)		臉	lien³	렌	(—)

【註】〔挨〕는 第一聲이 원음(原音)이며 수동의 경우에는 第二聲으로 읽는다.〔綹〕는 liu³ 려우(—)가 원음이며 여기서는 li (리)의 경성(輕聲).

<주   해>

(1)〔趕緊的〕급히, 빨리.

〔拿回來〕가지고 돌아온다.〔拿〕는 손으로 갖는다.〔拿回去〕는 가지고 돌아 간다.

〔叫他…〕(1) 그에게……시킨다. (2) 그에게……당한다.

의 두가지 뜻이 있지마는 본문(本文) 전체의 의미에서 볼때에 (1)이 된다는 것은 상식(常識)이다. 중국어에서는 상식을 활용하는 것이 절대 필요하다.

또한 이 문장은 이대로 명령문으로도 된다.

(2) 〔躱開点兒〕 조금 몸을 옆으로 피한다. 〔你躱開點兒〕하고 문장머리에 〔你〕가 붙으면 명령형이 되는 경우가 많다.

〔讓他…〕 그에게……시킨다. 문장머리의 〔你〕가 여기까지 관계하므로 〔你讓他……〕가 되며 이것도 역시 명령형(命令形)이 된다.

〔過去〕 (1) 과거. (2) 지나간다, 〔過〕는 (통과)한다의 뜻.

〔過來〕는 (통해서 온다), 이리로 온다. 〔讓他過去〕는 〔叫他過去〕와 같다.

(3) 〔老王〕 왕씨. 〔老〕는 (老人)이 아니라, 성(姓) 위에 놓고 일종의 경애(敬愛)·친절성을 표시한다. 또한 나이가 많은 친한 친구를 〔老哥〕, 나이가 아래인 친구를 〔老弟〕라고 부른다.

〔叫先生…〕 선생에게……당한다, 선생에게……시킨다, 의 두가지 뜻이 있는데, 여기서는 물론 전자의 뜻이다.

〔見笑〕 웃김을 당하다. 〔叫〕와 같이 수동이 이중으로 되어 있지만 〔見笑〕는 수동인 때에만 상용(常用)하는 말로서 항상 〔叫〕와 같이 쓴다. 〔見〕을 생략해서 〔叫先生笑〕라고 해도 좋다.

〔叫〕와 〔請〕 (선생에게……시킨다)는 〔叫〕이지만 말씨의 예의로서는 이러한 표현은 좋지 않다. 이러한 경우에는 〔請先生……〕 (선생에게……하여 받다)라고 표현한다.

(4) 〔在電車上〕 전차에서, 〔在…上(裏)〕는 (……에서)

의 뜻. 전차나 기차의 경우에는 〔上〕을 쓰고 〔裏〕는 쓰지 않는다.

〔電車〕　　　　　　전차, 전차가, 전차는.
〔電車上〕　　　　　전차에, 전차안에.
〔在電車上〕　　　　전차로, 전차속에서, 전차속에.

〔被小絡…〕 소매치기에게 ……당한(했)다. 〔叫〕〔讓〕을 사용하여도 같지만, 〔被〕에 의한 수동은 원래 나쁜 결과의 경우에 사용되는 것이지만 현재에는 그다지 엄밀치 않다. 이것은 물론 사역(使役)이 아니고 수동이라는 것은 상식적으로 알수 있는 것이리라고 본다.

〔給〕는 수동을 돕는 말이며 (→앞서 설명한 구형설명), 또한 예를들면 〔給人打死了〕(사람에게 맞아 죽었다)와 같이 〔給〕한 자(字) 만으로도 수동을 가리키는 일이 있다.

(5) 〔挨打〕 얻어 맞다.

〔受罵〕 욕을 먹다, 욕설을 듣다.

〔挨〕나 〔受〕 또는 앞서 말한 〔見〕 등은 어느것이나 동사와 직결(直結)해서 수동의 말이 되지만 이것들은 언제, 어느 것을 사용해도 좋다, 는 것이 아니라 동사에 따라서 틀린다.

〔丢臉〕 체면을 손상하다. 〔丢〕는 (없애다), 〔臉〕은 (얼굴). 〔…了…了〕의 앞의 〔了〕는 동사 〔丢〕의 완료(完了), 뒤의 〔了〕는 문장 끝의 조사(助詞).

〔叫〕와 〔挨〕 ≪叫＋人＋動作≫, ≪挨＋動作≫의 모양과 같이 이 두가지 용법이 있다.

<응　　　용>

(1) 叫 你 失 望, 對 不 起
　　짜오(\) 니 쓰(-) 왕(\) 뻬이(\) 뿌 치(-)
　　　　자네에게 실망(失望)시켜서 미안하네.

(2) 叫 你 費 心, 謝 謝
　　쨔오(\) 니 웨이(\) 신(一) 쎄(\) 세
　　　　염려하여 주셔서 감사합니다.

(3) 日 本 叫 連 合 軍 打 敗 了
　　르(\) 번 쨔오(\) 롄(/) 허(/) 쥰(一) 다(一)빠이(\) 라
　　　　일본은 연합군에게 패전 당하였다.

(4) 賊 被 巡 警 拿 住 了
　　제이(/)뻬이(\) 슌(/) 징(一) 나(/) 주 라
　　　　도적이 경관에게 붙잡혔다.

(5) 他 叫 狐 狸 給 迷 住 了
　　타(一) 쨔오(\) 후(/) 리 게이 미(/) 주 라
　　　　그는 여우에게 홀렸다.

(6) 墻 都 叫 風 颳 倒 了
　　창(/) 떠우(一) 쨔오(\) 펑(一) 꽈(一) 다오(一) 라
　　　　벽이 바람에 넘어졌다.

第二十一課　표현기본형 (10)

원인(原因)과 결과(結果)의 형(型)	(가) 원형(原型) 그대로
	(나) 因爲……所以
	(다) 因比・故此・是以

(1) 天 晚 了, 我 回 去
　　톈(一) 완(一) 라 워 훼이(/) 취
　　　　시간이 늦었다 (늦었으므로), 나는 돌아 가겠
　　　　읍니다.

(2) 因 爲 他 不 敢 說, 誰 都
　　인(一) 웨이 타(一) 뿌 간(一) 쉬(一) 쉐이(/) 떠우
　　不 知 道
　　뿌(\) 쯔(一) 다오(\)
　　　　그는 절대로 말을 아니하므로 아무도 모른다.

— 152 —

(3) 他 太 利害, 所 以 孩 子
　　們 都 怕 他
　　그는 너무 심하다, 그러므로 아이들은 모두 그를 무서워 하고 있다.

(4) 因 爲 他 被 人 告 發, 所
　　以 逃 走 了
　　그는 고발(告發) 당했으므로 도망쳐 버렸다.

(5) 他 不 答 應, 因 此 我 没
　　法 子 辦
　　그가 승락하지 않으므로 나는 어찌할 수 없읍니다.

　　　　　＜구형의 설명＞

★원인을 나타내는 것은 〔因爲〕, 결과를 나타내는 것은 〔所以〕이다.
★이 두개를 전후에 쓰는 형(形)이 가장 옳은 형식이다.
★그러나 두개의 구를 나란히 쓰므로서, 그것이 원인 결과를 나타내는 것이 확실할 경우에는 이 두개를 모두 생략하는 수도 있다 (문장의 예 (1))
★〔因爲〕 와 〔所以〕 의 어느것이나 하나만을 써서 다른 하나를 생략할 수도 있다.
★〔因此〕 는 〔因爲這個〕 (이것을 위해서)이며, 〔此〕〔這個〕 가 앞 문장의 원인구(原人句)를 받은 표현이다. 〔故此〕 는 (이로 인하여), 〔是以〕 는 (이것으로써)의 뜻이며 딱딱한 표현이다.

<신 자 발 음>

晚	wan³	완	(ㅡ)		知	chih¹	쯔	(ㅡ)
道	tao⁴	따오	(ㅼ)		因	yin¹	인	(ㅡ)
爲	wei⁴	웨이	(ㅼ)		敢	kan³	간	(ㅡ)
利	li⁴	리	(ㅼ)		害	hai⁴	하이	(ㅼ)
所	so³	쉬	(ㅡ)		以	i³	이	(ㅡ)
怕	p'a⁴	파	(ㅼ)		告	kao⁴	까오	(ㅼ)
發	fa¹	빠	(ㅡ)		逃	t'ao²	타오	(ㅽ)
答	ta¹	따	(ㅡ)		應	ying⁴	잉	(ㅼ)
此	t'zǔ³	츠	(ㅡ)		法	fa²	빠	(ㅽ)
辦	pan⁴	빤	(ㅼ)					

【註】〔答〕은 第二聲이 원음(原音), 〔答應〕의 경우에는 第一聲.

〔法〕은 第三聲이 원음, 〔法子〕의 경우에는 第二聲.

<주   해>

(1) 〔天晚了〕시간이 늦었다. 〔天〕은 하늘·시간·날씨·기후를 가리킨다. 〔天亮〕먼동이 튼다. 〔天黑了〕날이 저물었다, 〔天冷了〕기후가 추워졌다. 〔晚〕은 시간이 늦은 것, 반대는 〔早〕. 본문(本文)의 예는 이것만으로도 독립한 형식으로는 원인 결과로 된다고는 한정하지 않으나, 원인 결과로도 될 수 있다.

(2) 〔不敢說〕말하려고 안한다, 스스로 말하고자 하지 않는다. 〔因爲〕는, 그가 말하려고 하지 않으므로와 같이 계속된다. 〔因爲〕에 호응(呼應)해서 〔誰〕의 앞에 〔所以〕가 놓이는 것이 옳지만 여기서는 생략한 것이다.

〔知道〕안다. 이 때에는 〔道〕는 경성으로 읽는다. 〔不知道〕의 경우에는 〔道〕도 第四聲으로 읽는다.

(3) 〔太〕 너무……지나친다. 〔很〕보다 훨씬 강한 표현.

〔利害〕 심하다, 까다롭다. 〔害〕는 경성(輕聲). 그러나 이해(利害)의 의미도 있으며, 이 경우에는 〔害〕도 第四聲으로 읽는다.

〔怕〕 무서워한다, 무섭다. 본문(本文)에서는 문장 머리에 〔因爲〕가 생략되어 있다.

(4) 〔被人…〕 사람에게……당한다. 여기서는 (……당한다)인지 (……당했다) 인지 확실치 않지만 이것도 앞 뒤의 관계에 의해서 판단한다. 그러나 만일 미래에 속한 것을 확실히 말할 때에는 〔要〕를 쓰는 것이며 이것이 없고 또한 문장끝이 〔逃走了〕라고 완료형(完了型)이 되어 있으므로 전체를 완료형으로 번역해도 좋다.

(5) 〔答應〕 승락한다.

〔因此〕 이것에 의해서. 〔因爲這個〕〔故此〕라고 해도 같다.

〔没法子〕 방법이 없다, 할수가 없다.

〔辦〕 한다, 처리(處理)한다. 〔没法子辦〕은 할만한 방법이 없다. 아무리 해도 할수가 없다. 이 표현 형식은 第十三課 문례(文例) (2)와 같다.

＜응   용＞

(1) 因(인一) 爲(웨이) 下(쌰\) 雨(유이一), 所(쉬/) 以(이) 我(워一) 不(뿌/) 去(취\)

비가 오므로 나는 가지 않는다.

(2) 他(타一) 平(핑/) 常(창/) 不(뿌/) 用(융\) 功(꿍一), 所(쉬/) 以(이)

— 155 —

$$\underset{메이(/)카오(-)쯩(\textbackslash)}{沒\;考\;中}$$

그는 평상시에 공부를 안했으므로 시험에 합격하지 못했다.

(3) $\underset{인(-)웨이\;타(-)\;뿌(\textbackslash)\;라이(/)\;쒀(/)\;이\;워}{因\;爲\;他\;不\;來,\;所\;以\;我}$
$\underset{메이(/)더(/)까오(\textbackslash)\;수\;타(-)}{沒\;得\;告\;訴\;他}$

그가 오지 않으므로 나는 그에게 말하지 못했다.

(4) $\underset{타(-)\;인(-)\;웨이\;쟈오(/)\;지(/)\;쒀(/)\;이\;쓰(-)}{他\;因\;爲\;着\;急,\;所\;以\;失}$
$\underset{바이(\textbackslash)\;라}{敗\;了}$

그는 성급히 서둘렀었기 때문에 실패했다.

(5) $\underset{씬(-)\;쉐이(-)하이(/)메이(/)\;빠(-)\;인(-)\;츠(-)\;워}{薪\;水\;還\;沒\;發,\;因\;此\;我}$
$\underset{허\;타(-)\;쩨(\textbackslash)\;첸(/)}{和\;他\;借\;錢}$

봉급(俸給)이 아직 나오지 않았으므로, 나는 그에게 돈을 꾼다.

(6) $\underset{타(-)\;런(/)\;헌(/)\;하오(-)\;쒀(/)\;이\;워\;시(-)}{他\;人\;很\;好,\;所\;以\;我\;喜}$
$\underset{환\;타(-)}{歡\;他}$

그는 사람이 대단히 좋으므로, 나는 그가 좋은 것입니다.

연 습 문 제 〔9〕

1. 叫와 着, 王과 晩, 因과 應, 京과 賢, 의 각각의 발음의 차이를 말하라.
2. 다음의 문장을 중국어로 옮기시오.

(가) 그는 너무 게으름뱅이이다, 공부 잘 시키십시오.

(게으름뱅이＝懶惰)
(나) 그를 거리로 물건을 사러 보내십시오.
(물건을 사러 간다＝買東西去)
(다) 순경(巡警)에게 들켜서 붙잡혔다.
(라) 당신이 너무 빨리 왔으므로 아직 준비를 못 갖추었다.
(준비(準備)＝豫備)
(마) 월급이 아직 안 나와서 돈을 꾸어 줄 수가 없다.
(월급＝薪水)

3. 다음 문장을 우리말로 옮기시오.
(가) 昨天叫您在家裡白等着，對不起.
(나) 我喜歡他，因爲他認眞. (認眞＝참된, 착실한)
(다) 出去進來的人太多，所以這個門不能不開.
(라) 他會寫好字，所以叫先生誇獎了.
(마) 特別使他們不痛快的是主人的態度.

＜중국의 앙가(秧歌), (농악(農樂))＞

秧歌〔양(一) 꺼(一)〕라는 것은 중국에서 모를 심을때에나 경축일(慶祝日)에 농촌에서 부르는 노래와 음악 (우리나라의 농악)을 말하는 것입니다. 예전부터 전해오는 것입니다마는, 거기에다 내용과 형식을 가미한 것이 현재의 앙가 입니다. 악기로서는 피리·북·꽹가리·호궁(胡弓) 등의 재래(在來)의 중국의 악기 이외에 근대적인 악기도 포함해서 간소한 중에서도 근대적인 춤과 리듬에 의하여 대중으로부터 사랑을 받고 있읍니다.

第十三日

第二十二課 표현기본형 (11)

개시형(開始型)	…起來
완료형(完了型)	了
과거형(過去型)	(가) 的 / (나) 過 / (다) 來着
과거·현재·미래	부사에 의한

(1) 天冷起來了, 我最怕冷
   기후(氣候)가 추워졌다, 나는 추운것이 제일 싫다.

(2) 國家一打起仗來, 國民都吃苦
   국가가 한번 전쟁을 시작하면 국민은 모두 고생한다.

(3) 我早就回來已經吃完了飯了
   나는 벌써 돌아와서 이미 식사를 끝냈다.

(4) 明年畢了業我要到中國去
   내년(來年)에 졸업하면 나는 중국에 가고 싶다.

(5) 他去年在漢城結的婚
　　타(一) 취(\) 녠 짜이 한(\) 청(一) 제(/) 더 훈(一)
　　그는 작년에 서울에서 혼인한 것입니다.

(6) 我看過電影好幾次
　　워 칸(\) 궈 뗸(\) 잉(一) 하오(/) 지(一) 츠(\)
　　나는 여러번 영화를 본 일이 있다.

(7) 那時你在廣州做什麼來着?
　　나(\) 쓰(/) 니 짜이 광(一) 저우(一) 쮀(\) 쓰(/) 머 라이 저
　　그때쯤 당신은 광주(廣州)에서 무엇을 하고 있었읍니까?

<구형의 설명>

★개시형(開始型)은 (……하기 시작한다)라는 것으로 〔……起來〕가 사용된다. 동사가 타동사로서 목적어를 동반하고 있을 경우에는 〔…他動詞＋起＋目的語＋來〕의 어순(語順)이 된다. 문장 예(2).

★〔了〕는 어떤 동작이 끝난것을 가리키고, 미래완료·과거완료의 어느것에나 쓰이며, 텐스에는 관계가 없다. 조동사(助動詞)는 동사의 바로 뒤에 직결(直結)한다.

★과거를 가리키는 조동사에는 〔過〕〔來着〕가 있고, 보다도 엄밀(嚴密)한 것으로는 조동사라고는 말할 수 없으나 〔的〕도 이 안에 포함시킨다.

★〔過〕는 (한 일이 있다), 〔來着〕는 (…하고 있었다) 라고 과거의 어떠한 시기의 상태를 가리키며, 〔的〕는 완성(完成)된 상태를 가리킨다.

★중국어에 있어서 텐스를 가리키는 것은 때(時)의 부사에 의한다. 때를 가리키는 부사 가운데서 중요한 것을 들면,
　(1) 과거(過去)——早就 (오래 전에), 已經 (이미), 先前·

從前 (이전에), 當初(최초에), 上回 (전번에, 언젠가), 剛
・剛才・方才 (지금것, 아직도), 昨天, 前天, 大前天.
(2) 현재(現在)──現在・現今・如今・目下・這個當兒(지금)・
這程子・這一向 (요사이).
(3) 미래(未來)──將來, 後來 (나중에), 往後 (今後), 此後
明天, 後天, 大後天.
(4) 부정시(不定時)──常常・時時・時不常兒的 時常 (항상,
늘, 줄곧), 永遠 (언제까지라도), 老 (줄곧), 始終 (줄곧,
끊임없이), 一時 (짧은 시간).

<신 자 발 음>

起	ch'i³	치	(一)	家	chia⁴	쨔	(一)
仗	chang⁴	쨩	(\)	民	min²	민	(/)
苦	k'u³	쿠	(一)	就	chiu⁴	쪄우	(\)
經	ching¹	찡	(一)	畢	pi⁴	삐	(\)
業	yeh⁴	예	(\)	要	yao⁴	야오	(\)
阪	pan³	반	(一)	結	chieh²	계	(/)
婚	hun¹	훈	(一)	影	ying³	잉	(一)
廣	kuang³	광	(一)	州	chou¹	쪄우	(一)
什	shih²	쓰	(/)				

<주 해>

(1) 〔怕冷〕 추위를 무서워한다. 추운것이 제일 싫다, 추위를 탄다. 〔怕熱〕 더위를 탄다.

〔冷起來了〕의 〔了〕는 〔冷起來〕(추워져 온다)라고 말하는 경우의 완료형이며, 미래(未來)의 경우에는 (추워지며는)이 되고, 완료문장(完了文章)에서는 (추워졌다) 가 된다. 그러나 미래형인 경우에는, 보다도 미래를 가리키는 부사(副詞)가 쓰이는 것이 보통이고 이 문장의 예(例)와 같은 것은 미

래로 번역해서는 아니 된다.

(2) 〔一〕 한번……시작하자, 조금……하면…….

〔打起仗來〕는 〔打仗〕이 (전쟁을 한다)로서 《타동사+목적어》의 형(形)이므로, 〔起來〕와의 결합(結合)은 구형설명(句型說明)에서 말한 것과 같이 〔打起仗來〕라고 한다.

〔吃苦〕 고민한다.

(3) 〔早就〕 오래 전에. 〔早就〕라는 과거부사가 있으므로 〔回來〕는 그대로 (돌아왔다)가 된다.

〔已經〕 이미, 벌써……했다.

〔吃完了飯了〕 식사(食事)를 끝냈다. 〔吃飯〕에 〔完〕(끝나다)를 붙이는 경우, 〔吃飯完〕이라고는 안한다. 조동사 〔完〕은 반드시 동사에 직접 붙어서 〔吃完飯〕이 된다. 즉 〔吃〕와 그 목적어 〔飯〕이 떨어져서 그 사이에 〔完〕이 들어간다. 더우기 완료조동사의 〔了〕는 〔吃完了飯〕이 되며, 문장끝의 〔了〕는 사건의 결정성(決定性)을 표시하는 조동사이다.

(4) 〔畢業〕 졸업한다. 〔明年〕이라고 미래(未來)부사가 있으므로 여기의 〔了〕는 미래완료(未來完了)가 되며, 또한 의미상으로 가정(假定)이 되어서 (내년에 졸업을 하며는……) 이 된다.

〔要〕 ……하고 싶다. 또한 동작이 이제로부터 시작 되려고 하는것을 가리키는 경우에도 쓰인다.

〔到…去〕 ……까지 간다, ……로 간다.

(5) 〔在漢城〕 서울에서. 장소를 가리키는 것에 〔在…上〕〔在…裏〕를 앞서 설명 했으나 〔上〕〔裏〕는 지명(地名)에는 안쓴다. 억지로 〔在漢城裏〕라고 하면, (서울이라고 하는 지역 안에 있어서) 라는 것과 같이 특히 지역(地域)을 강조한 표현(表現)이 된다.

〔結的婚〕의〔的〕도 동사〔結〕에 직접 연결되어서〔結婚的〕라고는 안한다.〔結的婚〕은 (약혼을 맺었다),〔結了婚〕도 (약혼을 맺었다)라고 되지 마는,

〔了〕와〔的〕의 차이는,〔了〕는 결혼을 안하고 있는 상태에서 결혼의 상태로 변화하여 완성된 것을 가리키고,〔的〕는 결혼을 끝낸 뒤의 상태이며, 전자(前者)는 동적(動的)인 변화에 설명의 중심이 있고, 후자(後者)는 정적(靜的)인 묘사(描寫)에 그 중심이 있다. 우리말에는 이러한 표현의 구별은 없으나 중국어에는 표현을 하는데 이러한 구별을 하고 있다.

(6)〔看過〕본 일이 있다.〔看電影〕영화를 본다. 조동사〔過〕는 동사〔看〕에 직접 연결된다.

〔好幾次〕몇번이고.〔次〕는 (몇차례),〔好〕는 (대단히)의 뜻으로, 가끔, 종종. 회수(回數)를 가리키는 부사는 동사뒤에 놓인다.

(7)〔什麽〕는〔甚麽〕와 같다.〔甚〕이 짧게 발음되어서 shih 와 비슷해지며 문자(文字)로서는〔什〕를 사용한다.

〔來着〕과거의 어떠한 시기의 상태, ……하고 있었다. 조동사는 동사에 직접 연결되는 것이지만,〔來着〕는〔做來着什麽〕라고는 안하고,〔來着〕는 문장끝에 놓는다.

<응 용>

(1) 買 賣 興 旺 起 來 了
마이(ˊ)마이(ˋ) 씽(ˉ) 왕 치 라이 라
사업이 분주 해졌다 (번창해 졌다).

(2) 我 是 剛 到 的
워 스 깡(ˉ) 따오(ˋ) 더
나는 지금 막 도착하였을 뿐 입니다.

(3) 你 洗 完 了 澡 了 麼?
   당신은 목욕을 하셨읍니까?

(4) 你 別 提 起 那 件 事 來
   여보게, 그 일을 애기 해서는 안 되네.

(5) 下 起 雨 來 了, 你 帶 把 傘 去 罷
   비가 오기 시작했다, 여보게 우산을 가지고 가게.

(6) 他 是 前 年 畢 的 業
   그는 재작년(再昨年)에 졸업한 것입니다.

第二十三課　표현기본형 (12)

| 진행형(進行型) | 哪(在) |
| 지속형(持續型) | 着 |

(1) 我 穿 衣 裳 哪, 再 等 一 會 兒
   나는 옷을 입고 있는 중이오니 좀 더 기다려 주십시오.

(2) 大 門 鎖 着, 由 後 門 進 去 罷
   대문은 자물쇠가 채워져 있다(있으므로) 뒷문으로 들어가자.

(3) 牆^{챵(／)} 上^상 掛^{꽈(＼)} 着^저 像^{썅(＼)} 片^{폐(＼)} 兒^얼 哪^나
　　벽에 사진이 걸려 있다.

(4) 他^{타(ㅡ)} 在^{짜이} 門^{먼(／)} 前^{첸(／)} 呆^{따이(ㅡ)} 呆^{따이(ㅡ)} 的^더 站^{짠(＼)}
着^저 哪^나
　　그는 문앞에서 정신없이 서 있다.

(5) 大^{따(＼)} 家^{쟈(ㅡ)} 正^{쩡(＼)} 在^{짜이(＼)} 吃^{츠(ㅡ)} 飯^{앤(＼)}
　　모든 사람은 마침 식사(食事)중 입니다.

<구형의 설명>

★동작의 진행상태를 가리키는 것이 진행형으로서, 문장끝에 〔哪〕를 붙인다.

★어떠한 상태의 지속(持續)을 표현하는 것이 지속형으로서 동사의 직후(直後)에 〔着〕를 붙인다. 그러나 동사 자체가 원래 계속성(繼續性)을 갖는 것에는 〔着〕는 아니 붙인다. 또 〔說話〕〔吃飯〕 등은 〔說〕〔吃〕가 동사이며 〔話〕〔飯〕이 명사이므로 〔着〕는 동사의 바로 뒤에 붙여서 〔說着話〕〔吃着飯〕으로 하며, 〔說話着〕〔吃飯着〕라고는 안한다.

★〔着〕는 거기에다가 또한 문장끝에 〔哪〕를 쓰고, 그 상태가 현재에까지 계속되고 있는것을 가리킨다.

★〔在〕는 남방(南方)의 방언적(사투리)인 표현으로 동사의 앞에 있어서 동작의 진행을 가리키고, 가끔 〔正在〕의 두 글자(字)로 쓰인다.

<신 자 발 음>

| 哪 | na | 나 | 鎖 | so³ | 쉬 | (一) |
| 着 | chê | 져 | 由 | yu² | 여우 | (／) |

後	hou⁴	허우	(＼)	進	chin⁴	찐	(＼)
牆	ch'iang²	창	(／)	掛	kua⁴	꽈	(＼)
片	p'ien⁴	펜	(＼)	呆	tai¹	따이	(－)
站	chan⁴	짠	(＼)	家	chia¹	쨔	(－)
正	chêng⁴	쩡	(＼)				

【註】〔哪〕는 문장중에 있어서 의문사(疑問詞)로 사용할때에는 나(－), 문장끝에 조동사는 na 의 경성(輕聲). 〔着〕는 지속(持續)일 경우에는 저 의 경성(輕聲).

<주   해>

(1) 〔穿衣裳哪〕 옷을 입고 있는 중이다, 또는 아직 못다 입고 있는 중이라는 것을 말하고 모두 입은 뒤의 상태이면 〔穿着衣裳〕 이라고 한다.

〔再〕 더욱이, 보다 더, 조금 더……의 뜻. 이 글은 그 누구에게 향해서 말하고 있으며, 이대로 (…하여 주십시오)(…하십시오)의 뜻이 된다.

(2) 〔大門〕 대문. 〔大〕는 (큰)의 뜻 이외에, 순서(順序)의 (제일)을 의미한다. 〔大門〕은 〔中門〕(안뜰로 들어가는 문)에 대해서 도로에 면한 (첫째의 문) 의 뜻으로 대문을 말한다. 〔大孩子〕는 (커다란 어린이)가 아니고 순서를 표시하여 (장남(長男))을 말한다. 이하는 〔二孩子〕〔三孩子〕라고 한다.

〔鎖着〕 자물쇠로 채운 뒤의 상태. 〔關〕은 (닫다)(닫히다)의 뜻으로 〔鎖〕는 (자물쇠를 채우다)

〔由〕 ……에서. 〔打〕〔從〕도 같다.

〔後門〕 뒷문. 〔傍門〕 곁문, 샛문.

〔進去〕 들어간다. 〔進〕은 (나아간다) 가 아니고 (들어간다)는 것.

〔罷〕……합시다.〔罷〕는 명령·권유(勸誘)·상상(想像)을 표현하고, 이 문장에서는 앞뒤의 관계로 볼 때 (……하십시오) (……합시다)의 어느것에나 해당한다. →第18課.

(3) 〔牆〕벽, 병풍.〔牆上〕벽에, 벽위에.

〔掛着〕걸려 있다, 걸려져 있다.〔掛哪〕라고 하면 (걸고 있는 중이다)라고 하는 현재 진행중의 동작을 가리키며,〔掛着〕는 거는 동작이 끝난 뒤의 상태이다.

〔掛着…哪〕걸려져 있다. 즉 걸고 난 뒤의 상태가 현재까지 미쳐서, 즉 (현재 걸려져 있다)의 뜻이 된다. 만약에〔掛着〕만이면 그것은 현재에만 국한되지 않고 미래(未來)나 부정시(不定時)의 상태를 말할 때에도 쓰인다.

掛	哪	걸고 있다.
掛	着	걸고난 뒤의 상태.
掛 着	哪	걸리운채 현재에까지 미치고 있는 상태.
掛 來	着	과거의 어떠한 시기에 있어서의 상태.

〔像片兒〕사진(寫眞).

(4) 〔在門前〕문앞에서, 대문 근처에서.

〔呆呆的〕정신없이.〔的〕는 부사의 사미(詞尾).

〔站着哪〕서 있읍니다, 현재 그대로 서 있읍니다.〔哪〕는 문장의 예(例) (3)에서는〔着〕와의 사이에 목적어(目的語)가 들어가 있으나 문장끝에〔…着〕가 오는 경우에는〔…着哪〕가 된다.

(5) 〔大家〕많은 사람들.

〔正在〕마침…하고 있는중이다. 본문(本文)을〔着〕〔哪〕로 고쳐 쓰면〔大家吃飯哪〕〔大家吃着飯哪〕의 어느것이라도 좋다.〔在〕는 남방(南方) 방언(사투리)의 용법이지만 소설(小說) 등에 가끔 쓰인다.

<응　　　용>

(1) 我 開 門 哪
　　워　카이(ー)　먼(ノ)　나
　　　　나는 지금 문을 열고 있는 중입니다.

(2) 門 開 着 哪
　　먼(ノ)　카이(ー)　저　나
　　　　문은 열려 있읍니다.

(3) 他 聽 着 無 線 電 哪
　　타(ー)　팅(ー)　저　우(ノ)　셴(\)　뗀(\)　나
　　　　그는 라디오를 듣고 있읍니다.

(4) 他 正 在 寫 回 信
　　타(ー)　쩡(\)　짜이　세(ー)　훼이(ノ)　셴(\)
　　　　그는 지금 마침 답장을 쓰고 있읍니다.

(5) 他 早 就 來 了, 竟 等 着
　　타(ー)　자오(ノ)　져우　라이(ノ)　랴　쩡(\)　떵(ー)　저
　　您 哪
　　닌(ノ)　나
　　　　그는 벌써 와서 줄곧 당신을 기다리고 있읍니다.

연　습　문　제　〔10〕

1. 再와 菜, 被와 北, 仗과 將, 早와 走, 각각의 발음의 차이를 표시하여 보라.
2. 다음의 문장을 중국어로 번역하시오.
　(가) 어제 꽃구경을 갔다, 매우 아름다웠었다. (꽃구경을 가다＝看花去)
　(나) 나는 아직 프랑스 요리를 먹어본 일이 없다. (프랑스 요리＝法國菜)
　(다) 나는 며칠전에 도착하였을 뿐입니다, 잘 부탁합니다.
　(라) 어린애는 큰 소리로 책을 읽기 시작했다.
　(마) 나는 그를 한번 만나본 일이 있다.

(바) 그는 응접실(應接室)에서 그 누구와 이야기를 하고 있었읍니다.
　(사) 오후에 비가 개이면 테니스를 합시다.
　(아) 그는 드러누워서 책을 읽고 있다. (드러눕다＝躺)
　(자) 손에 기(旗)를 들고 노래 부르며 거리를 걷는다.
3. 다음의 문장을 우리말로 번역하라.
　(가) 你原先出過洋嗎？
　(나) 我沒到過北平，到過天津.
　(다) 你昨天上哪兒去來着？
　(라) 酒涼了，再燙一燙.
　(마) 說着說着就到了.
　(바) 他睡着覺哪，別把他起來.
　(사) 他們正在辯嘴，你快去勸勸他們罷.

―――――――

≪성명(姓名)의 호칭(呼稱)≫

　한자(漢字)의 음(音)은 같은 음과 소리를 내는것이 많이 있으므로 자기의 성명을 입으로 말만해서는 어떠한 한자(漢字)인지 모르는 경우가 많이 있읍니다. 그래서 중국 사람들은 이와같이 말합니다.〔我姓胡，古月胡〕(저는 胡라고 합니다. 古字와 月字를 합친 胡字입니다). 옛날에는「百家姓」이라고 해서「趙錢孫李，周吳程汪……」과 같이 네자(四字)씩을 한 쌍으로 한것도 있고,〔我姓李，趙錢孫李的李〕라고 했읍니다마는 현재에는 이러한 것을 기억하고 있는 중국 사람도 드문것 같습니다. 여러분도 자기의 성명을 말할때의 설명을 할 수 있는 방법을 생각하여 두면 여러가지로 편리합니다.

第十四日

第二十四課　표현기본형 (13)

| 원망형(願望型)　要・想・願意 |
| 肯・敢・愛 |

(1) 他們要北平, 要華北,
　　要整個的中國
　　　그들은 北平이 갖고 싶다, 華北이 갖고 싶다,
　　　중국 전체를 소유하고 싶은 것이다.

(2) 老人想把拿手的故
　　事再說一遍
　　　노인은 자랑스러운 얘기를 한번 더 하려고 생
　　　각했다.

(3) 我不知道他願意去
　　不願意去
　　　그가 가고 싶어 하는지 어떠한지 나는 모릅니다.

(4) 他一分錢也不肯白花
　　　그는 일전(一錢)이라도 낭비 하려고 안한다.

(5) 今天我不敢去, 改天罷
　　　오늘 나는 가는 것을 그만 두겠읍니다, 이다음
　　　에 가겠읍니다.

<구형의 설명>

★要・想・願意・肯・敢・愛는 명사, 동사의 앞에 놓는다.

★〔要〕는, 필요로 한다, 요구한다, ……하고자 희망한다, 의 뜻에서 또한 미래를 표현하는 조동사(助動詞)에 쓰인다. 그리고 〔要〕는 〔若〕의 뜻으로 쓰일 경우도 있다.

★그러나 〔不要〕라고 하면 이상의 모든 부정(否定)으로는 되지 않고 ……하여서는 안된다, ……은 필요없다, ……을 필요치 않다, 의 뜻이 된다. ……하고 싶지 않다, 의 뜻에는 〔不想〕을 쓴다.

★〔想〕은. 가슴속에서 생각하는 것으로, ……라고 생각한다, ……을 희망한다.

★〔不想〕은, ……라고는 생각 안한다, ……하고 싶지 않다.

★〔願意〕는, ……하고 싶다, ……을 바란다.

★〔肯〕은 〔願意〕에 가깝지마는 사람의 요구나 희망이 있어서 그것에 응할것을 바라던가 바라지 않는다던가, 승낙하느냐, 안하느냐 라고 할때에 쓴다.

★〔敢〕은, 스스로 자진해서 ……할것을 바란다, ……할 용기가 있다.

★〔不敢〕은, ……할것을 중지한다, 사양(辭讓)한다.

★〔愛〕는, 좋아한다, ……하는것을 좋아한다. 〔愛〕는 다음에 명사가 오면 (……이 좋아한다)가 되고, 동사가 오면 (……하는 것을 좋아한다)가 된다.

<신 자 발 음>

要	yao⁴	야오	(＼)	華	hua²	화	(／)
整	chêng³	쩡	(一)	老	lao³	라오	(一)
想	hsiang³	샹	(一)	故	ku⁴	꾸	(＼)
遍	pien⁴	볜	(＼)	願	yüan⁴	유안	(＼)
意	i⁴	이	(＼)	分	fên¹	펀	(一)
也	yeh³	예	(一)	肯	k'ên³	컨	(一)
白	pai²	바이	(／)	敢	kan³	간	(一)
改	kai³	가이	(一)				

＜주   해＞

(1) 〔要北平〕 북평을 요구한다, 북평을 갖고 싶어한다.
〔整個〕 전부(全部), 완전히, 모두, 〔煮整個兒〕 통체로 삶는다. 〔整個(兒)的〕 전부의, 모든 것.

(2) 〔想〕 ……하려고 생각한다, ……하고자 한다.
〔把〕 ……을, 〔拿手的故事〕가 그 목적어(目的語)가 된다.
〔拿手的〕 자랑거리의. 〔拿手的菜〕 자랑삼는 요리, 〔拿手的話〕 자랑삼아 하는 이야기.
〔故事〕 야담, 옛날 이야기.
〔再說〕 또다시 말한다, 거듭 말한다. 〔再〕는 미래형(未來形)으로 쓰고, 〔또……했다〕의 과거형에는 〔又〕를 쓴다.

(3) 〔願意去〕 가기를 바란다, 가고 싶어한다. 〔願意去 不願意去〕로서 긍정(肯定) 부정(否定)의 형이 되며, (……이냐, 그렇지 않으면 …이냐). 〔不知道〕 모른다, 알수 없다.

(4) 〔一分錢〕 일전. 십전은 〔一毛錢〕〔一角錢〕, 일원(一元)은 〔一塊錢〕.
〔也〕 ……도. 〔連…也…〕(…역시…그것 역시…)의 뜻으로 〔連〕을 생략해서 〔也〕한자만을 쓴 형(形).
〔不肯〕 외부에서 강요해도 좀처럼 승낙하지 않는다, 라는 뜻으로, 〔不願意〕라고 하면, 외부에서 강요당할 그러한 관계는 없고 오직 자기가 ……하고자 안한다, 와 같이 된다.
〔白花〕 헤피 쓴다, 낭비한다. 〔白〕은 (헤피……한다)의 뜻으로, 효과가 없는것, 또는 그것에 대해서 아무 반응도 없는데……한다, 라고 하는 뜻. 〔花〕는 동사로 써서 (돈을 쓴다).
〔白花錢〕 돈을 낭비한다. 〔白攔着〕 쓸곳도 없는데 공연히 두고 있다. 〔白送給你〕 거저 자네에게 주겠다. 〔白等一点種〕 한 시간을 헛되게 기다린다. 〔白去〕 헛수고를 한다.

(5) 〔不敢〕 스스로 자진해서 ……하고자 안한다, 여하간에 사양하겠다. 〔肯〕이 수동적(受動的)인 경우이고 〔敢〕은 주동적(主動的)인 의미가 된다.

〔改天罷〕 날(日)을 다시 결정합시다, 또다시 날을 결정해서 ……합시다, 의 뜻.

<응　　　용>

(1) 你 白 送 給 我 嗎?
　　니　바이(ノ)　쏭(丶)　게이　워(ー)　마
　　여보게 거저 나에게 주는 것인가?

(2) 他 想 談 話, 可 没 有 合 適 的 人
　　타(ー)　샹(ー)　탄(ノ)　화(丶)　커　메이(ノ)　여우　허(ノ)　쓰(丶)　더　런(ノ)
　　그는 이야기를 하고 싶지만 적당한 사람이 없다.

(3) 我 要 看 電 影, 父 親 不 答 應
　　워　야오　칸(丶)　뗀(丶)　잉(ー)　뿌(丶)　친　뿌　따(ー)　잉
　　나는 영화를 보고 싶으나 아버지가 허락 하지 않는다.

(4) 他 灰 心 極 了, 不 敢 再 做
　　타　훼이(ー)　신(ー)　지(ノ)　랴　뿌　간(ー)　짜이(丶)　쭤(丶)
　　그는 낙심(落心)해서 이제는 다시 하려고 안한다.

(5) 我 愛 看 籃 球, 可 是 不 愛 自 己 做
　　워　아이(丶)　칸(丶)　란(ノ)　쳐우(ノ)　커(ー)　스　뿌(ノ)　아이(丶)　쯔(丶)　지　쭤(丶)
　　나는 농구를 보는 것은 좋으나 자기가 하는 것은 싫다.

第二十五課　표현기본형 (14)

반어형(反語型)	哪・怎麼・豈・誰・何必 不…麼・難道…麼(不成)・莫非是(不是)…麼

(1) 你(니ˇ) 何(허/) 必(삐\) 那(나\) 麼(머) 客(커\) 氣(치)
　　여보세요 그렇게까지 사양할 필요가 있을까요.

(2) 誰(쉐이/) 說(쉬-) 不(뿌/) 是(쓰\) 呢(너), 那(나\) 就(져우) 是(스)
　　他(타-) 的(더) 皮(피/) 氣(치)
　　과연 옳은 말씀입니다, 그것이야 말로 그의 나쁜 버릇입니다.

(3) 難(난/) 道(따오\) 一(이\) 天(톈-) 都(떠우-) 没(메이/) 工(꿍-) 夫(푸) 麼(마)
　　그렇다고 하루 온 종일 전연 여가가 없을지도 없을게 아닌가.

(4) 她(타) 是(스) 籠(룽/) 中(쯍-) 鳥(냐오-) 好(하오) 不(뿌) 可(커-) 憐(롄/) 麼(마)
　　그 여자는 장(籠)속의 새 입니다, 얼마나 가련한가.

(5) 他(타) 無(우/) 精(찡-) 打(따/) 彩(차이-) 的(더) 莫(머\) 非(페이-)
　　是(스) 有(여우) 心(씬-) 事(쓰\) 麼(마)
　　그는 풀이 (기가) 꺾여 있으니 근심 (격정거리)이라도 있는 것이 아닐까?

<구형의 설명>

★의문사(疑問詞)를 써서 반어(反語)를 표현하려면 문장 끝에

〔呢〕를 사용하는 것이 보통이지만 거칠게 혹은 말투를 억세게 할 경우에는 〔呢〕를 사용하지 않아도 좋다.

★〔難道〕〔莫非〕〔不〕와 같은 것에는 문장끝에 〔麼〕를 놓는다.

★〔難道…麼〕 그럴리야……그렇지는 않을거다. 〔麼〕를 〔不成〕으로 하여도 좋다.

★〔莫非…麼〕 (1) 그럴리야…그렇지는 않을거다. (2) ……한것은 아닐까.

<신 자 발 음>

何	hê²	허	(ノ)	必	pi⁴	삐	(ヽ)
客	k'ê⁴	커	(ヽ)	氣	ch'i⁴	치	(ヽ)
皮	p'i²	피	(ノ)	難	nan²	난	(ノ)
籠	lung²	룽	(ノ)	可	k'ê³	커	(一)
憐	lien²	렌	(ノ)	無	wu²	우	(ノ)
精	ching¹	찡	(一)	彩	ts'ai³	차이	(一)
莫	mo⁴	머	(ヽ)	非	fei¹	페이	(一)

<주 해>

(1) 〔何必〕 어째서 …할 필요가 있을까?

〔哪麼〕 그렇게, 저렇게. (그러면) 의 뜻으로도 쓰인다.

〔客氣〕 사양한다. 〔別客氣〕 사양하지 마십시오. 〔你太客氣〕 (1) 당신은 지나치게 사양하십니다. (주인이 손님에게 대해서), (2) 너무나 남처럼 겸손하다, 너무 친절히 대해 주셔서 황송합니다 (손님이 주인에게), 와 같이 두가지의 용법이 있고, 〔你太客氣〕 (2) 는 남에게서 물건을 받았을 경우에 황송하다는 것을 표현할 경우에 항상 사용한다.

문장끝에 〔呢〕를 사용하여도 좋다.

(2) 〔誰說不是呢〕 누가 그렇지 않다고 말할 수 있을까요, 누구나 모두 그렇다고 말한다, 과연 옳은 말씀입니다, 간단히 말하면 〔是的〕〔不錯〕〔可不是麼〕 라고도 한다.

〔就是〕 그럼에도 불구하고, 즉 ……이다.

〔皮氣〕 버릇. 주로 나쁜 버릇을 말할때에 쓴다.〔壞皮氣〕(나쁜 버릇),〔皮氣左〕(성격(性格)이 좋지 않다)와 같이 말한다.〔皮〕는〔脾〕가 원자(原字).

(3)〔難道…麽〕 그럴리가……는 아닐것이다.〔麽〕는 반드시 쓴다.

〔一天都〕 하루 온 종일. 앞서 설명한〔整〕을 사용하면〔整天家都…〕가 되며, 또〔一天到晚的都……〕라고도 한다. 또한〔難道〕대신에〔莫非〕라고 하여도 좋다.

(4)〔籠中鳥〕 장속의 새,〔籠中的鳥〕라고 하여도 좋다.

〔好〕 좋고 나쁘다는 뜻이 아니라, 어쩌면, 대단히, 의 뜻.

〔好熱〕 대단히 덥다,〔好大的月亮〕 대단히 큰 달(月).

〔不…麽〕 ……는 아닐까, ……이다.

(5)〔無精打彩的〕 기운없이, 기가 꺾인 모양.〔的〕는 그 다음에〔模樣〕이라는 뜻의 말이 생략된 형(形).

〔莫非是…麽〕 그럴리야……그럴리는 없겠지만……그럴까? 라고 말하는 심정(心情).

〔心事〕 걱정, 근심되는 일.

<응　　　용>

(1) 豈　有　此　理
　　　치(ˇ) 여우 츠(ˇ) 리(ー)
　　　그런 어리석은 일이!

(2) 哪　兒　的　話　呢
　　　나(ー) 얼 더 화(ˋ) 너
　　　천만의 말씀 입니다.

(3) 你　的　恩　惠,　我　怎　麽　會
　　　니 더 언(ー) 훼이 워 전(ˇ) 머 훼이

　　　　왕(\) 지(\) 나
　　　　忘 記 呢
　　　　　　당신의 은혜(恩惠)를 어찌 잊겠읍니까?
　　　　머(\) 페이(-) 쉭(-)　니 이(／) 뻬이(\) 즈 뿌
(4)　莫 非 說 你 一 輩 子 不
　　　 컨(-) 졔(／) 훈(-) 마
　　　 肯 結 婚 麼
　　　　　　하물며 한 평생 결혼을 안한다는 것은 아니겠지.
　　　 니 쯔(\) 지(-) 더 스(\) 난(／) 따오 니
(5)　你 自 己 的 事 難 道 你
　　　 뿌(\) 즈 다오(\) 뿌(\) 청(／)
　　　 不 知 道 不 成
　　　　　　여보게 하물며 자네의 일을 모른다는 법은 없지 않소!

연 습 문 제 〔11〕

1. 想과 上, 進과 精, 整과 中, 敢과 肯, 開와 改, 각각의 발음의 차이를 말하라.
2. 다음의 문장을 중국어로 번역하라.
   (가) 만약에 한푼(一錢)도 안가지고 있는 것은 아니겠지?
   (나) 내가 자네에게 몇번이고 말하지 않았는가.
   (다) 저것은 어린애다, 어째서 그렇게 나무랄 필요가 있을까?
   (라) 거기는 너무 멀어서 가고 싶지 않다.
   (마) 내가 몇번이고 말한들 그는 내가 말하는 것을 듣지 않는다.
   (바) 나는 진학하고 싶으나 아버지께서 승락하지 않읍니다.
3. 다음의 문장을 우리말로 번역 하시오.
   (가) 他臉上不得勁, 莫不是被人說了嗎?
   (나) 莫不是老天爺賞給我們這個孩子了麼?
   (다) 他就學了一個月的中國話, 哪兒能就會說話呢.
   (라) 他愛說大話, 誰也不肯和他來往.
   (마) 他不想把錢花在這樣東西上.
   (바) 你這麼客氣, 我下次更不敢來了.

第 三 週

  第二週에서는 **표현기본형**에 대해서 설명했다.
  第三週에서는 第二週의 추가 보충(追加補充)으로서 〔介詞〕〔連詞〕〔助詞〕를 설명하고 문장의 읽기와 해석(解釋)으로 들어가기로 하겠다.

第 十 五 日

개사(介詞)라는 것은 명사 혹은 대명사를 도와서 그 시간·지위(地位)·방법·원인·가능(可能) 같은 것의 여러가지의 관계를 표현하는 것이다. 원인개사(原因介詞)와 수동개사(受動介詞)에 대하여서는 이미 설명하였으므로 여기서 생략(省略)한다.

第二十六課   개사(介詞) (1)

장소와 시간에 관한 것	(가)	在
	(나)	由·從·打·自·解·自
		從·從打·自…到…·離

(1) 我(워ー) 的(더) 洋(양ノ) 墨(머ヽ) 水(웨이ー) 你(니) 擱(꺼ー) 在(짜이)
   那(나ー) 兒(얼) 了(라)?
   나의 잉크를 자네 어디에다 두었는가?

(2) 他(타ー) 在(짜이ヽ) 英(잉ー) 國(귀ヽ) 住(쭈ヽ) 了(라) 有(여우) 十(쓰ノ)
   多(뚸ー) 年(녠ノ) 了(라)
   그는 영국에서 10년가량 살고 있다.

(3) 我(워) 是(쓰ヽ) 新(씬ー) 解(졔ー) 南(난ノ) 京(징ー) 來(라이ノ) 的(더)
   나는 요사이 남경에서 온 것입니다.

(4) 展(짠ノ) 覽(란) 會(훼이ヽ) 打(다ー) 今(진ー) 天(뗀) 起(치ー) 到(따오ヽ)
   月(유에ヽ) 底(디ー) 爲(웨이ノ) 止(즈ー)

전람회는 오늘부터 이달 말일까지 입니다.

(5) 火(一) 車(一) 站(\) 離(/) 這(\) 兒 有 多(一) 遠(/)
    훠   쳐   짠   리   쩌   얼 여우 뒤 유안
정거장은 여기서 얼마나 떨어져 있읍니까?

<구형의 설명>

★〔在〕는 시간 또는 장소를 표시하는 개사(介詞)이지만 생략될 경우가 가끔 있다.

★〔在〕는 동사의 뒤에 놓이는 경우 (예문(例文) 1——擱在……——)와, 동사의 앞에 놓이는 경우 (예문 2——在…在——)가 있다. (주해 참조(註解參照)).

★〔在〕의 앞에 놓을수 있는 동사는 자동사(自動詞)에 한정 되는 것이 원칙(原則)이고, 타동사(他動詞)는〔在〕의 뒤에 놓는다. 그렇지만 타동사라도〔在〕의 앞에 놓을 수 있다. (문례(文例) 1).

★〔在〕는〔上・裏・中〕과 같이 서로 앞 뒤로 바뀌어서〔在……上〕〔在…裏〕〔在…中〕의 형(形)을 취하는 것이 보통이다. 上・裏・中은 각각 물건의 위치와 모양을 가리킨다.

★(나)에 제시한 여러가지 개사(介詞)는 모두(…에서)의 뜻이다. 오직〔離〕는 거리적(距離的)인 것과 시간적(時間的)인 간격(間隔)에 한해서 쓴다.

<주　　　해>

(1) 〔洋墨水〕잉크.〔擱〕놓다, 두다.

〔擱在…〕…에 놓다.〔擱〕는 타동사이고 목적어(目的語)는〔我的洋墨水〕이며, 보통 낱말의 순서로 말하면〔你在哪兒擱的(下)我的洋墨水〕가 되지만 목적어를 문장의 첫 머리에 놓아서 예문(例文)과 같은 낱말 순서로 한 것이다.

〔擱在…〕와 〔在…擱下〕이 두 가지의 형(形)은 어느 것이나 (…에 놓다)의 뜻이지마는 전자(前者)는 (놓다)라고 하는 동작에 중점(重點)을 둔 표현이고 〔在…〕는 물건을 놓은 결과의 소재지점(所在地點)을 가리킨다. 후자(後者)는 장소를 중점적으로 말한 표현이다. 그리고 동사를 뒤에 놓을 때는 〔在……擱下〕〔在…擱的〕와 같이 조동사 〔下〕〔的〕등을 덧붙여서 표현한다.

(2) 〔英國〕영국(英國).

〔有〕…이 된다. 시간의 경과를 가리킨다.

〔住在〕와 〔在…住〕이것은 앞것과 같은 것으로, (…에 산다)의 뜻이지만 전자는 거주(屈住) 할 곳을 결정하고 그 결정도 장소가 ……이다, 의 낱말의 순서가 되며, 여하튼간에 (살다)(묵(宿)다) 라고 하는 동작이 제일의적(第一義的)이고 거주한 결과로서의 장소를 제이의적(第二義的)으로 표현한 형(形). 후자는 거주하고 있는 장소를 가리켜서, 그곳에 살고 있다, 라는 기분으로 장소를 우선적으로 나타내고 살고 있다는 사실을 보충적으로 표현시킨 형(形).

(3) 〔是〕는 문장끝의 〔的〕와 전후(前後)하는 형식.

〔的〕는 〔…的人〕의 뜻으로서 명사화 시키는 역활을 하고 있다.

〔新解…〕새로이 …에서, 요사이……에서. 〔解〕는 〔從〕〔打〕〔由〕와 모두 같은 뜻.

(4) 〔打…起…到…爲止〕……에서……까지. 분해(分解)하면, ……에서 〔打〕시작 〔起〕…에 이루어서 〔到〕멎다 〔止〕로 되어 〔爲〕, 가 된다. 이것을 간단하게 해서 〔打…到…〕〔從…到…〕로도 할 수 있다.

〔月底〕월말(月末). 그 달의 초승은 〔月初〕.

(5) 〔火車站〕 기차 정거장. 또는 〔車站〕이라고도 한다.

〔離〕 ……에서. 〔離這裏〕 여기로부터, 〔離現在有三十年〕 지금으로부터 三十年이 된다, 와 같이 시간 또는 장소에 관해서 그 시간의 오랜 것이라든가 거리의 길고 짧은 것을 표현할 경우에 쓴다.

〔有多遠〕 얼마나 거리가 먼가. 〔多〕는 의문사 (얼마나), 〔遠〕은 (거리(먼))라는 정도를 가리키는 명사(名詞).

<중앙> <응　　　용>

(1) 你 從 哪 兒 來 了？
　　 당신은 어디서 오셨소?

(2) 你 的 傘 丟 在 那 兒 了
　　 당신의 우산은 어디서 잃었는가?

(3) 他 躺 在 床 上 看 書
　　 그는 침대(寢臺)에 누워서 책을 읽고 있다.

(4) 你 從 第 八 課 起 念 罷
　　 여보게, 第八課서부터 읽으시오.

(5) 我 家 離 衙 門 很 近
　　 나의 집은 관청(官廳)에서 매우 가깝다.

(6) 一 隻 鴿 子 在 電 桿 上 飛
　　 비둘기 한 마리가 전선주 윗쪽을 날으고 있다.

(7) 一 隻 麻 雀 飛 到 樹 上
　　 한 마리의 참새가 나무위로 날아왔다 (나무에 앉았다).

第二十七課　개사(介詞)　(2)

> 방향(方向)에 관한 것　(가) 上·往·望·朝
> 　　　　　　　　　　　(나) 到

(1) 我 很 盼 望 上 杭 州 去
　　워 헌(一) 판(\) 왕 샹 항(/) 쩌우(一) 취(\)
　　一 盪
　　이 탕(\)
　　나는 꼭 한번 항주(抗州)에 가고싶다.

(2) 往 東 拐 灣 兒 第 三 門
　　왕(\) 뚱(一) 과이(一) 와(一) 얼 띠(\) 싼(一) 머(/)
　　兒 就 是
　　얼 쩌우 쓰(\)
　　동쪽 모퉁이를 돌아서 세번째의 집이 그집 입니다.

(3) 這 間 屋 子 朝 南 很 暖 和
　　쩌(\) 젠(一) 우(一) 즈 차오(/) 난(/) 헌(/) 환(一) 허
　　이 방은 남향(南向)이므로 대단히 따뜻하다.

(4) 我 到 大 街 上 買 東 西 去
　　워 따오(\) 따(\) 제(一) 샹 마이(一) 뚱(一) 시 취
　　나는 큰 거리로 물건을 사러 갑니다.

(5) 我 昨 天 講 到 哪 兒 了?
　　워 쮜(/) 텐 쟝(一) 따오 나(一) 얼 랴
　　어제 나는 어디까지 강의(講義)를 했던가요?

　　　　　　　＜구형의 설명＞

★〔上〕은 (…로) 와 같이 목적지의 방향을 가리킨다.
★〔往·望·朝〕는 방향을 가리킨다, …로 향(向)해서.
★〔到〕와 〔上〕과는 비슷하지만 도착할 지점(地點)을 가리켜서 (…까지) 의 뜻. 또한 〔到〕는 원래 (…에 도착한다)의

동사(動詞)이다.

<주   해>

(1) 〔盼望〕 희망한다, 원한다, 하고싶다.

〔上…去〕 …로 간다. 〔上杭州去〕 항주(抗州)로 간다. 〔上〕 대신에 〔往·望·朝〕는 쓰지 않는다. 이것을 쓰면 (…로 향해서)라고 방향을 가리키는 것이 된다. 또한 〔到〕를 사용하면은 (항주까지)의 한정(限定)된 의미가 된다.

〔一盪〕 한번, 그러나 〔盪〕은 오고 가는 경우에 한해서 쓴다. 일반적으로는 〔一回〕라고 한다.

(2) 〔往東〕 동쪽으로. 〔上東〕〔到東〕은 사용하지 않는다.

〔拐灣兒〕 길 모퉁이를 돈다.

〔第三門兒〕 세번째의 문, 순서를 말할 때에는 〔第〕를 사용한다. 〔門兒〕은 (문(門))을 말하는 것이며, 제 세번째의 문, 즉 세째번의 집, 을 말한다.

〔就是〕 말하자면 그렇다, 그것이 즉 그러합니다. 이 경우에는 〔是〕를 똑똑히 읽는다. 〔就是那房子〕(즉 그 집입니다)의 뜻. 〔是〕를 가볍게 읽으면 (즉…) (오직…뿐)의 뜻이 된다.

(3) 〔間〕 방의 수효를 세는 배반사(陪伴詞). 〔這間屋子〕 이 방 하나, 이 방. 〔屋子〕는 (방), 〔房子〕는 (집), 그러나 〔房子〕도 역시 (방)의 의미로 쓰일 때도 있다.

〔朝南〕 남향(南向), 〔朝東〕 동향(東向). 〔朝這邊坐〕 이 쪽을 본다.

〔暖和〕 따뜻하다. 〔涼快〕 시원하다.

(4) 〔到〕 ……까지. 〔到大街上〕 큰 거리까지. 〔上〕은 위치 (位置)나 모양을 가리킨다. (전과목(前課目)을 참조하라.) 〔上大

街上〕큰 거리로. 〔朝大街〕큰 거리로 향해서.

〔買東西去〕물건을 사러 간다. (…하러 간다)는 것은 〔動詞+去〕〔他動詞+目的語+去〕의 형(形). 보러간다 〔看去〕, 영화를 보러간다 〔看電影去〕. (물건을 사러) 라는 명사화(名詞化)가 된 중국어는 없으며 역시 〔買東西〕라고 쓴다.

(5) 〔講到〕……까지 강의(講義)한다. 강의를 해서……까지 이룬다. 동사 다음에 〔到〕를 놓은 형은 그 동작(動作)의 결과에 의한 도착지점(到着地點)을 가리킨다. 또한 동사 다음에 〔在〕가 있으면 그 동작의 결과로서의 존재(存在)하는 지점을 가리킨다. 二十六課〔攔在…〕〔住在…〕를 참조(參照)하라.

<응　　　용>

(1) 上火車站去往那麼走?

정거장으로 가자면 어디로 갑니까?

(2) 我等到天亮, 他没來了

나는 먼동이 틀때까지 기다렸으나 그는 오지 않았다.

(3) 你的屋子朝北, 冬天冷罷

당신의 방은 북향(北向)이므로 겨울에는 춥겠군요.

(4) 一直的往那麼走, 到

　　　　나(一)　얼　너
　　　　哪　兒　呢
　　　곧장 저곳으로 향해서 가면 어디에 도착합니까?

　　　워　뿌　쯔(一)다오(\)타(一)빤(一)따오 나(一)
(5)　我　不　知　道　他　搬　到　哪
　　얼　취　라
　　兒　去　了
　　　나는 그가 어디로 이사를 가서 사는지 모릅니다.

　　　쉬(一)따오 나(一)얼　빤(\)따오 나(一)얼
(6)　說　到　哪　兒, 辦　到　哪　兒
　　　어디까지 말하면 어디까지 한다, 말한 것은 반드시 실행한다.

第二十八課　개사(介詞)　(3)

방법에 관한 것	(가) 把・拿・用・將
	(나) 據・照・靠・依・趁
	(라) 和・跟・同・替・給

　　쩌(\)　스　나(/)서(/)머 쩌(\)더
(1)　這　是　拿　甚　麼　做　的?
　　　이것은 무엇으로 만든 것이냐?

　　　바　나(\)쭤(一)즈 눠(/)이 눠(/)런(/)
(2)　把　那　卓　子　挪　一　挪, 人
　　꿔(\)뿌　취(\)
　　過　不　去
　　　저 테-블을 치우시오, 사람이 다닐수 없소.

　　　게이(/)워 나(/)빠오(\)쯔(一)빠오(一)샹
(3)　給　我　拿　報　紙　包　上
　　　신문지로 싸 주시오.

(4) 照^{짜오(\)} 本^{버(一)} 兒 賣^{마이(\)} 給^{게이} 您^{닌(/)}
　　　　원가(原價)로 팝니다.

(5) 他^타 的^더 家^{쨔(一)} 眷^좐 靠^{카오(\)} 他^{타(一)} 一^{이(/)} 個^거
人^런 吃^{츠(一)} 飯^{앤(\)}
　　　그의 가족은 그 사람만을 의지하고 살고 있다.

(6) 我^워 和^허 他^타 商^{쌍(一)} 量^량 再^{짜이} 回^{훼이(/)} 答^다 您^{닌(/)}
　　　나는 그와 싱의를 한 뒤에 대답을 하겠읍니다.

＜구형의 설명＞

★〔把〕와〔將〕, ……을…….

★〔拿〕와〔用〕, ……으로……. 모두 명사 앞에 놓는다.

★〔把〕〔將〕은 목적어를 타동사에 선행(先行)시키는 경우에 사용하지마는, 그렇다고 어떠한 경우라도 이러한 개사(介詞)를 사용할 수 있다고는 할 수 없다, 어떠한 것을 결정하고 그것에 어떠한 동작(動作)을 가(加)하는, 그러한 종류의 동사의 경우에 한해서 쓸 수 있다.

★〔拿〕〔用〕은 재료(材料) 또는 도구(道具)를 사용하는 경우.

★〔나〕에 제시한 개사(介詞)는 동작에 의한 행동을 가리켜서, 〔據〕〔依〕……에 의해서, ……에 의하여. 〔照〕……대로에, ……과 대조하여 보니, ……의하면. 〔靠〕……에 의해서. 〔趁〕……에 틈을 타서.

★〔和〕〔跟〕〔同〕은 (1)……와 (과)……(연사(連詞)). (2)…은…과 (와) ……(개사), 의 두가지로 사용하는 방법이 있으나 이곳에서는 후자의 용법.

★〔替〕〔給〕…에 대신으로, …을 위하여.

<＜주　　해＞>

(1) 〔是…的〕 ……의 것이다. 〔的〕는「…의 것」의 생략.

〔拿甚麼〕무엇을 사용해서, 무엇을 재료로 써서, 무엇으로.

〔做的〕만든 것. 〔做〕는 (하다) (만들다)의 두가지 역할을 한다.

이 문장은 개사(介詞) 〔拿〕를 생략해서 〔這是甚麼做的〕라고도 한다.

(2) 〔把〕 ……을 손에 잡고 (들고), ……을.

〔挪一挪〕움직인다, 이동(移動)시킨다. 〔一〕는 동작의 가벼운 기분을 나타내고 동사의 중복(重複)에 의한 명령과 권유(勸誘)를 나타낸다.

〔把那桌子挪一挪〕는 〔你挪一挪那桌子〕가 된다. 〔把〕를 사용하였을 경우에는 〔把＋名詞＋動詞〕의 낱말의 순서가 되고, 〔把〕를 사용하지 않으면 〔動詞＋名詞〕의 어순(語順)이 된다. 그러나 문례(文例) (1)의 〔拿〕의 경우에는 그렇게 할 수 없다. 〔拿甚麼做〕를 〔做甚麼〕로 하면 (무엇을 만들다, 무엇을 하다)가 되므로 전연 다른 의미가 된다.

〔過不去〕그냥 지나칠수가 없다. 가능형(可能形)은 〔過得去〕.

〔過〕는 통과(通過)한다, 지나쳐 간다.

(3) 〔給我〕(1) 저에게 주십시오, (2) 저에게 ……하여 주십시오, 의 두가지의 의미가 있으며, 이곳에서는 나중에 거듭 〔包上〕이라고 하는 동사가 있으므로 (2)의 의미가 된다.

〔拿報紙〕신문지를 사용해서, 신문지로.

〔包上〕잘 싼다. 이것을 신문지로 싼다, 는 것은 〔拿報紙包上這個〕혹은 〔拿報紙把這個包上〕이 된다. 〔拿〕와 〔把〕의 차이는 〔拿〕는 재료인 경우에, 〔把〕는 목적물인 경우로, 두

가지의 의미를 명확하게 하여 주십시오.

(4) 〔照〕……에 비교하여, ……과 같이.

〔本兒〕원가(原價), 도매 값. 상태사(狀態詞)의〔着〕를 붙여서〔照着本兒…〕이라고 하여도 좋다.

〔賣給您〕당신께 팔아 드리겠읍니다.〔給〕는 (……에게…하여 준다)라는 것이지만,〔給〕의 앞에 동사〔賣〕가 있는 경우에는〔賣〕라는 행위(行爲)가〔您〕에 미치는 경우로써, 당신에게 판다, 라는 것이 된다. 만약에〔給您賣〕로 하면, 당신을 위해서, 당신을 대신해서 모모에게 팔아 준다, 와 같이 다른 의미가 된다.

  借給他錢……그에게 돈을 꾸어 주다.

  給他借錢 = 替他借錢……그를 위해서 (아무개로 부터) 돈을 꾸어서 준다.

  和他借錢……그에게 향해서 (그로부터) 돈을 꾼다.

  借錢給他……〔借給他錢〕과 같다.

(5) 〔靠〕의지한다.〔靠他一個人〕그사람 한 사람에게만 의지한다, 그 사람만을 의지한다.

〔吃飯〕식사(食事)를 한다는 의미에서 생활을 한다는 것을 가리킨다.〔吃飯的問題〕는 (식생활문제) (빵 문제).

(6) 〔我和他商量〕나는 그와 상의한다. 나하고 그가 서로 상의한다,의 두가지의 의미가 된다. 즉〔我〕하나만이 주어(主語)가 되는 경우와〔我和他〕가 주어가 되는 경우와는 어느것이나 문장의 형(形)은 같으므로 앞뒤의 의미에서 살피어 그 어느것에 해당하는가를 결정하지 않으면 안된다.

〔再〕그 밖에도, ……하고 나서.

〔回答您〕당신에게 회답(回答)한다. ……에게, ……을, 의 문장의 형식은 같다.

<응　용>

(1) 這^{쩌(\)} 是^쓰 皮^{피(/)} 做^{쩌(\)} 的^더 麽^마？
　　　이것은 가죽으로 만든 것입니까?

(2) 那^{나(\)} 是^쓰 用^{융(\)} 機^{찌(-)} 器^치 織^{쯔(-)} 的^더
　　　저것은 기계로 짠 것입니다.

(3) 據^{쮸이(\)} 我^{워(/)} 想^{샹(-)} 還^{하이(/)} 是^쓰 那^{나(\)} 麽^머 辦^{빤(\)} 好^{하오(-)}
　　　나의 생각으로는 역시 그렇게 하는것이 좋다.

(4) 趁^{천(\)} 早^{자오(-)} 兒^얼 快^{콰이(\)} 回^{훼이(/)} 去^취
　　　일찌감치 빨리 돌아간다.

(5) 你^니 同^{퉁(/)} 誰^{쉐이(/)} 去^취？
　　　자네는 누구와 같이 가는가?

(6) 我^워 和^허 他^{타(-)} 一^{이(/)} 塊^{콰(\)} 兒^얼 念^{녠(\)} 書^{쑤(-)}
　　　나는 그와 같이 공부한다.

(7) 照^{쨔오(\)} 韓^{한(\)} 國^{궈(/)} 的^더 習^{시(/)} 慣^{관(\)} 做^{쮀(\)}
　　　한국의 풍습(風習)에 따라서 한다.

(8) 關^{관(-)} 於^{유이} 這^{쩌(\)} 層^{청(/)} 我^워 倒^{따오(\)} 不^{뿌(/)} 贊^{짠(\)} 成^청
　　　이 건(件)에 대해서는 나는 찬성할 수 없읍니다.

연　습　문　제　〔12〕

1. 다음 문장의 틀린곳이 있으면 정정(訂正)하라.

　(가) 你上東去再到南拐就去.（동쪽으로 가서　그리고 남쪽으로 돌면 곧 갈 수 있읍니다.）

　(나) 你若把中國語說我聽不.（자네가　중국어로 말하면 나는

— 190 —

알아 들을수가 없다.)
2. 다음의 문장을 한국어로 번역하시오.
    (가) 這匹馬拴在哪兒好. (拴＝맨다)
    (나) 他們爲甚麼不在一塊兒住.
    (다) 他解上月就沒來.
    (라) 這牆上別把釘子釘上.
    (마) 你趁早兒買幾個, 一定能賺錢.
    (바) 你所說的, 在理論上很好, 在事實上恐怕不能實現.
    (사) 假如我若能行的話, 至於報酬多寡沒關係.
    (아) 他所求的只是美人, 至於家境之貧富毫不在乎.
    (자) 關於他們離婚的理由, 我幾乎什麼也不知道.
    (차) 對於兩國國交的前途, 我抱樂觀的.
    (카) 喉嚨對於唱戲的, 比命還要緊.
    (타) 專就經驗來想, 他不如老張.
    (파) 當着衆人的面, 他心中忐忑不能說出話來.
3. 다음의 문장을 중국어로 번역 하시오.
    (가) 내가 산 물건을 끈으로 맨다.
            (끈＝繩子, 묶다, 맨다＝綑上)
    (나) 이 말을 중국어로 말하시오.
    (다) 나는 어제 이곳에 와서 반도(半島)호텔에 숙박하고 있읍니다.
    (라) 이곳에서 정거장까지 약 삼십리(三十里)가량 됩니다. 자동차로 가시면 약 三十분 걸립니다.
    (마) 나에게 더운 물을 갖다 주시오.
    (바) 미안하오나 이쪽으로, 향해서 앉아 주십시오.
    (사) 자네에게는 재미있을지 모르겠으나 나에게 있어서는 중대한 문제인 것이다.
    (아) 금전문제(金錢問題)에 있어서는 그는 마치 어린애와 같다.

第 十 六 日

第二十九課　연사(連詞)

> 연사(連詞) (1) 也…也…(…도…도…)
> 又…又…(…그렇기도 하고 또한…)
> 越…越…(…하면 할수록…)
> 連…帶…(…에서…까지)
> 連…也…(…도 역시…)

(1) 也 有 好 的 也 有 壞 的
　　예(/) 여우 하오(一) 더 에(/) 여우 화이(\) 더
　　좋은 것도 있고 나쁜 것도 있다.

(2) 又 認 眞 又 老 實, 眞 是 好 孩 子
　　여우(\) 런(\) 쩐(一) 여우(\) 라오(一) 스 쩐(一) 스
　　하오(一)하이(/) 즈
　　얌전하고 착실하고 정말 좋은 아이 입니다.

(3) 他 們 越 交 越 近, 無 話 不 說 的
　　타(一) 먼 유에(\) 짜오(一) 유에(\) 전(\) 무(/) 화(\)
　　뿌(\) 쉬(一) 더
　　그들은 교제를 하면 할수록 친해져서 조그마한 숨김도 없다.

(4) 這 個 工 程 連 工 帶 料 得 一 萬 塊 錢
　　쩌(\) 거 꿍(一) 쳥(/) 렌(/) 꿍(一) 따이(\) 랴오(\)
　　데이(一) 이(/) 완(\) 콰이(\) 쳰(/)
　　이 공사(工事)는 공임(工賃)에서 재료까지 一萬원듭니다.

(5) 我 太 累, 連 飯 也 不 想 吃
　　워　타이(ヽ)페이(ヽ)롄(ノ)앤(ヽ)예 뿌 샹(ー) 츠(ー)
　　나는 너무 피로(疾勞)해서 밥조차 먹고 싶지 않다.

<구형의 설명>

★〔也…也…〕……이기도 하고……이기도 하다, ……도 ……이며…도…이다. 원래〔也〕는 (1) ……도 ……이다. (2) ……은……이기도 하다. 의 두가지의 용법이 있고,〔我也去〕나도 간다.〔也不壞〕나쁘지도 않다. 와 같이〔也〕의 위의 주어(主語)를 받는 경우와〔也〕의 다음의 술어(述語)의 정도를 가감(加減)하는 경우와의 두가지 용법이 있다.

★〔又…又…〕……이며 그 위에……이다.〔也…也…〕는 병렬적(並列的)인 표현이며〔又…又…〕는 중복적(重複的)인 표현의 방식이다.

★〔越…越…〕……하면 할수록 ……이다, ……이면 일수록……이다, 점점……하다.

★〔連…帶…〕……을 시작하여……에 이룰때까지,〔連〕……은 역시,〔帶〕포함한다. 섞어서 합친다.〔連…也…〕…도 역시 그래도……,〔連…都…〕…도 역시 모두, 완전히. 같은 종류의 연사(連詞)에〔任…也…〕〔…任…都…〕〔連…還…〕도 있고, 또〔連〕〔任〕을 생략해서〔都〕〔也〕〔還〕만을 사용하는 경우도 있으나 빈약한 표현이 된다.

<주　　해>

(1)〔也有好的〕좋은 것도 있다.〔也〕는 부사(副詞)로 동사앞에 놓고 반드시〔也有…〕로 한다. 그리고〔有〕는 목적어(目的語) 앞에 놓이므로〔有好的〕가 되고,〔好的也有〕라고는 하지 않는다.〔壞〕깨진다, 나쁘다,〔壞的〕나쁜 것. 선인(善人)은〔好人〕, 나쁜 사람은〔壞人〕.

(2) 〔認眞〕진실한, 착실한. 〔老實〕온순한, 얌전한.
〔又〕는 부사(副詞)이므로 동사 또는 형용사의 앞에 놓인다. 〔又認眞又老實〕얌전하며 그 위에 온순하다.
〔眞是〕사실상……이다.
이 문장은 〔他很認眞並且很老實〕라고 하여도 좋다.
(3) 〔越交越近〕교제를 하면 할수록 친해진다. 〔近〕은 (친해진다)고 하는 형용사이지만 (친해져 간다)라고 해도 좋다
〔無話不說〕무엇이나 말 안하는 것은 없다, 말 할 필요도 없다, 라는것이 되며 〔無〕와 〔不〕의 이중(二重)의 부정(否定)으로, 오히려 강한 긍정(肯定)이 된다. 〔没人不答應〕승낙하지 않는 사람은 없다, 누구나 모두 알고 있다. 〔没人不知道〕모르는 사람은 없다, 누구나 모두 알고 있다.
〔的〕는 강한 뜻의 문장 끝에 놓이는 조동사(助動詞)로, (…그렇고 말고요) (…입니다)
(4) 〔工程〕공사(工事). 〔工程師〕기사(技師).
〔連工帶料〕는 〔連工錢帶材料〕의 뜻으로서 공임(工賃)에서 재료(材料)에 이르는 전부를 통털어서, 의 뜻.
〔得〕든다, 필요하다. 시간이나 비용(費用)이 드는것.
(5) 〔太累〕너무 지나치게 피로해서, 몹씨 피로하다. 〔太〕는 과도(過度)한 정도를 표현하는 말.
〔連飯〕밥 까지도. 〔連〕은 그 뒤에 〔也〕〔都〕 등을 동반해서, ……도 역시 그래도……, ……도 역시 전혀……, 와 같이 된다.
〔不想吃〕먹고 싶지 않다. 〔想〕은 생각한다는 의미와 함께 마음에 희망한다는 것이다. 〔要〕도 요구(要求)하는 의미도 있으나 〔不要〕로 하면 (…하면 안된다)의 의미가 되며, (…하고 싶지 않다)는 것은 〔不想〕으로 한다.

<응　　용>

(1) 他　很　糊　塗　任　甚　麼　都　不　懂
　　타(一)　헌　후(／)　두　린(丶)　서(／)　머　떠우　뿌(丶)　둥(一)

　　그는 바보이므로 아무것도 전연 모른다.

(2) 連　房　帶　飯　一　包　在　內
　　롄(／)　팡(／)　따이(丶)　퐨(丶)　이(丶)　빠오(一)　짜이(丶)　네이(丶)

　　방세(房貰)로부터 식사대까지 전부 그 안에 포함되어 있읍니다.

(3) 這　雨　越　下　越　大
　　쩌(丶)　유이(一)　유에(丶)　쌰(丶)　유에(丶)　따(丶)

　　이 비(雨)는 점점 지독하게 퍼분다.

(4) 我　買　的　又　便　宜　又　結　實
　　워(／)　마이(一)　더　여우(丶)　펜(／)　이　여우(丶)　졔(一)　쓰

　　내가 산것은 값도 싸고 그 위에 튼튼하다.

(5) 連　你　不　知　道，何　況　我　呢
　　롄(／)　니(一)　뿌(丶)　쯔(一)　다오(丶)　허(／)　쾅(丶)　워(一)　너

　　당신 역시 모르는 것을 하물며 내가 알고 있을리가 있읍니까?

(6) 這　個　也　好　那　個　也　不　錯
　　쩌(丶)　거　예(／)　하오(一)　나(丶)　거　예(一)　뿌(／)　춰(丶)

　　이것도 좋고 저것도 좋다.

— 195 —

第 三 十 課

> 연사 (2) 一面…一面…(…하면서…한다)
> 隨…隨…(…하면서…한다, …하는것에
> …따라서…)
> 一來…二來…(하나로는…둘로는…)
> 與其…不如…(하는것 보다도 오히려…
> 는 편이 좋다)
> 除……以外…(…이외에는…)
> 非……不可…(…이 아니면 안된다)

(1) 一 面 唱 歌 一 面 走 路
    이(/) 멘(\) 창(\) 꺼(ㅡ) 이(/) 멘(\) 저우(ㅡ) 루(\)
    노래를 부르면서 걷는다.

(2) 他 隨 挣 隨 花, 有 多 少
    타(ㅡ) 쉐이(/) 쩡(\) 쉐이(/) 화(ㅡ) 여우 뚸(ㅡ) 사오
   花 多 少
   화(ㅡ) 뚸(ㅡ) 사오
    그는 버는 족족 써 버려서, 가지고 있는대로 다 써 버린다.

(3) 一 來 没 錢 二 來 我 實
    이(\) 라이(/) 메이(/) 첸(/) 얼(\) 라이(/) 워 쓰(/)
   在 没 有 工 夫
   짜이 메이(/) 여우 꿍(ㅡ) 푸
    돈도 없고 또한 사실상 여가도 없읍니다.

(4) 與 其 白 擱 着 不 如 賣
    유이(ㅡ) 치(/) 바이(/) 꺼(ㅡ) 저 뿌(\) 루(/) 마이(\)
   了 倒 好
   라 따오(\)하오(ㅡ)
    사용하지 않고 놓아둘 뿐이라면 파는편이 좋다.

(5) 這個 事情 除了 他 以外
　　誰 都 不 會 辦
　　　　이 일은 그사람 이외에는 아무도 못한다.
(6) 我 們 非 得 拚 命 用 功
　　不 可
　　　　우리들은 목숨을 걸고 열심히 공부하지 않으면 안된다.

<구형의 설명>

★〔一面…一面〕은 또 〔一邊…一邊…〕〔一方面…一方面…〕과 같으며, 한편에서…하면서 한편에서…한다. 즉 두개의 동작을 동시에 병행(並行)시켜서 진행시키는 형(形).

★〔隨…隨…〕위의 예와 흡사(恰似)하지만, …하자 곧 이어서 …한다, …하고 있는 곁에서…한다.

★〔一來…二來…〕는 또 〔一則…二則…〕라고도 하고, 거기에 〔…三來…〕〔…三則…〕과 병행(並行)시키지만, 반드시 〔一…二…〕뿐만이 아니다. 사정(事情)이 중복(重複) 되는 형(形)으로써 첫째로는…… 둘째로는…, 도 되고, 〔並且〕〔尙且〕〔又搭着〕〔又搭上〕등과 같은 의미이다.

★〔與其…不如…〕…하는것 보다는 오히려…하는 것이 좋다. 의 의미이며, 거기에다가 문장끝에 〔倒好〕를 덧붙여도 좋다. 〔與其…莫若…〕라고도 하며 또는 〔索性…倒好〕라고 하여도 좋다.

★〔除…以外〕(1) ……이외는…, (2) ……할 것은 물론이고 그것은 제외하고라도 그밖에……. 의 두가지 용법이 있다. 〔除了…以外…〕〔除…之外…〕〔除去…以外…〕도 같다.

★〔非…不可〕……이 아니면 안된다, …이 아니면 못쓴다.

〔非得…不可〕〔除非…不可〕도 같다. 또한〔不可〕는〔不成〕〔不行〕으로 하여도 좋다. 이것들은〔非〕와〔不〕의 이중의 부정으로써, …하지 않을수 없다, 고 하는 경우에 있어서 가장 의미를 강조하는 표현으로서, 이것을 긍정형(肯定形)으로 말하면〔總得…才好〕가 되지만〔非…不可〕가 오히려 외미가 강하다.

<주   해>

(1)〔唱歌〕노래를 부른다.〔唱〕은 노래한다,〔歌〕는 명사로 노래.

〔走路〕길을 걷다.〔唱〕〔走〕의 한자(一字)만이라도 같지만, 더 한층 목적어(目的語)로서〔歌〕〔路〕를 붙이는 것이 단음절(單音節)의 중국어에 있어서는 알기 쉬워서 이러한 형식을 취할때가 많이 있다.

상태사(狀態詞)로써〔着〕가 있으나,〔唱着歌走着路〕로 하면 (노래를 부르고 있다, 거리를 걷고 있다) 라고 하는 한정된 표현이 되므로 노래를 부르는 것과 거리를 걷고 있는 것의 두가지의 동작이 한 사람의 인간에 의해서 동시에 행하여 지고 있다는 것은 되지 않는다.〔一面…一面…〕이라고 하므로써 비로소 두가지의 동작이 동시에 표현하는 것이 된다.

(2)〔挣〕번다.〔花〕돈을 낭비한다.

〔有多少花多少〕있는대로 전부 쓴다. 얼마만큼 있으면 얼마만큼 쓴다, 라고 하는 형(形)으로서 이와같이 의문사(疑問詞)를 앞뒤에 중복(重複)시킨 용법(用法)이 중국어에 있어서는 많이 쓰인다.〔你要多少給你多少〕필요한만큼 준다,〔有多少買多少〕있는대로 모두 산다,〔誰有工夫誰去〕누구나 여가가 있는 사람이 간다,〔我要怎麼辦就怎麼辦〕내가 하고 싶은 대로 한다.

(3) 이 문장을 다른 표현으로 나타내면〔我没有錢並且實在没有工夫〕혹은〔我也没有錢也没有工夫〕와 같이도 할수 있다.

(4)〔白擱着〕쓸모없이 두어 둔다.〔白〕은 결과가 없는 것,〔着〕는……하고 있다, 라고 하는 상태사(狀態詞).

〔不如…倒好〕……하는 것이 좋다, ……하는 것이 보다도 좋다.〔倒好〕는 ……하는 것이 좋다, ……하는 것이 차라리 좋다.

(5)〔事情〕사정(事情), 사유, 일.

〔除了…以外〕…을 제외한 그 밖에는…….〔除了他以外〕그를 제외하고는……, 그를 빼놓고 그밖에는…….

〔誰都〕누구나 모두…….

〔不會辦〕할수가 없다. 처리(處理) 할수 없다.

(6)〔拚命〕목숨을 걸고.

〔非得…不可〕무슨 일이 있어도……아니할수 없다.

<응　　　용>

(1) 이(\) 베(—) 얼 ㅇ츠(—) 퐨(\) 이(\) 베(—) 얼
　　一　邊　兒　吃　飯　一　邊　兒
　　칸(\) 빠오(\)
　　看　報
　　　　식사(食事)를 하면서 신문을 읽는다.

(2) 타(—) 나오(—) 즈 뿌(\) 하오(—)쉐이(／)슈에(／)
　　他　腦　子　不　好,　隨　學
　　쉐이(／) 왕(\)
　　隨　忘
　　　　그는 머리가 좋지 않다, 배우자 마자 곧 잊어 버린다.

(3) 쩌(\) 머 빤(\) 이(\) 저(／) 쓰 웨이(\) 쯔(\) 지 하오(—)
　　這　麼　辦,　一　則　是　爲　自　己　好

　　　　얼(ヽ) 저(／) 유이 베(ヽ) 린 여우 이(／) ㅊㅜ
　　　　二　則　與　別　人　有　益　處
　　　　　　이렇게 하면 첫째로는 자기를 위해서 좋고,
　　　　　　둘째로는 다른 사람들에게도 유익하다.

　　　　유이(一) 치(／) 쭤(ヽ) 훠(／) 쳐(一) 취 뿌(ヽ) 루(／)
(4)　　與　其　坐　火　車　去, 不　如
　　　　쭤(ヽ) 촨(／) 취 따오 쑤(一) 푸
　　　　坐　船　去　倒　舒　服
　　　　　　기차로 가는것 보다도 배(船)로 가는 편이 편
　　　　　　하다.

　　　　쩌(ヽ) 샹(一) 즈 리 츄(／) 랴 이(一)
(5)　　這　箱　子　裡　除　了　衣　裳
　　　　즈 와이(ヽ)메이(／) 쨩(一) 저 베(／) 더
　　　　之　外　沒　裝　着　別　的
　　　　　　이 트렁크(손가방)에는 옷 이외에 다른것은
　　　　　　아무것도 넣은 것이 없읍니다.

　　　　게이 타(一) 먼 쉐(一) 허 츄(／) 풰이(一) 니
(6)　　給　他　們　說　合　除　非　你
　　　　ㅊㅜ(一) 터우(／) 뿌(ヽ) 커(一)
　　　　出　頭　不　可
　　　　　　그들에게 중재(仲裁)를 하여 주려면 당신이
　　　　　　나서지 않으면 안된다.

第三十一課

| 연사 (3) | 不但…而但…(…일뿐만 아니라 거기에…)
| | 不是…就是…(…이 아니면 즉…이다)
| | 就是…也……(가령…이라도……)
| | 雖然…可是…(…라고는 하지만, 그러나…)
| | 否則, 不然…(이 아니면…)

　　　　쩌(ヽ) 머 빤(ヽ) 뿌(／) 단(ヽ) 셩(一) 쓰(ヽ) 얼(／) 체(一)
(1)　　這　麼　辦　不　但　省　事, 而　且

예 커(ノ) 이 썽(ー) 첸(ノ)
也 可 以 省 錢
　　　　　이렇게 하면 수고를 덜뿐만 아니라 게다가 돈
　　　　　도 들지 않는다.

뿌(ノ) 쓰 니(ー) 팅(ー) 취(\) 져우(\) 쓰 워(ー)
(2) 不 是 你 聽 錯 就 是 我
눠(ー) 취(\)
說 錯
　　　　　자네가 잘못 듣지 않았으면 내가 말을 잘못 했
　　　　　을 것이다.

져우(\) 쓰 타(ー) 전(ー) 머 눠(ー) 워 예
(3) 就 是 他 怎 麼 說 我 也
뿌(\) 샹(ー) 신(\)
不 相 信
　　　　　가령 그가 뭐라고 말을 하든지간에 나는 믿지
　　　　　않는다.

쒜이(ー) 란(ノ) 이(ー) 징(ー) 쯔(\) 하오(ー) 랴 커(ー)
(4) 雖 然 己 經 治 好 了, 可
쓰 하이(ノ) 데이 바오(ー) 중(\)
是 還 得 保 重
　　　　　이제는 좋아졌다고는 해도 그래도 아직 소중
　　　　　히 하지 않으면 안된다.

니 데이(ノ)샤오(ー) 신(ー) 풔(ー) 저(ノ) 이(ノ) 띵(\)
(5) 你 得 小 心, 否 則 一 定
쌍(\) 타(ー) 더 땅(\)
上 他 的 當
　　　　　여보게 주의하지 않으면 안되네, 그렇지 않으
　　　　　면 반드시 그에게 한번 골탕을 먹을 것일세.

<구형의 설명>

★〔不但…而且…〕오직……뿐만 아니라, 그럼에도 불구하고…
……이다. 같은 종류의 표현(表現)에〔不但…却是…〕……뿐만
아니라 오히려……이다,〔不僅…而且…〕등이 있다.

★〔不是…就是〕……이 아니면 즉……이다, ……그렇지 않으면

— 201 —

……의 그 하나이다. 이 구(句)는 또 (……은 아니고…… 이다)의 뜻으로 쓰이는 경우도 있으나 이러한 경우에는 대개 〔不是…是…〕〔不是…乃是…〕〔不是…却是…〕〔不是…倒是…〕의 형(型)을 취한다.

★〔就是…也…〕 가령……이라도. 같은 표현 방식으로 〔即使…也…〕〔即或…也…〕〔任憑…也…〕〔無論…也…〕와 같은 것이 있다.

★〔雖然…可是…〕… 그렇다고 하지만, 그렇다고는 해도. 〔雖然…但是…〕〔雖然…然而…〕도 같다.

★〔否則〕〔不然〕은 모두, ……이 아니면. 〔若不然〕이라고 해도 좋다. 〔否則〕은 문어적(文語的) 표현이다.

<주　　해>

(1) 〔這麽辦〕이와 같이 한다. 본문에서는 이 구절이 동시에 주어의 역할을 해서, 이렇게 하는것은……, 이 된다.

〔省事〕일을 던다, 귀찮은 것이 없다. 〔省錢〕경비가 준다.

〔也可以〕……할수도 있다. 〔也〕는 〔可以〕를 부드럽게 한 말. 이 문장의 뒷부분은 〔一來可以省事二來也可以省錢〕이라고도 할 수 있다.

(2) 〔聽錯〕잘못듣다. 〔說錯〕말을 잘못하다.

(3) 〔怎麽說〕무어라고 말을 해도, 〔就是怎麽說〕무어라고 말을 하든지간에. 〔我也…〕의 〔也〕는 〔就是…也…〕의 형(形)으로, 가령……해도 그러나……, 의 뜻.

〔不相信〕믿지 않는다. 〔不信〕이라고 해도 좋다.

(4) 〔治好了〕병이 완쾌헀다, 완쾌해서 좋아졌다.

〔還得〕그래도 역시 ……하지 않으면 안된다.

〔保重〕조심한다, 자중(自重)한다. 〔請您多多保重〕아무쪼록 조심하십시오.

(5) 〔得小心〕 조심하지 않으면 안된다.
〔上當〕 한번 골탕을 먹는다, 속임수에 걸린다.〔上他的當〕
그에게 속임을 받는다, 그의 속임수에 걸린다.

<응　　　용>

(1) 他 不但 不 亂 花 錢, 却 是 很 節 省
　　　그는 돈을 낭비하기는 고사하고 대단히 절약 합니다.

(2) 你 都 招 了 罷, 不 然 我 把 你 送 衛 門
　　　이놈 모두 고백해라, 그렇지 않으면 나는 너를 경찰에 넘기겠다.

(3) 他 說的不是大 話 就是假話
　　　그의 이야기는 허풍이 아니면 거짓말일 것이다.

(4) 他 雖 然 不 說 甚 麽, 心 中 可 都 知 道
　　　그는 아무말도 안하지만 마음속으로는 모든것을 알고 있는 것이다.

(5) 就 是 小 孩 子 也 是 會 的
　　　가령 어린아이라도 할 수 있고 말고요.

연 습 문 제 〔13〕

1. 다음의 문장을 우리말로 번역 하시오.
　(가) 像他那麽隨掙隨花, 有多少進項也不行.

(나) 他不但成績不好，又搭着學費不够，不能升學．
(다) 那個夥計，不但應酬很好，並且勤謹．
(라) 我心裡老是忙，不是要辦這個，就是要辦那個．
(마) 就是西邊出了太陽，我也不肯改我的思想．
(바) 幸而趕得上了，否則得等到明天．
(사) 連你尙且還不知道的事情，何況我呢．
(아) 我想與其做花子討飯，不如死了倒好．
(자) 他的記性要不得，隨學隨忘．
(차) 這麼要緊的事，除非你自己辦，別人都辦不到．
(카) 這箱子裡，除了衣裳之外，沒有裝着別的．
(타) 您的錢存在銀行裡妥當，雖然利錢小，可是永遠錯不了．
(파) 那個人頂沒出息，不但不知道自强，並且好作那低三下四的事．

2. 다음의 문장을 중국어로 번역 하시오.
(가) 그의 얘기는 허풍이 아니면 거짓말이다, 전연 믿을수 없다. (허풍＝大話, 거짓말＝假話)
(나) 자네도 가고 싶어하고 그도 가고 싶어하지만 王씨 이외에는 아무도 갈수 없는 것입니다.
(다) 여름에는 집안에서 딩구느니 보다는 몸을 움직이는 것이 오히려 좋다고 생각합니다. (딩군다＝躺着, 움직인다＝活動)
(라) 이것은 매우 어려운 일로써 당신이 나서지 않으면 안되리라고 생각됩니다. (나선다, 출마한다＝出去辦)
(마) 물가가 점점 오르며 실업자(失業者)는 점점 늘어서 살아가기가 곤란해졌다.
(바) 외국어(外國語)를 배우려면 암기(暗記)를 하지 않으면 안된다.
(사) 날도 저물었고 배도 고프니 빨리 집으로 돌아 갑시다.
(아) 그는 얼마를 마셔도 취하지 않는다.
(자) 주판을 놓으며 장부에 기입(記入)한다.
(차) 이 물건은 좋고도 튼튼합니다.

第十七日

第三十二課　조사(助詞)　(1)

| 확정(確定)을 나타내는 것 | 결정(決定)의 조사　了
서술(敍述)의 조사　的
뜻을 강조하는 조사 麽·呢 |

(1) 這是頂好的，沒有更好的了
　　이것이 제일 좋은 물건이며 이것 보다 더 좋은 것은 없읍니다.

(2) 他的病太沈活不了了
　　그의 병은 대단히 위독(危毒)해서 이제는 가망이 없다.

(3) 他住了四五天，今天才走的
　　그는 四五일간 머물었다가 오늘에야 비로소 떠났던 것입니다.

(4) 何況你的手藝也不見得怎麽高明呢
　　그렇다고 자네의 솜씨도 대수롭지는 않으니까 말일세.

(5) 你明明白白的跟我

쉬(一) 라 마
說 了 麼！
당신은 분명히 나에게 말하지 않았소！

<구형의 설명>

★〔了〕에 대해서는 앞서 완성상(完成相)의 조동사(助動詞) 로써 설명하였으나 여기서는 문장끝의 〔了〕에 대해서 설명하겠다. 문장끝의 조동사의 〔了〕는 결정적(決定的), 단정적(斷定的)인 기분을 나타내는 것이다.

★〔了〕와 같은 종류에 〔啦〕〔咯〕〔勒〕〔哩〕등(等)이 있으나, 〔咯〕〔勒〕〔哩〕는 방언적(方言的)인 조사이다.

★〔啦〕는 원래 〔了啊〕의 두개가 합친것으로써 〔了〕는 (라)와 (로)의 중간음(中間音)으로 〔啦〕는 (라)의 모음(母音)의 (아)를 길게 뽑듯이 발음한다. 〔啦〕는 감격(感激)을 품은 표현이나 억지를 쓰는듯 하는 기분으로 문장끝에 〔啊〕를 추가시킨 경우의 조사로서, 단순히 〔了〕와는 표현하는 기분에 있어서 다르다.

★〔的〕는 〔是…的〕의 형(形)을 취하게 되는데 대해서는 앞서 설명했으나 여기서는 그것과는 달리 문장끝에 써서 〔了〕와 같은 역할을 하는 것이다. 〔他昨天來了〕와 〔他昨天來的〕는 어느것이나 (그는 어제 왔다)라고 번역되지만, 이 두개의 차이는 어디에 있는 것일까, 이것에 대해서는 중국어의 동상(動相)의 모양을 생각해보지 않으면 안된다. 중국어에 있어서는 어떠한 동작이 일어난 순간(瞬間)의 변화(變化)나, 변화가 일어나기 시작한 상태나, 어떠한 변화가 일어난 뒤의 정적(靜的)인 현상(現狀)과 같은 이러한 분류(分類)에 있어서 자체를 살펴 보는 것이다. 〔了〕는 어떠한 동작(動作)이 완성된 그 변화의 현상(現像)을 가리키는 것이며 〔的〕는 변화하여 버린 뒤의 상태(狀態)를 가리키는 것으로써 말하자면 〔了〕는 동작적(動作的)이며 〔的〕는 정적(靜的)인 표현(表現)이

다. 〔來了〕는, 아직 오지 않았던 사람이 찾아왔다, 라는 사태 (事態)의 변화가 완성된 점에 중점(重點)을 두며, 따라서 지금도 그대로 오고 있는지도 모르며, 또한 와서 또 다른 곳으로 가버렸는지도 모른다. 그러나 〔來的〕는 〔來了〕가 실현한 뒤의 (와 있다)라는 상태이다. 그러나 이것은 (지금도 있다)와는 관계 없으며, 잠시 있다가 또 어디로인지 가버렸는지도 알수 없으나, 하여간 와서 잠시 동안은 그대로 있는 상태를 표시한다.

★〔麽〕〔呢〕는 모두 의문사로서 앞서 설명하였으나 여기서는 강한 뜻의 조사(助詞)로써 쓰여지고 있다. 이것들은 원래 〔不…麽〕의 형(形)으로, (…그렇지 않습니까? 그렇지요!)라고 하듯이 반대로 의미를 강조하는 역할을 하는 것이다.

그리고 〔不〕를 생략해서 문장끝에 〔麽〕만을 사용한것이 문장의 예(例) (5)의 형(形)이다.

＜주　　　해＞

(1) 〔頂好的〕 가장 좋은 것, 〔的〕는 (것).

〔更好的〕 보다 더 좋은것.

〔了〕는 확정적인 기분을 나타내며 단정적(斷定的)인 표현.

(2) 〔沈〕 무겁다 〔沈重〕이라고도 한다. 중량(重量)의 무게에도 쓰인다.

〔活不了〕 오래 살수가 없다. 〔了〕는 (랴오) 라고 읽으며, 〔不了〕는, ……할수없다.

문장끝의 〔了〕는 (라) 라 읽고, 단정적(斷定的)인 기분을 표현한다.

(3) 〔住了〕 머물었다, 살았다. 〔了〕는 완성의 모양.

〔四五天〕 四五일간, 〔天〕은 날짜의 수를 가리키는 경우.

〔走的〕 출발했다, 나갔다. 〔走了〕라 하면 〔走〕라는 동

작이 완성된 그 순간의 변화를 표현하는 기분이 되며 〔走的〕로 하면 출발한 뒤의 상태(狀態)의 확인(確認)을 표시한다.

〔才〕 가까스로, 비로소, 〔今天才…〕 오늘에야 비로소…….

(4) 〔何況〕 역시 (그렇다고), 이것은 문장끝에 〔呢〕를 동반하여, 역시 ……에 있어서도, 보다는 ……그러니까.

〔手藝〕 수예(手藝)의 뜻과 아울러 솜씨 수단의 뜻에도 쓰인다.

〔也不見得〕 ……라는 것도 확실히 모른다. 〔也〕는 그 다음의 말을 부드럽게 한다. 〔見〕은 본다는 뜻이 아니라 (안다)는 것. 〔得〕은 가능(可能)하다는 것을 표시하는 조동사(助動詞).

〔多麽高明〕 얼마나 훌륭한.

〔呢〕는 문장의 첫머리의 〔何況〕과 서로 앞과 뒤로 놓여서, ……그러니깐!

(5) 〔明明白白的〕 확실히, 〔的〕는 부사(副詞)의 맨끝에 쓰이는 것.

〔跟我說了〕 나에게 말했다.

〔麽〕는 의문사(疑問詞)는 아니며 〔沒跟我說了麽〕 (나에게 말하지 않았던가? 말하지 않았나!) 와 같이 되묻는 말이 되고 부정사(否定詞)의 〔沒〕를 생략해서 오직 문장끝에 〔麽〕만을 써서 강한 뜻의 조사가 된다.

<응　　　　용>

(1) 타(一) 쩌우(\) 쓰 워(一) 먼 더 훠(一) 지(\) 마
他　就　是　我　們的　夥　計　麽！
그는 나의 집의 급사가 아닙니다！

(2) 나(\) 챵(／) 숴(一) 더 유에(\) 빙 마
那　常　說　的　月　餅　麽！
저것이 늘상 말하고 있는 달떡(月餅)입니다.

— 208 —

(3) 對了對了
　　뛔이(\) 라 뛔이(\) 라
　　옳다, 옳아!

(4) 是 的, 不 錯
　　쓰(\) 더 뿌(/) 취(\)
　　그렇다니깐, 틀림없어.

(5) 好 了 好 了, 你 不 用 再 說 了
　　하오(ㅡ) 라 하오(ㅡ) 라 니 뿌(/) 용(\) 짜이(\) 숴(ㅡ) 라
　　좋아, 좋아, 이제는 말 안해도 좋아.

第三十三課 조사(助詞) (2)

가정문(假定文)의 조사	呢
추측문(推測文)의 조사	罷
명령문(命令文)의 조사	罷
재촉문(催促文)의 조사	啊, 呀
양보문(讓步文)의 조사	罷了(罷咧)
감탄문(感嘆文)의 조사	啊·呀·哪…

(1) 他 呢, 我 就 不 贊 成
　　타(ㅡ) 너 워 져우(\) 뿌 짠(\) 청
　　그 사람입니까, 그 사람이면 나는 불찬성입니다.

(2) 今 年 的 收 成 也 許 有 希 望 罷
　　쩐(ㅡ) 녠 더 써우(ㅡ) 청(/) 예(/) 쉬 여우 씨(ㅡ) 왕 바
　　금년의 수확(收穫)은 혹시 가능성이 있을지도 모른다.

(3) 他 是 王 太 太 的 弟 弟 罷
　　타(ㅡ) 쓰 왕(/) 타이(\) 타이 더 띠(\) 디 바
　　그는 왕씨 부인의 동생일 것입니다.

(4) 這^{쩌(ヽ)} 不^{뿌(ノ)} 過^{꿔(ヽ)} 是^쓰 我^{워(ー)} 的^더 小^{샤오(ー)} 意^{이(ヽ)}
思^스 罷^바 了^라
　　　　이것은 변변치 못한 저의 정성일 뿐입니다.

(5) 嚇^휙, 今^{쩐(ー)} 天^톈 多^{뚸(ー)} 麽^머 凉^{량(ノ)} 快^{콰이} 呀^야
　　　　허허! 오늘은 어쩌면 이렇게 시원할까요.

＜구형의 설명＞

★〔呢〕는 (1) 의문(疑問). (2) 의문문의 조사(助詞). (3) 반어(反語)의 조사. (4) 뜻을 강하게 하는 조사. (5) 가정문(假定文)의 조사. 대개 이 다섯(五)으로 나누어 진다. 이들은 (의문(疑問))이라고 하는 하나의 움직임을 중심으로 해서 넓혀진 것이다.

★〔罷〕는 (1) 명령(命令). (2) 추측(推測). (3) 권유(勸誘). (4) 요구(要求)의 네 가지로 쓰인다.

★〔啊〕는 일종(一種)의 어세(語勢)라고 생각되며, 문장끝에 (啊)라고 발음해서 (1) 감탄(感嘆). (2) 가벼운 의문(疑問). (3) 재촉(催促)의 뜻으로 쓰인다. 〔啊〕는 그 앞의 음미(音尾)에 영향(影響)되어 〔呀〕(야), 〔哇〕(와), 〔哪〕(나) 라고 변화(變化)하지만 어느것이나 〔啊〕에서 옮기어온 것이다.

★〔罷了〕……될뿐.

＜주　　해＞

(1) 〔他呢〕 그 사람 말입니까? 그 사람이라면…….
(2) 〔收成〕 수확(收穫), 농사의 형편.
　　〔也許〕 혹은……일지도 모른다.

〔有希望〕 가능성(희망)이 있다. 〔希望〕은 (희망(希望)) (희망한다) (가능성).

〔罷〕 ……일 것입니다,

(3) 〔罷〕 ……일 것입니다, 아마 그러할 것입니다.

(4) 〔不過是…罷了〕 약간……에 지나지 않을 뿐.

〔小意思〕 촌지(寸志), 정성에 지나지 않을 뿐. 이 글은 남에게 물건을 선사할 때의 인사하는 말.

(5) 〔多麽〕 어쩌면! 과연(果然).

〔呀〕는 〔啊〕와 같으며 여기서는 〔涼快〕(량(／) 콰이)의 다음에 놓여져 있으며, (콰이)의 (이)음과 〔啊〕(아)음이 합쳐서 (이야)(야)가 되고, 문자(文字)로써 〔呀〕를 이용했을 뿐이다.

<응　　　용>

(1) 뿌(／) 꿔(＼) 루(／) 츠(一) 바 랴
　　不　過　如　此　罷　了
　　　　오직 이러한것에 지나지 않는다.

(2) 타(一) 밍(／) 톈 따오(＼) 바
　　他　明　天　到　罷
　　　　그는 내일(來日) 도착(到着)할 것입니다.

(3) 니 콰이(＼)라이(／) 야
　　你　快　來　呀
　　　　여보게 빨리 오게!

(4) 간(一) 칭(／) 쓰 쩌(＼) 머 꿰이(＼) 나
　　敢　情　是　這　麽　貴　哪
　　　　과연 이렇게 값이 비쌉니까?

(5) 야오(＼) 쓰 타(一) 뿌(＼) 따(一) 잉 너 워
　　若　是　他　不　答　應　呢, 我

쪄우 웨이(✓) 난(✓)   아
就 爲 難 啊
　　　　　만약에 그가 승낙하여 주지 않는다고 하면 나는 곤란한데.

연 습 문 제 〔14〕

1. 다음의 문장을 우리말로 번역 하시오.
   (가) 你們乏了罷, 偺們歇歇兒罷.
   (나) 你若看了, 連飯也不想吃呢.
   (다) 你拿去給我孫子吃了罷.
   (라) 他又去了麽, 不過是一時的頑話罷了.
   (마) 這塊房子老了, 就是修理也不上算了.
2. 다음의 문장을 중국어로 번역 하시오.
   (가) 성실껏 공부하라고 몇번이나 말하지 않았어!
   (나) 이렇게 된 이상에는 할 수없이 그의 요구대로 응할 수밖에 없읍니다.
   (다) 오늘은 아마 오지 않을 것입니다.
   (라) 울어선 못써! 참고 견디면서 나아가게!
   (마) 누구야! 이것을 부순 사람은 빨리 고치시오.

≪돈을 셈하는 법≫

　一分錢〔이(\) 옌(一) 첸(✓)〕, 一毛錢〔이(\) 마오(✓) 첸(✓)〕, 一塊錢〔이(✓) 콰이(\) 첸(✓)〕. 이것이 일전(一錢)·십전(十錢)·일원의 중국어, 그리고 十錢은 一角〔이(\) 쟈오(一)〕, 일원은 一元〔이(\) 유안(✓)〕이라고도 하며, 이것은 대체로 쓰(書)는 경우에 사용합니다.

第 十 八 日

第三十四課　不 倒 翁

「這個盒子裡頭，有一個有趣兒的人，你猜猜看．」
「好！我試試罷．把那個盒子借給我罷．」
「可以，可別打開．」
「可以搖麼？」
「可以．」
「很輕，這個人穿着甚麼衣裳哪？」
「穿着紅衣裳．」
「那麼是女人罷？」
「不是．」
「那末是男孩子麼？」
「也不是，是老人家．」
「這很難了，是甚麼樣的面貌呢？」
「滿面都是鬍子．」
「那麼手啦脚啦都沒有罷？」
「是．」
「知道了，是不倒翁．」

<주　해>

○〔這個盒子裡頭〕이 상자의 안(中). 〔裡頭〕는〔裡〕도 같

지만 확실하게 속의 것을 말할때에는 〔裡頭〕라 하고 그 반대는 〔外頭〕겉. 〔°盒子〕는 소형(小型)의 뚜껑이 있는 상자들을 말하고 큰 것은 〔箱子〕라고 한다. ○〔有趣的人〕재미있는 사람. 〔有趣〕재미있는. 이것이 형용부가어(形容附加語)가 되는고로 〔的〕를 동반하고 있다. (→第十課). 〔這個有趣〕이것은 재미있다. 〔眞有趣〕정말 재미있다. ○〔猜 猜 看〕맞추어 본다. 〔猜〕맞춘다. 잠간……한다와 같이 가벼운 기분을 표현하는데에 동사를 겹쳐서 사용하고 있다. 〔看〕은 …하여 본다 의 뜻. 〔試試看〕시험삼아 하여 본다. 여기서는 명령(命令), 권유(勸誘)이다. 문장끝에 〔罷〕를 붙여도 좋다 (→第十八課. 第三十三課). ○〔好〕좋ㅡ다, 응, 상대의 권유를 받어 드릴때의 말. 잘한다, 멋진데! 라고 할 때에도 〔好〕라고 한다. ○〔試試罷〕해 보지요. 〔罷〕는 ……해 보지요, 의 뜻(→第十八課, 第三十三課). ○〔借給我罷〕나에게 빌려 주십시오 의 뜻(→第九課). ○〔可以〕좋다, 허가한다는 뜻(→第十六課). ○〔可〕그러나, 여하튼, 〔可是〕보다도 가볍다. ○〔別〕…하지 말지어다, 〔不要〕의 음이 맥힌것으로 〔不要〕라고 하여도 좋다. ○〔打開〕연다, 〔打〕는 두드려서 연다는 기분에서 쓴 말이지만 〔打開〕에 있어서는 때린다, 라는 의미는 없어져서 오직 연다는 의미 뿐이다. ○〔可以搖麼〕흔들어도 좋은가(→第十六課). ○〔穿着〕입고 있다(→第二十三課). ○〔甚麼衣裳〕어떠한 옷, 〔那°個衣裳〕어느 옷, 전자는 종류를 묻는 것이고 후자는 몇개 있는 가운데에서 어느 한개를 묻는 말. 뒤에 나온 〔甚麼樣的〕은, 어떠한 형편(모양)의, 의 뜻. 〔甚麼〕는 오직 종류만을 묻는 것이고, 〔甚麼樣的〕는, 모양이나 몸 맵씨 같은 것을 묻는 말. ○〔紅衣裳〕빨간 옷, 〔紅的衣裳〕이라고 해도 좋으나 형용어(形容語)가 한자 (一字)의 〔紅〕인 경우 〔的〕를 동반 안해도 좋다(→第十課). ○〔那麼〕그러면, 그렇게, 의 뜻도 있다. 또 〔那末〕라고도 쓴다. 〔是女人罷〕 여자이지요. 주어(主語)로서 〔那〕〔這〕가 생략된 형(形)이다. 여자는 〔女的〕 혹은 〔女人〕이라 하고, 남자는 〔男人〕 혹은 〔男的〕라고 한다. 〔男孩子〕는 남자아이, ○〔不是〕 아니요. 〔是〕를 사용한 질문(質問)에 대해서는, 부정(否定)에 있어서는 〔不是〕를 쓰고, 긍정(肯定)에 있어서는 〔是。〕〔對。〕를 쓴다. 〔那末〕은 〔那麼〕와 같다. ○〔也不是〕 그렇지도 않다. 이 〔也〕는 다음의 말을 한정(限定)한다. ○〔老人家〕 노인(老人), 아버지의 뜻으로도 쓴다. ○〔很難了〕 대단히 어려운데! 〔了〕는 결정적(決定的)인 기분을 표현한다 (→第三十二課). ○〔甚麼樣的〕 어떠한 모양. ○〔滿面都是鬍子〕 온 얼굴이 수염 투성이. 예(例) 〔滿屋子都是人〕 사람이 방안에 가득함. ○〔手啦脚啦〕 손이라든가 발이라든가. 〔啦〕은 〔了〕라고도 써서, 병렬(並列)적으로 말하는 경우에 ……이라던가……이라던가, 의 뜻. 〔都沒有罷〕 모두 없지요. 〔沒有〕의 목적어는 손·발(足)이며, 〔沒有手脚〕이라고 하는 것이 옳으나(→第五課), 이것은 어순(語順)이 뒤바뀌어서 목적어(語)가 선행하고 있는 형(型)이다. 목적어를 선행시킨다는 것은 그것을 강조한 표현이 되는 것이며, 아울러 〔都〕(전혀, 모든것을)를 끼어 넣어서 〔沒有〕에 계속시킨 것이다. 이 문장은 또 〔連手和脚都沒有罷〕로도 할 수 있다. (→第二十九課). 모두가 어순의 뒤바꿈으로 의해서 뜻을 강조한 표현이다. ○〔知道了〕 알았다. (第三十二課) ○〔不倒翁〕 넘어져도 곧 일어선다, 넘어질줄을 모른다.

<번　　역>

「이 상자 안에는 한 사람의 재미있는 사람이 들어 있읍니다. 어디 맞춰 보구려!」
「그래! 내가 맞춰 보지, 그 상자를 빌려 **주구려**」
「좋소, 그러나 열어 보면 안 됩니다.」

「흔들어 보는 것은 괜찮소?」

「좋습니다.」

「여간 가볍지 않군요, 이 사람은 어떠한 옷을 입고 있읍니까?」

「빨간옷을 입고 있읍니다」

「그러면 여자지요?」

「천만에」

「그럼 남자아이입니까?」

「그렇지도 않습니다, 노인(老人)입니다.」

「요것은 매우 어려운데! 어떠한 얼굴을 하고 있읍니까?」

「얼굴이 모두 수염으로 쌓여 있읍니다.」

「그렇다면 손이나 발이라던가는 모두 없겠군요?」

「그렇읍니다.」

「알았읍니다, 오뚜기군요.」

第三十五課　守株待兎

有一個種地的農夫，每天到地裡去做活，一早出去，傍晚回來，很是勤謹·那地裡有一棵老樹·有一天有一個野猫，不知道是從那裏跑了來的，在那樹根上碰了一下子，就昏過去了·農夫看見，很喜歡，就得住牠，賣了幾個錢，從此他也不去種地，也不去拔草，整天家坐在那樹底下，竟盼望再逮那樣兒的野猫·過了好幾天，不但野猫得不着，地倒都荒了，這就叫做「守株待兎」·

＜주　　해＞

○〔種地的農夫〕농부(農夫), 〔種地的〕만으로도 농부, 〔種〕은 第四聲으로 읽고, 맨(논, 밭을)다, 뿌린다, 의 뜻. 〔地〕토지, 흙, 밭, 뒤에 나온 〔地裡〕는 밭을 말한다, 장소적(場所的)인 표시이기 때문에 〔裡〕를 동반하고 있다(→第十一課). 〔有一個…〕어느 한사람의……. ○〔到…去〕……로 간다(第二十七課). ○〔做活〕일을 한다, 수공을 한다. 노동을 하는 기분을 나타내는 사(詞)로서는 〔做工〕이 있고, 사무를 본다는 의미로는 〔做事〕〔辦事〕를 쓴다. ○〔一早〕먼동이 틀때 ○〔出去〕나간다, 외출 한다는 것은 〔出門〕혹은 〔出去〕라고도 한다. 〔出外〕는 먼곳으로 여행을 떠나는 것. ○〔傍晚〕저녁때, 〔傍〕은 第四聲의 무기음(無氣音). 〔傍黑〕이라고도 한다. ○〔很是〕천만 이외에도, 〔是〕는 〔很〕을 더욱 뜻을 강조하는 것이며, 보통 표현에는 〔很〕만으로도 좋다. ○〔勤謹〕근면(勤勉)한. ○〔那地裡〕그 밭에, 〔一棵老樹〕한그루의 늙은 나무. 〔棵〕는 식목의 배반사(陪伴詞), 나무는 〔樹〕라 하고 재목(材木)은 〔木頭〕라고 한다. ○〔有一天有一個野猫…〕어떤날 있던 일로, 어떤 토끼 한마리가……, ○〔不知道〕모른다, 알수없다, 의 뜻. 여기서는 도대체 어디서 뛰어 왔는지는 알수 없읍니다마는 토끼 한 마리가……의 뜻이다. ○〔跑了來的〕뛰어 온것. 〔是〕는 〔是…的〕의 형(形)으로……한 바의 것, 〔的〕는 토끼를 가리킨다. 〔跑了來〕는 〔跑來〕라고 해도 좋으며, 〔了〕는 이제부터 뛰려고 하는 것이 아니라 이미 깡충깡충 뛰어서 그곳에 온것을 가리켜서 〔了〕를 곁붙인 것이다. 만일 〔跑着來〕라고 하는 경우에 다소 기묘한 느낌을 준다, 라고 하는 것은 〔跑着〕은 〔坐着〕〔走着〕〔騎着〕와 같이 그 방법을 표시한 것으로써, 뛰어 왔다, 걸어 왔다, 차를 타고 왔다, 라고 하는 구별을 깊이 의식

한 표현이 된다, 그러므로 토끼는 뛴다는 것이 결정적으로 정해져 있기때문에 다른것과 구별해서 또 한층〔騎着〕가 아니며〔跑着〕이다, 라고 설명할 필요는 없으며 아울러〔着〕는 사용하지 않는다(→第二十三課). ○〔從那裏〕어디서(打)〔由〕도 같다(→第二十六課). ○〔在那樹根上〕그 뿌리인 곳에서,〔在…上〕. ○〔碰子一下子〕한번 부딪쳤다.〔一下子〕한번,〔碰〕충돌한다. 마작(마장)에서 뽕 하는 것은 이것이다. ○〔就〕곧, 당장에.〔昏過去〕기절(氣絶)한다. ○〔農夫看見很喜觀〕농부는 보고 대단히 기뻐했다. 이 구절에는 완성 혹은 과거를 표시한 곳은 한곳도 없으나 앞과 뒤의 관계에서 당연히 과거형으로 번역하지 않으면 안된다.〔看見〕의 다음에 목적어(目的語)가 생략되어 있다. ○〔就〕그래서 곧. ○〔得〕tai³ 라고 읽으며〔逮〕와 같은 뜻으로, 잡는다, 의 뜻.〔得住〕의〔住〕는 단단히, 의 뜻(→第九課). 단단히 붙잡았다.〔得得住〕는 단단히 붙잡을 수가 있다.〔得不住〕는 단단히 붙들수가 없다, 가 된다. ○〔牠〕그것, 여기서는 토끼를 가리킨다.〔他〕그,〔她〕그 여자,〔它〕인간이나 동물 이외의 제삼인칭,〔牠〕동물을 가리킨다.〔賣了幾個錢〕팔아서 얼마간의 돈을 만들었다, 얼마간의 돈으로 팔았다. ○〔從此〕이제부터, 그로부터.〔從此以後〕도 같다. ○〔也…也…〕……도……도……(→第二十九課). ○〔不去種地〕밭을 매러 가려고 안한다.〔不去種地去〕의 뜻으로 앞의〔去〕는 그 장소로 나가려고 하는 형세를 가리키고 다음의〔去〕가 간다고 하는 동사(動詞)이다.〔不〕는 의사(意思)를 포함한 부정으로 오직 과거의 부정이면〔没〕를 사용한다.(→第十二, 三課). ○〔整天家〕하루 온종일,〔整〕은 전체를 말한다.〔整天價〕라고도 쓰고〔一天到晚〕도 같은 뜻. ○〔坐在…〕……에 앉다.(→第二十六課). ○〔底下〕아래, 밑 위나 우는〔上頭〕. ○〔竟〕오히려, ……만 한다. ○〔盼望〕바란다, 희망한다, 의뢰한다. ○〔再〕다시 한번, 또다시. ○〔過了好幾天〕며칠이 지났다. 〔好〕는 「대단히」의 뜻으로 〔好幾天〕 며칠이고, 〔好些個人〕 많은 사람. 〔不但〕은 〔不但…而且〕(→第三十一課)의 〔而且〕이 생략된 형(形). 〔野猫得不着〕 토끼는 붙잡을 수가 없다, 이것은 〔得不着野猫〕로 하는것이 옳은 것이지만 의미를 강조해서 순서를 반대로 하여 〔野猫得不着〕라고 하였으나, 이것은 동시에 다음의 〔地到…〕와 상통(相通)된 형으로, 토끼는…밭은……, 이라고 해서 〔野猫〕와 〔地〕를 같이 표현한 것으로서 의미를 강조한 형(形). 이것을 연사(連詞)로써 표현하면 〔連野猫也得不着…〕와 〔連…也…〕의 형(型)이 된다(→第二十九課). ○〔地到…〕 밭 쪽은……. 〔到〕는 한 쪽은……이며, 그리고 한쪽은 어떠한가 하면 그것은……, 의 뜻. ○〔都〕 모두, 여기서는 완전히 의 뜻. ○〔這就叫做〕 이것을 곧……라고 한다. 이것이 오히려……라고 불리우는 것이다. ○〔守株待兎〕 오직 한가지만의 방법을 죽자하고 지켜서, 감나무 밑에 누워서 감 떨어지기를 어리석게 기다리는 것.

<번 역>

한 농부가 매일 밭으로 나가서 농사를 짓고 있었읍니다, 아침 일찌기 나가서 저녁 늦게야 돌아 온다, 와 같이 대단히 부지런 했읍니다. 그 밭에 한 그루의 늙은 나무가 있었읍니다. 어떤 날, 어디로부터 뛰어 왔는지 한 마리의 토끼가 그 나무 뿌리에 부딪쳐서 곧 기절하고 말았읍니다. 농부는 그것을 보고 대단히 기뻐하며 곧 그 토끼를 단단히 붙잡아서, 얼마간의 돈으로 팔아 버렸읍니다. 그 일이 있은 뒤부터는 그는 밭을 매려고도 않으며 풀도 뜯어 주려고도 하지 않고 하루 온종일 그 나무 아래에 앉아서, 오직 또 그러한 토끼를 잡았으면 하고 바라고 있었읍니다. 여러 날이 지났읍니다. 토끼는 잡히지 않을뿐 아니라, 밭은 완전히 거칠어져 버렸읍니다, 이것을 「守株待兎」(나무밑에 앉아서 토끼를 잡고자 기다린다)라고 하는 것입니다.

연 습 문 제 〔15〕

1. 다음의 글을 우리 말로 번역 하시오.
   (가) 他到不是壞人，壞的是她呀！
   (나) 等他來回信，然後我去拜訪他.
   (다) 這件衣服，你試一試合身不合身.
   (라) 這也可以，那也可以，我的心是不定的.
   (마) 若是堅持到底死也不承認到好了.
   (바) 現在輪到你了，好好兒的試一試看.
   (사) 這事敷衍過去罷，我們追求不但我們得罪人倒壞了事了

2. 다음의 글을 중국어로 번역 하시오.
   (가) 내일 그는 올른지요?
   (나) 물건은 많이 있으나 마음에 드는 것은 없다.
   (다) 나는 당신이 빨리 또 오실것을 바라고 있읍니다.
   (라) 그는 태어날 때 부터 건강할 뿐만 아니라 대단히 두뇌가 좋다.
   (마) 어제도 새를 한마리 잡았고 오늘도 한마리 잡았다. 그는 대단히 기뻐하고 있다.
   (바) 그는 어떻게 생긴 모양의 옷을 입고 있읍니까?
   (사) 야구(野球)라든가 정구(庭球)라든가, 그는 모두 할줄 압니다.
   (아) 동생들은 일기가 나쁜것을 보고 모두 낙심(落心)했다.

第 十 九 日

第三十六課　託朋友買書

一好先生:

　昨天接到你的信,知道你的生活十分快活,叫我非常羨慕・現在我有一件事要託你，本學期我們 學校裡的學生 一律得用標準語大辭典,這裡幾家書舖裡都賣短了・只得請你替我買一本，從郵局奇來・書價和郵費,也都請你暫且墊上,　等你年假回來的時候再還你費心之處,我在這裡先謝謝你・順祝進步！
　　　　　　　　弟　袁中道上
　　　　　　　　　　　十月十日

<주　　해>

○〔託朋友買書〕친구에게 책의 구입(購入)을 부탁한다,〔託〕부탁한다, 의뢰한다 (→第七課).　○〔接到〕받는다.　○〔知道〕알다, 편지를 보고 알았다, …의 취지 배승(拜承)하였읍니다. ○〔十分快活〕대단히 즐겁다,〔十分〕충분히, 대단히, 100퍼―센트.　○〔叫我〕나로 하여금……시키다, ……시키다 (→第二十課).　○〔羨慕〕부럽다, ……부럽게 생각한다.〔非常〕대단히.〔的〕를 붙여야 할것이나 여기서는〔的〕를 생략한 형 (→第十一課).　○〔有一件事要託你〕당신에게 부탁하고 싶은 일이 있오.〔有一件事〕한가지 일이 있오,〔要託你〕당신에게 부탁하고 싶으오. 즉〔要託你〕는〔一件事〕의 설명이고, 이 두 용건 사이

에는, ……바의……, 와 관계 대명사(代名詞)로서 연결시키고 싶은 생각이지만 중국어에 있어서는 이와같이 끊어진 형(形) 그대로 쓰인다. 〔要託你〕를 부사(副詞)정도로 놓아서 〔有一件要託你的事〕로 하여도 좋으나, 〔有一件事〕이라 한 뒤에 보족어(補足語)적으로 〔要託你〕라고 붙이는 것이 보통 표현하는 형식이다. 〔要〕……하고 싶다. ○〔一律〕고르게, 모두. ○〔得°用〕 데이용 ……을 사용하지 않으면 안된다, 필요하다. ○〔幾家〕 몇집의, 〔家〕는 가게(店舖) 같은 것을 세는 배반사(陪伴詞). 〔幾〕는 의문(疑問)이 아니고, 확정하지 못한 수효를 가리킨다. ○〔書舖〕책사. 〔書舖裡〕책사에는, 책사에서는. ○〔都〕 어느 책사나 모두. 〔賣短〕매진(賣盡). 〔短〕빠지다, 부족하다. ○〔°只 得°〕 즈 데이 ……할수밖에 다른 방법이 없다, 할수없이……하다. 〔只可〕〔只好〕도 같다. ○〔替我…〕나를 대신하여…(→第二十八課). ○〔從郵局寄來〕우체국에서 보내오다, 우편으로 보내주시다, 위의〔請〕에 거쳐서, 우편으로 보내 주시오, 의 뜻. 〔寄〕 보내다, 〔由鐵路寄去〕철도편으로 보내다, 〔由郵局寄去〕우편으로 보내다. 〔送〕은 보내다, 받치다, 로서 송부(送付)한다는 의미는 아니다. ○〔書價〕책값. ○〔郵替〕우체료금. ○〔也都〕 ……도 모두, 〔也〕는 구입(購入)하셔서 우편으로 보내 주십시오, 라는 것과 대금과 송료(送料)의 입체(立替)를 하여 주십시오 라고 하는 두가지를 겹친 기분. 〔都〕는〔書價〕와 〔郵費〕의 두개를 가리킨다. ○〔暫且〕잠시. ○〔塾上〕대신 지불하다, 아래에 깔다. 〔塾〕은 깔다, 아래에깔다, 입체(立替)하다, 의 뜻, 〔塾子〕돗자리, 방석. ○〔等…〕……을 기다려서, ……하고 나서, ○〔年假〕정월의 휴가. 여름(夏中) 휴가는〔暑假〕. ○〔回來的時候〕돌아올 때, 돌아 왔을때. ○〔再〕그 위에,〔等…再…〕로서, …하고 나서 그 위에, ……하고 나서. ○〔還你〕 당신에게 돌려보내다,〔還這個〕이것을 돌려 보내다, 〔還你這

個〕당신에게 이것을 돌려 보낸다 (→第七課). 〔還〕은 huan (환(／)). ○〔費心之處〕괴로움을 끼치는 점은, 〔費心〕은 〔叫你費心〕의 뜻. ○〔在這裏〕여기에, 지금 여기에. ○〔先謝謝〕사전에 감사를 올리나이다. ○〔順祝進步〕귀하(貴下)의 학문의 진보(進步)하옵심을 기원(祈願)합니다. 중국 편지의 끝머리에 쓰는 문구(文句)의 하나로, 우리말로는, 귀체 만안(萬安)하옵시기를, 하는 정도의 의미이다. 〔進步〕는 귀하의 학문의 진보라는 뜻으로 학생들 사이에 많이 쓰인다. 상대에 관한 것을 쓰는 경우에 정중(鄭重)함을 표시하고 줄을 가다듬어서 쓴다. ○〔弟…上〕……가 상신(上申)합니다, 〔弟〕는 상대에게 대해서 자기를 낮추어 하는 말. 〔上〕받들어 올린다, 엎드려 받친다.

<번　　역>

一好씨에게

어제 귀함(貴函) 감사히 받았읍니다. 당신께서는 매일 대단히 쾌적(快適)하시다 하옴을 알고 대단히 부럽게 생각하옵니다. 소생(小生) 약간 부탁을 여쭐 것이 있사온대, 이번 학기에 저희들 학교의 생도는 모두 표준어대사전(標準語大辭典)이 필요하옵는데, 이곳 몇집의 서점은 어디나 매진이 되어버렸읍니다. 죄송하오나 한권 구해주셔서 우편으로 보내주실수 없으시올지요. 책값과 우편요금도 함께 잠시 입체(立替)하여 주셨으면 하오며, 당신께서 정월(正月) 휴가에 돌아오셨을 때에 올리고자 하옵니다. 수고를 끼치오나 우선 여기에서 감사를 올립니다. 안녕하시기를 빌며.

十月十日　　　　　　　　　　袁　中　道　拜

第三十七課　清明祭掃

由冬至節算起，一百零五天，就是清明‧

前兩天是寒食節， 也有人說淸明節就是寒食・俗謂紀念介之推，因而留下這個節氣・在老年這一天不舉火， 現在中國各地方，每到淸明前後都要上墳去燒紙・北京有所謂「新墳淸明前，舊墳淸明後」的說法，反正前十天後十天，那天都可以去祭掃・鄕下人看這一天颳風不颳風， 來豫卜這一年風量的多少， 俗語兒說:「淸明颳去墳上土，大風颳到四十五」，這一天颳風是主多風的・

<주　　해>

○〔由…算起〕……부터 셈하기 시작해서. ○〔一百零五天〕 105日.〔一百零五〕 105,〔一百五〕 는 150. 100에는 반드시〔一〕을 붙인다. 몇월 몇일 이라고 할때의 날(日)은〔號。〕이고〔天〕은 날짜를 말한다. ○〔就是〕 즉……이다. ○〔淸明〕 청명절(淸明節), 음력 삼월 선조(先祖)의 산소에 가서 벌초를 하고 제사를 지내는 날. 옛날에는 이날 찬 음식 만을 먹었으므로〔寒食節〕이라고도 했고 또한 불을 전연 피우지 않는다고 해서〔禁烟節〕이라고도 했다. 중화민국이 되어서 이날을〔植樹節〕로 정하고 식수 운동의 기념일로 하고 있다. ○〔前兩天〕 이틀 전. ○〔也有人說〕 또 다른 사람이 말하기를……, 또…… 라고 말하고 있다. ○〔俗謂〕 일반에서는 ……라고 말하고 있다.〔記念〕 기념한다. 중국어에 있어서는 명사(名詞)나 동사가 모두 같은 형(形)이므로 당황하지 않도록 주의할 필요가 있다. ○〔介之推〕 사람의 이름, 춘추(春秋)의 진문공(晉文公)의 신하로 문공(文公)이 방랑하던 시대에 힘껏 이를 도왔

음에도 불구하고 문공이 성공하게 됨에 이르러서는 조금도 보답이 없음을 노해서 산중(山中)으로 숨어 들어가서 살았다. 그래서 사람들이 숲을 불사르며 그를 찾아다닌 결과 介之推는 나무를 껴안고 타 죽어 있었다. 문공은 이것을 가련히 생각하고 그 날을 명일(命日)로 정해서 모든 화기(火氣)를 끊었다고 한다. 이것이 화기(火氣)를 쓰지 않게 된 기원(起源)이라고 전해지고 있다. ○〔因而…〕의해서……, 그래서……, 〔因此〕와 같다(→第二十一課). ○〔留下〕남기다, 보존하여 두다. 사두다. ○〔節氣〕계절(季節). ○〔老年〕옛 날, 옛적. 〔老年的時候在一個地方…〕옛날 그 옛날 어떤 곳에……. 〔在老年〕옛날에는, 옛날엔. 〔在〕가 있으면 옛날이라는 시대를 강조하는 기분을 나타낸다. ○〔這一天〕이 날에는, 이 하루는. ○〔每到…〕……이 될 때마다……이 되자 언제나……. ○〔都要〕누구나 모두 ……하고자 한다, 모두 ……하는것이 당연하다. ○〔上墳去〕산소(墓)에 가다. 〔上…去〕의 형(形). ○〔燒紙〕옛 날에는 五색(色)의 종이 돈으로 기(旗)같은 것을 만들어 산소 앞에 꽂았다가 식(式)이 끝나면 이것을 태웠던 것이다. ○〔新墳淸明前〕기복삼년(忌服三年)이 아직 끝나지 않은 산소에는 청명절(淸明節) 전에 제사를 지내야 하며, 〔舊墳淸明後〕상복(喪服)삼년이 지난 산소에는 청명절후에 차례를 올리는 것이다. ○〔…的說法〕이것은 〔…有所謂…的說法〕이 되며, 소위……이라는 것이 전해지고 있다, ……이라는 말씨 이다. ○〔反正〕어쨌던간에. ○〔前十天後十天〕앞으로 十日間과 뒤로 十日間. ○〔那天〕那는 第三성(聲)으로, 어느날, 며칠. ○〔可以〕할 수 있다, …하여도 좋다(→第十六課). ○〔祭掃〕산소의 제사와 벌초. ○〔鄕下人〕시골사람. ○〔颳風〕바람이 분다. 결코〔風颳〕라고는 안한다. 〔下雨〕비가 온다, 〔打雷〕천둥이 친다. 그러나 바람이 멎는 것은 〔風息〕이라 하고 비가 멎는 것은 〔雨住〕라고 주어(主語)를 먼저 쓴다(→第二・八課). 〔看…〕바람이 부는가 안 부는가를 보고……, ……에 의해서. ○〔來〕 와서……한다, 동작(動作)의 귀추와 형세를 가리키는 말. ○〔豫卜〕 미리 점을 처 본다, 점친다. ○〔多少〕 (1) 얼마, (2) 많던가 적던가. ○〔俗語兒說〕 속담(俗談)에 말하다. ○〔颳去墳上土〕 산소 위의 흙을 날려 보내다, 〔土〕 흙, 먼지, 티. ○〔颳到〕 불어 오다. 〔四十五〕 四十五天의 생략. ○〔這一天颳風〕 이 날에 바람이 분다는 것은…, 〔是…的〕의 형(型)이다. ○〔主〕 전조(前兆) 가 된다, 증거가 된다, ……의 운명을 기다리고 있다. 예를들면 〔你這個八字兒, 主着活很大的歲數兒啊.〕 당신의 팔자(八字)(출생한 년·월·일·시(時)·의 간지(干支)로 합해서 8字가 되므로 이렇게 말한다. 生·年·月·日의 뜻)는 대단히 연세가 많으실때까지 사실것이라는 것을 가리키고 있읍니다.

<번 역>
청명절(淸明節)의 산소를 찾아가서

동지(冬至)로 부터 세서 105日째 되는 날이 즉 청명절이다. 그 이틀전을 한식절(寒食節)이라 하며, 또 사람에 따라서는 청명절이 한식이라고 말하는 사람도 있다. 옛 말에는 개지추(介之推)(사람의 이름)를 기념하기 위해서 이 절기(節氣)를 만들어 남기어 둔 것이라고도 전해지고 있다. 옛날에는 이 날은 불을 피우지 않았으나 오늘날에 중국에 있어서는 청명절을 전후(前後)해서 모두 산소로 찾아가 종이를 태우겠금 되어 있다. 북경(北京)에는 「새 산소는 청명절 이전에, 묵은 산소는 청명절 이후에」 라 하고 있으나, 여하간에 10日前과 10日後 (그 동안) 사이에는 어느날이나 산소에 가서 차례와 벌초를 해도 관계 없는 것이다. 시골 사람은 이날 바람이 부느냐 안 부느냐에 의해서 오는 一年동안에 바람이 많이 부느냐, 안 부느냐, 라는 것을 점(卜) 치는 것이다. 속담에 「淸明節에 바람이 산소의 흙을 날리면 대풍(大風)이 45日間이나 불어댄다」라고 전해지고 있어서 이날에 바람이 분다는 것은 바람이 많다는 전조(前兆)가 되는 것이다.

연 습 문 제 〔16〕

1. 다음의 글을 우리 말로 번역 하시오.
   - （가） 他滿口胡說，沒有一件事可靠得住的.
   - （나） 他再三再四的求我借錢，我只好借給他了.
   - （다） 你把他叫過來，我有点兒話說.
   - （라） 他自從他太太死去之後，就瘋了.
   - （마） 我陪你一同去，可以不可以.
   - （바） 他們不好進衙門，只得在關帝庙坐下.
   - （사） 這床的下面墊的是稻草.
   - （아） 那都是看人怎麽樣.
   - （자） 前天接了他的信說是至晚下月底必能了結不必着急等着他們來齊再說.

2. 다음의 글을 중국어로 번역 하시오.
   - （가） 나는 돈이 없어서 여관에서 묵을수가 없기 때문에 할 수 없이 친구의 집에서 묵었읍니다.
   - （나） 당신에게 상의하고 싶은 일이 있는데 언제 여가가 있으십니까?
   - （다） 모두 모여서 출발하십시다.
   - （라） 여름 휴가가 될때마다 그는 고향(故鄕)에 돌아가서 산소에 제(祭)를 지냅니다.
   - （마） 나는 그에게 이 조사(調査)를 부탁하고 싶사온데 괜찮을까요?
   - （바） 편지 배견(拜見)하였읍니다. 여러분 안녕하시다 하오니 안심하였나이다.
   - （사） 150, 105, 1236, 1028, 1002, 1030을 중국어로 말하시오.
   - （아） 저 책은 어저께 우편으로 부쳐 왔읍니다.

第 二 十 日

第三十八課　不要臉

　　徐文長家裡很窮,時常有一天不舉火的日子,常常找朋友家去住·有一次他在朋友家被雨阻住了·整整的待了十天,雨還是下個不住·他躺在牀上,心裡想:「頓頓成席的飯吃,不花錢的高樓住,還有比這個更好的麼？但願意雨續着下下去,能够享受這種鴻福哩·」

　　主人家心中眞是煩惱的很,但始終不能說出來, 一天趁着徐文長上茅厠去, 趕快提筆在粉白的牆上寫了一道逐客令「下雨天留客天留我不留」他忘了点句便匆匆的跑出去了·徐文長出恭回來,看見牆上的字·笑了笑便替他点句了,原文變爲「下雨天,留客天,留我不？留!」主人家看見眞没法兒辦,口歎了兩口氣罵道「徐文長眞不要臉呀!」

<주　　해>

○〔不要臉〕쳉피모르는, 철면피(鐵面皮)인. 〔臉皮 厚。〕〔臉皮 老〕도 같다. 반대로 수줍어 하는 것은 〔臉 皮。薄〕.〔臉

얼굴, 면목(面目). 〔丟臉〕 낯작을 깎이다, 면목을 잃다. ○〔徐文長〕 명나라 시대의 대학자(大學者)로 절강성(浙江省)에서 태어난 사람, 재주가 뛰어나고, 글·그림·시(詩)를 특히 잘했다. ○〔家裡〕 집안, 가정안의, 의 뜻이지만 〔家裡很窮〕으로 집안이 대단히 궁색했다, 의 뜻이 된다. 〔窮〕의 반대는 〔潤〕. ○〔時常〕 항상, 언제나, 〔常常〕 과 같으며 끝에 〔的〕를 붙여도 좋다 (→第十一課). ○〔有〕 는 다음의 〔日字〕와 연결되어서, ……날이 있었다. 문장 전체가 과거의 얘기 이므로 〔有〕는 물론 과거형(過去形)으로 번역한다, 이하도 같다. ○〔一天…〕 하루 종일, 하루종일 부엌에서 연기가 나지 않는 날이 있었다. 〔一天都〕 로 하면 더욱 의미가 강조된다. 〔有一天〕 이라고 하면 어느 날 이라는 뜻이 되지만, 본문의 〔有〕 는 〔有…的日子〕이며 〔有一天〕 은 아니다. ○〔找朋友家去住〕 친구의 집을 찾아가서 묵다, 〔找〕 물건을 찾는다, 사람을 방문한다. 〔找…去〕…를 찾아간다. 〔住〕 묵다, 머물다, 살(住)다. ○〔有一次〕 어느 때, 〔有一回〕 도 같다. ○〔被雨阻住〕 비에 막히우다, 비로 인해서 갇히다, 〔被〕 는 수동(受動) 을 가리킨다 (→第二十課). 〔阻住〕의 〔住〕 는 단단히, 꼼짝 못하도록 의 뜻, 이러지도 저러지도 못하리 만큼 갇히어 버린것, 〔拿住〕 꽉 붙잡히다, 의 〔住〕 와 같다 (→第九課). ○〔整整的〕 꼭, 온통 전체를 가리키는 부사(副詞). ○〔待〕 기다린다, 〔等〕 과 같다. ○〔十天〕 열흘동안, 4월 十日과 같은 경우에는 〔十號〕라고 한다. ○〔還是〕 (1) 아직도 여전히, (2) 역시, 여기서는 (1) 의 뜻. ○〔下個不住〕 오기 시작해서 멎지 않는다, 〔個〕 는 상태의 정도를 가리키는 말. 〔住〕는 멎는다는 의미에서 비(雨) 등이 멎는 것, 〔雨住了〕 비가 멎었다 (→第二·八課). ○〔躺在牀上〕 침대에서 딩굴으다, 〔躺〕 가로 눕다. 〔牀〕 침대,〔床〕 도 같으며, 마루의 뜻은 아니다, 마루를 말할때에는 〔地〕 라 하고 널을 깔은 경우면〔地板〕이라고 한다.〔單人牀〕싱글베드, 혼자 자는 침대, 〔雙人牀〕떠블베드, 둘이 자는 침대. ○〔心裡想〕은〔在心裡想〕으로, 마음속으로 생각했다. ○〔頓頓〕한번 또 한번. 매번, 식사(食事)의 회수를 말하는 것.〔一頓飯〕한번의 식사. ○〔成席的飯〕연회(宴會)할 때와 같은 식사, 여기서는 손님을 대접하는 찬(膳) 정도의 뜻.〔頓頓成席的飯吃〕는〔頓頓吃成席的飯〕의 뜻이고〔成席的飯〕을 강조하듯이 앞에 놓은 형. 다음의〔不花錢的高樓住〕돈을 쓰지않고 훌륭한 누각(樓閣)에서 살다, 같은 형식의 구(句)로 앞뒤의 두 구(句)를 어울리게 꾸민 것이다. ○〔花錢〕돈을 쓰다.〔比信個更好的〕이것 보다도 더욱 좋은 것. ○〔但〕(1) 오직. (2) 그러나. 여기서는 (1)의 뜻, 뒤에 나온〔但〕은 (2)의 뜻. ○〔雨續着下下去〕비가 아직도 계속하여 자꾸 와서,〔下下〕의 첫자의〔下〕는 내린다, 온다, 둘째번의〔下〕는〔下去〕로 붙여서 자꾸……계속 한다, 의 뜻으로 두개의〔下〕는 서로 다른 용법(用法). ○〔能够〕……이 된다 (→第十六課). ○〔享受〕받는다, 신세진다. ○〔鴻福〕커다란 행복.〔鴻〕은 크다는 형용사로〔鴻才〕큰 재능(在能), 훌륭한 재능. ○〔主人家〕주인양반,〔家〕는 집이 아니고 사람을 가리키는 경우에 곧잘 쓰인다,〔人家〕다른 어른, 사람들,〔大家〕많은 사람들. ○〔煩腦的很〕대단히 괴로워하다, 대단히 괴로움을 받다, 대단히 곤란하다. ○〔始終〕언제나, 결국, 전혀. ○〔說出來〕입밖에 내서 말하다. ○〔趁着…〕을 틈타서, …을 다행히 여기고. ○〔茅厠〕변소(便所),〔茅房〕〔茅司〕라고도 쓴다. ○〔趕快〕급히 서둘러서. ○〔提筆〕붓을 잡고.〔提了筆〕라고 써도 좋다.〔提着筆〕라고 쓰면 답답한 표현이 된다(→第三十五課, 三十九課). ○〔粉白的牆上〕흰 벽에,〔牆〕은 벽(壁), 병풍의 양쪽에 쓰인다.〔在…〕의〔在〕를 생략한 형. ○〔一道〕한 줄기의, 한 행(行)의.〔逐客令〕손님을 내어 쫓는 명령문(文)의 뜻. ○〔下雨天留客天留我不留〕비가 오는 날에 손님을 머물게 하는것은 하느님이 머물게 하는 것이지 내가 머물게 하는 것이 아니다. 〔留〕 머무르게 하다. 중국의 문장은 구두점(句讀點)을 찍는 것 하나만이라도 전연 반대의 의미가 되거나 또는 의미를 이해하기 곤란하게 되는 것으로, 글자로 재간을 부리는 문인들의 장난감이 되는 것으로, 여기에서도 다음과 같이 구두점을 찍어서 전연 반대가 되는 의미가 되어 버린 것이다. ○〔點句〕 구두점(句讀點)을 찍다, 〔句〕는 〔句讀〕. 〔句號〕, 쥬이 뚸 점을 찍다, 명사가 아니고 동사이다. ○〔便〕 그래서, 잊어서 그대로……, ○〔匆匆的〕 덤벙대서, 급히 서둘러서, ○〔跑出去了〕 도망쳤다, 〔跑〕는 뛴다는 것이지만 도망친다고도 쓴다. ○〔出恭〕 대변을 보다. 〔拉屎〕 〔出弓〕 도 같다. ○〔回來〕 돌아 오다, 〔出恭回來〕 대변을 보고 돌아오다, 의 뜻. ○〔笑了笑〕 킥킥거리면서 웃다. ○〔替他〕 그를 대신해서……, 〔替〕는 ……을 위해서, 의 뜻으로도 쓰이지마는, 대신해서……, 가 원뜻이다. ○〔下雨天, 留客天, 留我不？ 留！〕 비가 내리는 날은 손님을 머물게하는 날이다, 나를 머물게 하겠나? 머물게 하고 말고! 위의 쓴 글의 구두점(句讀點)이 없는 구절에 구두점을 찍어서 반대의 뜻으로 만들어 본 것이다. 〔留我不〕는 〔留我不留我〕로, 나를 머물게 하여 주겠는가? 앞의 문장의 〔我〕는 주인 자신을 가리키고, 여기서의 〔我〕는 서문장(徐文長(사람의 이름))자신을 가리키고 있다. ○〔没法兒辦〕 어떻게 할수가 없다. ○〔歎了兩口氣〕 한숨을 쉬다, 〔兩口〕는 둘이라고 한정되어 있는 것이 아니라, 두마디, 세마디, 잠깐, 의 뜻. ○〔罵道〕 욕을 퍼부면서 말하다. 〔道〕는 말하다. 〔道謝〕 사례를 하다, 감사를 표하다(→第三十八課).

<번　　역>
철 면 피 (鐵面皮)

　서문장(徐文長)은 집안이 대단히 가난해서 항상 하루 종일 부엌에서 연기가 오르지 않는 날이 있었다. 그리고 가끔 친구의 집을 찾아가서는 묵고 었었던 것입니다. 어느때인가 그는 친구의 집에서 꼭 十日間이나 비로 인해서 갇히어 있었읍니다마는 비는 여전히 멎을줄을 몰랐읍니다. 그는 침대에 누어서 마음속으로 이렇게 생각했다. 「늘상 손님의 성찬을 받으며 공짜로 훌륭한 저택(邸宅)에서 살도록 해주고, 이렇게 좋은 수(數)가 있을 수 없을까? 오직 바라고 싶은 것은 비가 계속해서 쏟아져 이러한 좋은 신분(身分)을 즐기고 싶을 뿐이로다.」

〔주인은 마음속으로는 대단히 편안치 않으나 도저히 입밖으로는 말을 꺼낼수 없었읍니다. 어느날 서문장이 변소로 간 틈에 붓을 들어서 흰 벽에 손님을 내쫓는 글을 한줄 썼읍니다, 「비가 오는날 손님을 머물게(묵게)하는 것은 괴로운 일이다, 하느님은 머물게 해도 나는 머물게 안한다」 그는 구두점(句讀點)을 찍는 것을 잊어버리고 대단히 덤벙대며 그곳을 뛰어 나왔다. 서문장은 대변을 보고 들아와서 벽의 글을 보고 킥킥 웃고 그를 대신해서 구두점을 찍었다. 그러나 원문(原文)은「비가 오는 날은 손님을 묵게하는 날이다, 이 나를 머물게 해 줄텐가? 머물게 하고 말고!」로 바꿔고 말았다. 주인은 이것을 보고 할 수 없이 오직 한숨을 내 쉬었다. 「서문장이란 놈은 정말 낯가죽이 두터운 놈이다!」

第三十九課 塞翁之馬

塞翁有一匹好馬，忽然不見了，旁人非常着急都來安慰他，塞翁說:「有甚麼希罕，這事也許是福氣哩‧」旁人便不敢做聲‧隔了幾個月馬回來了，大家又都來道喜‧塞翁又說:「有甚麼希罕，這事也許是禍患哩‧」旁

人又不敢做聲‧

　却說塞翁有個兒子，年紀已長，自從馬回來之後，他天天兒騎了馬，出城玩耍‧有一天他没小心，從馬上掉下來了，把腿摔折了‧於是大家又來了安慰他‧塞翁說：「有甚麽希罕，這也許是福氣哩‧」果然一年之後，胡兵打進來，男子都要當兵，只因塞翁的兒子腿折了，免去兵役‧

<　주　　　해　>

○〔塞翁之馬〕변새(邊塞)에 사는 노인과 말, 인생의 재앙과 행복은 결정지어 있지 않다는 곁말.○〔忽然〕갑자기, 벼란간.○〔不見了〕보이지 않게 되었다.○〔旁人〕다른사람, 곁에 있는 사람에 한한 뜻은 아니다.○〔着急〕당황하다. 이거 큰일났군 하리만큼……. ○〔安慰〕위로하다. ○〔塞翁說〕새옹이 말하기를, 새옹은……이라고 말했다. ○〔有甚麽希罕〕무슨 이상한 일이 있는가, 그렇게 요란스럽게 떠들어 댈 일은 아니다, 어쨌다는 것인가? ○〔也託是〕자칫하면……일지도 모른다, 혹은……일지도 모른다. ○〔福氣〕행복, 운이 좋다. ○〔哩〕는 〔了〕와 같지만 약간 시골말투와 같은 것이다 (→第三十二課). ○〔旁人便〕다른 사람들은 그래서, 〔便〕은 〔就〕와 같으며, 그래서, 그러므로, 의뜻. 주어(主語) 다음에 위치(位置)하여 〔旁人就……〕라 하고〔就旁人……〕이라고는 안한다. ○〔不敢做聲〕아무말도 하려고 안한다, 말할 것을 삼가하다. 〔敢〕……할 용기가 있다, 자진해서……하다, 〔不敢〕주저하다. 사양하다. 〔做聲〕소리를 내다, 말하다. ○〔隔了幾個月〕몇 달을 걸처서, 〔過了……〕도 같다. ○〔大家〕모든 사람, 많은 사람. 〔人家〕사

람들, 다른 사람들(→第三十四課) ○〔道喜〕기꺼움을 말하다, 〔道°賀°〕(따오 허) 축하의 말을 하다. ○〔道惱°〕(따오나오) 위안의 말을 하다. 〔道謝°〕(따오 세) 고맙다고 인사하다. 〔道歉〕유감의 뜻을 표하다. ○〔禍患〕재앙. ○〔却說〕자. ○〔兒子〕어린애, 아들. 〔有個…〕는 〔有一個…〕한 사람의……이 있었다. ○〔有個兒子〕가 주어가 된 경우에는, 어떤 한 어린애가……, 가 된다. ○〔年紀〕년령, 나이, 〔歲°數°兒〕(쒜이 쑤 얼) 도 같다. ○〔已長〕이미 크게 자라 있었다, 〔已經長大了〕의 뜻. 〔長〕은 자란다의 경우에는 第三聲 무기음(無氣音). ○〔自從…之後〕……하고나서 뒤에……(第二十六課). ○〔天天兒〕매일, 〔每天〕〔見天〕도 같다. ○〔騎馬〕말에 타다, 걸터앉아서 타는 것은 〔騎〕를 사용하고 〔坐〕는 사용하지 않는다 (→第四課). 〔騎了馬〕의 〔了〕은 탄다는 동작의 완료된 것을 가리키고, 타거나 내리는 것의 동작을 제일의적(第一義的)으로 묘사(描寫)한 것으로써 만약 〔騎着馬〕로 하면 말위에 걸터 앉고 있는 정지적(靜止的)인 상태를 가리키는 표현이 되고 또 차도 아니고, 걷는 것도 아니고, 말에 타고 서 있다, 와 같이 다른 방법과 완전히 구별한 표현이 된다. 〔騎了馬…〕말을 타고는 나아갔다. 〔騎着馬…〕말을 타고 갔다. ○〔出城〕성〔城〕을 나가다, 교외(郊外)로 나가다. 〔城〕이라함은 한국의 성벽(城壁)이 아니고 성벽으로 둘러싸인 도회(都會)를 말한다. ○〔玩要°〕(완 솨) 놀다, 〔°玩兒〕(와 얼) 과 같다. ○〔有一天〕어떤날. ○〔沒小心〕부주의하게도……, 〔不小心〕〔不留神〕〔不料〕도 같은 뜻. ○〔掉下來〕떨어지다, 떨어뜨리다. ○〔腿°〕(퉤이) 다리, 넙적다리는 〔大腿〕라고 한다. ○〔摔折〕떨어져서 부러지다. 말에서 떨어져서 부러진 것, 〔摔〕은 〔掉〕,와 같이, 떨어진다. ○〔於是〕그래서, 〔這麼着〕도 같다. ○〔果然〕과연, 결과에 있어서는, 생각한 바 그대로, ○〔胡兵〕중국 북방의 마적단의 병사. ○〔打進來〕쳐 들어왔다. 〔進〕들어 오다. ○〔都要〕모두……안할수

— 234 —

없다, 〔要〕에는, ……하지 않을 수 없다, ……하고 싶다, 의 뜻과 오직 미래(未來)만을 표시하는 뜻이 있고, 전자(前者)의 경우에는 강하게 읽고 후자의 경우에는 가볍게 읽는다. ○〔當兵〕 군인이 되다. 〔兵〕 글자를 위아래로 나누어서 군대를 〔丘八〕 쳐우빠 라고도 한다. ○〔只因〕 오직 ……때문에, 〔就因爲…〕 와 같다.

<번　　역>
새옹(塞翁)과 말(馬)

새옹은 한마리의 훌륭한 말을 가지고 있었읍니다마는 갑자기 보이지 않게 되었읍니다. 다른 사람들은 대단히 놀라서 모두 그를 위로하고자 찾아들 왔읍니다, 그러자 새옹은 말하기를 「그럴것없어, 이것은 자칫하면 운(運)이 좋을지도 모르겠는 걸!」라고 그래서 사람들은 아무말도 하지 않으려고 했읍니다. 몇 달이 지나서 말이 다시 돌아왔읍니다. 모든 사람들은 다시 찾아와 축하를 했읍니다. 그러자 새옹이 또 말하기를 「그럴 것이 없어 이것은 자칫하면 재앙일지도 모르지!」라고, 사람들은 또 아무말도 않했읍니다.

그런데 새옹에게는 아들이 하나 있었는데, 나이도 많이 먹었고 말이 돌아와서 부터는 매일 말을 타고 성(城)밖으로 나가서 놀고 있었읍니다. 어느날 그의 부주의로 말에서 떨어져서 다리를 부러뜨리고 말았읍니다. 그래서 모두가 모여와서 그를 위로 하였읍니다. 그러자 새옹이 말하기를 「그럴것없어! 이것도 혹시 다행한 일인지도 모르지」라고. 과연 일년이 지난 후 북방의 마적단의 병정이 침입(侵入)해와서, 남자는 모두 병정이 되지 않을수 없었다. 그러자 새옹의 아들은 다리가 부러져 있었으므로 병역(兵役)을 면제 받았던 것이다.

연　습　문　제　〔17〕

1. 다음의 글을 우리말로 번역 하시오.
　(가) 他書也不好好的念, 竟和同學打架, 眞是没有辦法的東西.

(나) 小偸也許是以爲這是空家罷，趁着黑暗溜進來了.
(다) 看他愁眉不展的樣子 不知道他也許有什麽心事.
(라) 老爺不知道這被賣的丫頭是誰.
(마) 這個石頭沈重的很 我一個人拿不動.
(바) 上回你吃他一頓 這回你得還他一頓才是禮.
(사) 你怎樣罵他，他裝作沒聽見，天生臉皮， 你又不能把他怎麽樣.
(아) 我看你這封信不如由航空寄去好， 雖然多花幾個錢可比快信快多了.

2. 다음의 글을 중국어로 번역 하시오.
    (가) 이제부터 나의 집으로 가시지 않으시겠소？ 오늘은 사양하겠읍니다, 또 다음에 폐를 끼치겠읍니다.
    (나) 나는 여비(旅費)를 전부, 깨끗하게 써 버렸읍니다. 백원 꾸어 주십시오.
    (다) 이 세상에 이것보다 더 좋은것이 있을까요？
    (라) 오직 그의 부주의로 인해서 기차에서 떨어져 죽었던 것입니다.
    (마) 나는 꼭 十年을 기다려서 가까스로 이와같은 행복을 얻게 되었던 것입니다.

≪외국(外國)의 지명(地名)≫

倫敦·紐育등, 이것은 한국의 여러분도 아시는 지명(地名). 그러나 이것들은 한국말은 아니고 실은 중국어입니다. 한번 우리말로 읽어 보십시오. 倫敦(윤돈), 紐育(뉴육) 어떻습니까, 원음과 다른 곳이 얼마나 됩니까？ 그러나 중국음(音)으로 읽으면, lun tun, nü yü 가 되어 거의 원음과 비슷하게 됩니다. 한자(漢字)로 쓴 외국의 지명은 대개가 중국에서 사용하고 있는 것으로 오래전부터 우리나라에서 차용(借用)하고 있었던 것이 오늘날까지 남아있는 것입니다. 한정된 한자의 중국음으로 표현하는고로 약간 무리한 곳도 있고 또 광동음(廣東音)이나 화중음(華中音)으로 표현한 것이 있어서 북경음(北京音)만으로는 **약간 의심스럽게** 생각되는 표시법(表示法)도 있읍니다.

第二十一日

第四十課　獎　券

化了十塊錢買一張券,就有五十萬元的希望‧化了一塊錢買一條券, 也有五万元的希望‧十塊錢或者不是人人都化得起的,一塊錢大概大家總容易拿得出來,獎券放在皮篋裏,在三個月中天天可以有財翁的希望,夜夜可以做發財的夢‧等到開獎的日子近了,這一顆心格外突突地震動‧獎開過了,號碼揭曉了,五十万！五十万！都變作了一張廢紙,這又怎麽辦呢？不要緊！發財的事情决不灰心,這一期不中獎,接着下一期的獎券又發行了,發財的希望再延長三個月,老百姓眞快活 , 過了三個月又是三個月 , 一年四次,人民的購買力永永不會衰歇‧

<주　　해>

○〔化〕소비(消費)하다, 쓰다, 〔化錢〕돈을 쓰다, 〔花〕라고도 쓴다. ○〔十塊錢〕십원,　입으로 말할때에는〔十塊錢〕이라하고 쓸때에는〔十元〕이라고도 쓴다. 十전〔一毛錢〕〔一角錢〕, 一전〔一分錢〕. ○〔一張券〕한장의 증서〔獎券〕, 추첨권(제비표) 한장. 〔券〕은 어음‧증서의 뜻으로써 여기서는〔獎券〕을 가리켜서 추첨권(복권)을 말한다.〔張〕은 종이를 셀때의 배반사

(陪伴詞), 다음의 〔條〕는 가늘고 긴 종이쪽지를 가리키는 말, 열장의 작은 쪽지나 한뮦음이 되어 있는 것을 〔張〕이라 하고 그 한장 한장을 〔條〕라 하고 있는 것이다. ○〔就有〕라 하면 즉……이 있다. ○〔希望〕희망, 가망, 가능성, 목표. 〔有希望〕가망이 있다, 희망이 있다. ○〔或者〕혹시, 자칫하면. ○〔化得起〕돈을 쓸수가 있다. 돈을 낼수 있는 여유가 있느냐 없느냐, 하고 말할때의 말투. 반대는 〔化不起〕(→第十七課). ○〔大槪〕아마, 아무래도. ○〔大家〕모두. ○〔總〕틀림없이, 대체에 있어서. ○〔拿得出來〕돈을 낼수가 있다, 부담을 질수가 있다. ○〔放在〕……에 들어가다, ……에 두다. 〔放〕놓다, 두다. ○〔皮篋〕돈지갑. ○〔天天〕매일 매일. ○〔可以〕좋다는 뜻이 아니라, 그것에 의해서 ……을 할 수 있다, 의 뜻(第十六課). ○〔財翁的希望〕돈을 많이 갖고자 하는 희망, 부자가 되고싶은 희망. ○〔做發財的夢〕돈을 버는 꿈을 꾸다. 〔做夢〕꿈을 꾸다. 〔發財〕는 〔開發財源〕의 뜻으로, 돈을 벌다. ○〔等到…〕그리고 ……이 되고 나서, ……이 되기를 기다려서, 〔等〕……을 기다려서, 〔到〕……이 되다. ○〔開獎〕……제비의 추첨을 뽑다. 〔日子〕날(日), 〔開獎的日字〕추첨하는 날. ○〔近〕닥아 오다, 〔等到…近了〕……이 닥아오는 것을 기다려서, ……이 가까워오면. ○〔心〕마음, 〔一顆心〕하나의 심장(心臟), 〔顆〕는 적고 둥근것의 배반사(陪伴詞), 심장, ○〔格外〕특별히. ○〔突突地〕두근두근 거리다. 〔地〕는 〔的〕와 같다. ○〔獎開過了〕추첨이 끝나다, 〔開完了獎〕의 순서를 거꾸로 한 형식이다. 〔過〕는…… 해 본일이 있다는 뜻이 아니라 오직 완료형(完了型)일뿐, 보통적인 용법이며 북경어(語)에 있어서는 〔完〕으로 한다. ○〔號碼〕번호(番號). ○〔揭曉〕발표되다, 발표하다, 이것도 〔揭曉號碼〕로 할 것을 순서를 반대로 해서 앞의 〔獎〕과 이곳의 〔號碼〕의 두개의 목적어를 앞에 놓고 강조한 표현으로 한 것이다. ○〔廢紙〕저버리다, 휴지, 〔變作〕바꾸어서……이 되다,

…이 되다.°〔這又怎麽辦呢〕이것은 또 도대체 어떻게 하면 좋을 것인가! ○〔不要緊〕상관없다, 괜찮다, 걱정없다. ○〔發財的事情決不灰心〕돈을 번다는 것은 결코 낙담(落膽)같은 것은 아니한다. 〔灰心〕낙심하다. ○〔不中獎〕추첨에 떨어지다. 〔中〕은 第四聲으로 읽고, 적중(的中)된다는 것, 〔獎〕은 상(賞)이라는 뜻으로, 〔得獎〕상을 타다, 〔頭獎〕일등상, °〔接着〕계속해서. ○〔下一期〕다음의 차례, 다음번. ○〔延長三個月〕삼개월 연기되다. 삼개월 연기 당하다, 우리말로는 연기 당한다, 라고 수동적(受動的)인 표현을 곧잘 쓰지만 중국어에 있어서는 그러한 표현은 없다. ○〔老百姓〕일반 민중(民衆), 〔老〕는 일종의 애칭(愛稱)이다. ○〔快活〕유쾌한, 즐거운, 마음도 산뜻한. ○〔不會衰歇〕놀랄것 없다, 〔不會〕는, 걱정없다, 그러한 일은 있을리가 없다 (→第十六課).

<번　　　역>

복권(福券) (홍재 제비표)

　十원을 내고 복권을 한장 사면 五十만원의 희망을 가질 수가 있다. 일원을 내고 복권의 일편(一片) (이(／) 삐에(＼))을 사면 역시 五만원의 희망을 가질수 있다. 十원이라는 돈은 혹시 누구라도 낼 수 있다고는 말할 수 없을지 모르나 一원이며는 대개 모든 사람들은 쉽게 낼 수 있다. 복권을 돈지갑속에 넣어두고 3개월동안 서로 매일같이 부자가 되리라는 희망을 가질수 있고 밤마다 돈을 버는 꿈을 꿀수도 있을 것이다. 그러나 추첨의 날이 닥아오면 이 심장(心臟)이 특별히 심하게 고동(鼓動)을 치는 것입니다. 제비는 뽑았다, 번호는 발표되었다. 五十만(萬)! 五十만! 그것은 모두 한장의 휴지로 바꾸고 말았다, 이것을 또 도대체 어떻게 하면 좋다는 말인가. 그러나 걱정할 것 없다! 돈을 번다는 것은 참는다는 것이 첫째이고, 이번에는 당선되지 못했으나 계속해서 다음의 복권이 또 발행(發行)된다.

돈을 번다는 희망이 또 三개월 연기된 것이다. 일반 민중들은 매우 마음 즐겁게, 三개월이 지나면 또 三개월하고, 一年에 四번, 민중들의 구매력(購買力)은 언제까지나 시드를리가 없다.

第四十一課　語言禁忌

對於說話得留神，不限於村言土語，尤其有婦女在場，就拿蛋字說把，本來凡是卵生的就下蛋，但是北京人除去罵人以外，很少用他·只有渾蛋，屎蛋，滾蛋，笨蛋，傻蛋，二憨蛋才用·請問那一個是好聽的雅言？所以雞蛋叫白果兒，皮蛋叫松花，炒蛋叫攤黃菜，去皮整煮叫沃果兒，蛋花湯叫木樨湯，蛋炒飯叫木樨飯，蛋糕叫槽糕；即便不避諱，下邊也要加上一個捲舌韻，像雞蛋兒；不過總沒有說雞子兒好聽·

<주　해>

○〔語言〕말, 언어(言語), 〔言語〕라고 쓰면, 말하다, 떠들다, 와 같이 동사로 쓰인다, 그러므로 언어학(言語學)은 〔語言學〕라고 쓴다. ○〔禁忌〕꺼리어 피하다. ○〔對於說話〕얘기를 하는데 대해서, 얘기라는 것에 대해서, 말이라는 것에 관해서. ○〔得〕……안할 수 없다. 〔得留神〕주의하지 않으면 안된다. 주의하는 것이 가장 요긴하다. ○〔不限於…〕……에 극한되지 않는다, ……에 한정된 것은 아니다. ○〔村言土語〕촌의 말, 시골 사투리. ○〔尤其〕특히, 특별히. ○〔有婦女在場〕부녀(婦女)

— 240 —

가 자리에 있다, 부인이 같이 앉아 있다. 부인이 그 장소에 있다. 〔有婦女〕는, 누군가 여자가……의 뜻. ○〔就拿蛋字說吧〕즉「蛋」(딴)이라는 글자에 대해서 말해 보겠읍니다. 〔就〕는 위의 구(句)를 받아들인 말, 즉……. 〔拿…說〕……을 끄집어 내서 말하다, ……을 들어내며 말하다, ……에 대해서 말하다. 〔吧〕는〔罷〕와 같다, ……해 봅시다. ○〔本來〕원래(元來), 이전에는. ○〔凡是〕모두, 전체, 대개. ○〔卵生的〕알에서 깐것, 〔從卵生下來的〕의 의미이지만 생략해서〔卵生的〕로 한 형(形) 전치사(前置詞)의 생략은 자주 보는 것으로서〔用皮做的〕를〔皮做的〕로 하는 것과 같다. 〔的〕는…한 것, 의 뜻. ○〔就〕하기도 전에……, ……하는 바이다. ○〔下蛋〕蛋 알(卵)을 낳다. ○〔但是〕그러나. ○〔除去…以外〕……이외는 (→第三十課). ○〔罵人〕사람을 욕하다. 남을 저주하다. ○〔少用他〕그것을 그다지 사용치 않는다, 적을 정도로 사용하다, 조심성있게 쓴다. 〔他〕는 여기서는「蛋」이라는 글자를 가리킨다. 〔少用〕의 예(例)로서는〔少吃〕조심성있게 먹다. 〔多吃〕지나치게 먹다. (→第十一課). ○〔只有…〕오직……뿐만 있어서……, 오직……뿐만이……, 오직……에 한해서. ○〔渾蛋〕개자식！ ○〔屎蛋〕죽일자식！ 망할자식！ ○〔滾蛋〕이자식, 개자식！과 같은 뜻. ○〔笨蛋〕어리석은 인간. ○〔傻蛋〕굼벵이 같은 놈. ○〔二憨蛋〕굼벵이, 못난이. 〔只有〕는 여기에까지 이른다. ○〔才用〕오직……에 대해서만 쓰인다. 〔才〕는 강조한 말. ○〔請問〕묻겠읍니다. 반문(反問)하는 경우에〔請問……〕이라는 표현을 쓴다. ○〔那一個是…〕어느 한개가……일 것일까？ 라고 되묻는 말. 어느 한개라 할지 언정……인 것은 없지요？ ○〔好聽的雅言〕남이 듣기 좋은 고상한 말, 〔好聽〕은 저도 들어서 기분좋게 울리다, 들어도 어색하지 않다. ○〔雞蛋〕달걀. ○〔叫〕……라고 말하다, ……라고 부르다. ○〔白果兒〕은행(銀杏), 蛋라고 하는 호칭을 피해서 달걀을 가리켜서 白果兒이라고 한다. ○〔皮蛋〕오리(鴨) 알을 석회(石灰)와 겨(糠) 등을 섞어 가지고 밀봉(密封)해서 만든것. ○〔松花〕〔皮蛋〕이라고 부르는 것을 피해서 송화(松花)라고 한다. ○〔炒蛋〕볶은 달걀 ○〔去皮整煮〕껍질을 까서 통채로 지지다. 〔皮〕엷은 거죽의 것을 모두 〔皮〕라고 한다, 〔去〕는 벗기다, 짤라내다. 〔整煮〕는 〔整個兒的煮〕의 생략으로, 〔整個兒的〕는 완전히 통채로, 온것 그대로 ○〔沃果兒〕달걀을 깨서 그대로 삶은 것. ○〔蛋花湯〕달걀을 스ー프에 넣어서 섞은 것. ○〔木樨湯〕위의 스ー프의 통칭(通稱), 〔湯〕은 끓는물이 아니라 스ー프(국)를 말한다. 끓는 물은 〔開水〕라고 한다. ○〔蛋炒飯〕달걀을 섞어서 볶은 밥. ○〔蛋糕〕카스테ー라, 〔雞蛋糕〕도 같다. ○〔卽便〕하물며, 가령……이라고 해도. ○〔避諱〕이미 싫어하다. ○〔下邊〕아랫쪽, 여기서는 「蛋」의 글자 밑에, 의 뜻. ○〔也要〕역시……하지 않을 수 없다, ……라도……안할 수 없다. ○〔加上〕더하다. ○〔捲舌韻〕말린 혓소리, 〔兒〕을 가리킨다. ○〔像〕……과 같이. ○〔不過〕오직 그러나……, ……에 지나지 않는다, 의 뜻 보다도, 약간의, 오직 그러나……라고 가볍게 표현한 말. ○〔總沒有〕전혀……이 없다, 무엇이라 해도……이 없다. 여기의 〔沒有〕는 다음의 〔好聽〕에 걸리어서, ……만큼 듣기 좋지는 않다, ……이 오히려 듣기 좋다, 의 뜻이 된다(→第十九課). ○〔說雞子兒好聽〕〔雞子兒〕이라고 하는게 오히려 듣기에 좋다.〔沒有…好聽〕으로서, 雞子兒이라고 부르리만큼 듣기에 좋은게 없다, 雞子兒이라고 부르는 것이 듣기에도 좋다.

<번　　　역>
말의 조심성(꺼리어야할)

　말(이야기)이라는 것에는 주의가 가장 중요하다. 시골 사투리에 한한것이 아니라 부인과 동석(同席)인 경우에는 특히 그러하다. 즉「蛋」, (새알, 달걀))이라는 글자에 관해서 말해 보겠읍니다, 원래, 알(卵)에서 깐것은 (蛋)「卵」을 낳는 것이 원칙이지만 그러나 북경인(北京人)이 남을 욕할 경우 이외에는 「蛋」이라는 글자는 쓰지 않읍니다. 오직 渾蛋, 屎蛋, 滾蛋, 笨蛋, 傻蛋, 二憨蛋에 한해서 쓰인다. 어느 한개라도 사람들이 듣기에 아름다운 고상한 말이라고는 말할 수 있겠읍니까? 그러므로 雞卵(달걀)을 말할때에는「白果兒」이라하고 皮蛋을「松花」라하며, 炒蛋을〔攤黃采〕라 하고, 껍질을 까서 알체로 삶은 것을「沃果兒」이라하고, 蛋花湯을「木犀湯」이라하며, 蛋炒飯을「木犀飯」이라 하고, 蛋糕를「槽糕」이라하는 것입니다. 가령 글자는 피하지 않는다고 하더라도 그 밑에「雞蛋兒」과 같이 권설운(捲舌韻)(혀를 말아 굴리는 음)을 하나 덧붙이지 않으면 안되는 것입니다. 그러나 무어라고 한들 雞子兒이라고 부르는 것보다 듣기 좋은 것은 없읍니다.

연 습 문 제 〔18〕

1. 다음의 글을 우리말로 번역 하시오.
   (가) 我站在這台上，關於這個問題跟諸位說話.
   (나) 前些日子託你的事情，有希望没有.
   (다) 那件事真不好辦，除了等機會之外，没甚麼辦法.
   (라) 即便赴湯蹈火，無論甚麼地方，我也陪着您去,
   (마) 拿我的財力說，你給我找的那房子，我大概租不起罷.
2. 다음 문장을 중국어로 번역 하시오.
   (가) 여름은 덥지만 특히 나의 집은 서향(西向)이라 견딜 수 없읍니다.
   (나) 낙심(落心)해서는 못쓴다, 아직 가망이 있으니까.
   (다) 당신은 입학한 후, 학비 이외에 모든 비용을 낼수 있소?
   (라) 나는 복권(福券)을 석장샀읍니다, 어제 발표가 있었읍니

다마는 모두 벗어(낙첨했다)났읍니다.
(마) 이 과자는 귤(密柑)로 만드는 것입니다마는, 껍질을 벗겨서 설탕속에 담거 두는 것입니다.
(바) 자동차는 한국에선 누구나가 살수 있는 것은 아니다.
(사) 이것은 一萬원을 주고 산 것입니다.
(아) 그는 부자(富者)입니다, 그런것쯤의 돈은 어렵지 않게 낼수 있읍니다.

≪중국의 전보(電報) 치는법≫

하나의 한문 글자를 네짝수의 숫자(數字)로 고쳐서 칩니다. 그러므로 전보는 숫자의 나열(羅列)이라고 하겠읍니다. 예를 들어 보면 부산(釜山)으로「내일 아침 여덟시(八時) 도착 마중 바람」이라는 전보를 친다면〔明晨八時抵釜請接〕이 되고, 하나하나의 한문글자를 전보숫자(電碼라고 한다)로 고쳐서〔2494, 2525, 0360, 2514, 2107, 7090, 6153, 2234〕로 타전(打電)하며 수신(受信)한 숫자의 전보를 또 다시 한자(漢字)로 고쳐 쓴다. 한자에서 숫자로 또 그 반대는 우체국에서 하여 줍니다. 그러나 자기가 전마(電碼)의 책으로 조사해도 좋은 것입니다. 이 숫자의 번역은 우체국에 전문가가 있어서 책도 보지 않고 손쉽게 처리합니다.

第四週

　이번 주는 중국어 문학자(文學者)들의 작품(作品)을 읽기로 하겠읍니다. 채록(採錄)한 부분은 긴 작품중의 일부분으로써 앞과 뒤가 생략(省略)되어 있읍니다마는 한자 한자를 잘 이해(理解)하여 가면서 문장 전체의 흐름, 문장의 구성(構成) 같은 것에 주의를 하며 공부하여 주십시오.

第二十二日

第四十二課　烏　篷　船

　子榮君：接到手書，知道你要到我的故鄉去，叫我給你一点什麽指導・老實說，我的故鄉，眞正覺得可懷戀的地方，並不是那里，但是因爲在那里生長，住過十多年，究竟知道一点情形，所以寫這一封信告訴你・我所要告訴你的，並不是那里的風土人情，那是寫不盡的，但是你到那里一看也就會明白的，不必囉唆地多講・我要說的是一種很有趣的東西，那便是船・你在家鄉平常總坐人力車，電車，或是汽車，但在我的故鄉那里這些都没有，除了在城內或山上是用轎子以外，普通代步都是用船・　　　　　　　　（周作人）

〈　주　　　해　〉

○〔君〕 남자의 호칭(呼稱)은 앞에서 말한바와(第十五課)같지만 최근에는 친한 친구 사이에는 〔君〕을 잘 쓴다. 그러나 우리나라에서는 〔君〕에 남자에 한해서 쓰고 있으나 중국에서는 여자에게도 〔…君〕이라고 해도 무방하다. 출석, 결석을 부를 때에도 이것을 쓴다. 그 대답은 〔到〕〔有〕와 같이 한다.

○〔接到手書〕 편지 무사히 받았읍니다. 〔手書〕 손수 쓰신 편지, 앞서 나왔던 〔你的信〕(第三十六課)이라도 좋으나 〔手書〕가

문어적(文語的)이다.〔知道〕는〔什麽指導〕까지 미친다. ○〔要到…去〕…로 가려고 하고 있다.〔要〕는 의사(意思), 희망을 가리키며 힘차게 읽는다. ○〔叫我…〕 나에게……시키다. 나에게……을 명령하다.〔叫〕〔請〕〔託〕은 하나의 비슷한 의미이지만.

〔叫〕사역적(使役的), 명령적으로, ……시키다, ……을 명령하다.의 뜻이며, 따라서〔我叫你…〕라고 하면 상관(上官)이 밑의 부하에게 명령하는 경우라던가, 부모가 자식에게 말할때에는 좋으나, 대등(對等)한 입장에 있는 동지(同志)들 사이에서는 예의에 벗어나는 것이다. 반대로〔你叫我…〕로 하면 자기를 낮추어서 겸손히 대하는 심정을 표시한다.

〔請〕懇願的로써, ……을 부탁한다. ……수고를 끼치다. 라는 뜻으로 정중(鄭重)하며〔我請你…〕는 올바르게.〔你請我…〕는 자기를 거만하게 행세하는 표현이 된다. (→第七課).

〔託〕은 앞의 두가지의 중간적인 것으로서 오직 의뢰하다. 혹은 맡기다, 의 의미이며, 따라서〔我託你〕〔你託我〕로서 어느것이나 좋지마는 전자는〔我拜託你〕로 하여 공손함을 가리키고, 후자는〔託〕를 피해서〔囑咐〕(타이르다, 말하다)를 써서〔你囑咐我…〕로 한다. 제 삼자(三者)적인 입장에 있어서의 서술(叙述)에는〔託〕으로도 좋다.

본문에서〔叫我…〕로 한 것은 하명(下命)을 받았다, 라고 자기를 낮추어서 겸손하게 말한 것으로,〔請〕을 써서는 안된다.

○〔給你〕이〔給〕는 앞에 놓이는 개사(介詞)가 아니라 동사로서, ……당신에게 ……을 주다, 의 뜻. 이라고 하는것은 목적어(目的語)는 다음의〔指導〕이며, 이것은 명사나 동사 어느것에도 사용되지만 여기서는〔什麽〕라는 형용부가어(形容附加語)가 있으므로〔什麽指導〕어떠한 것의 지도(指導), 가 되어〔指導〕는 명사가 되어 있다.〔指導〕가 동사이면〔給〕는 ……에게 ……하여주다, 와 같은 전치개사(前置介詞)(→第九課, 第

二十八課)의 역할을 하지만 여기서는 〔指導〕가 명사이므로 〔給〕는 동사인 것이다. 〔一點什麽〕 조금 어떠한, 〔什麽〕는 〔甚麽〕와 같으며 의문사〔疑問詞〕는 아니고, 어떠한, 의 뜻으로 가볍게 읽는다. 〔指導〕는 한국어의 지도한다는 의미도 물론 있으나, 여기서는 〔給指導〕로서, 무슨 참고로서 알으켜 주십시오, 와 같은 정도의 가벼운 의미이다. 앞서 나온 〔知道〕는 여기에까지 미쳐서, ……의 의향(意向) 받들어 읽었나이다, 의 뜻. ……의 말씀, 또는 취지(趣旨), 와 같은 말은 중국어에는 없어서 우리말에 비해서 표현은 대단히 간소합니다.

○〔老實說〕 거짓 없는 말, 사실을 말하자면. 〔老實〕 정직하게, 얌전한. 〔老實話〕 사실 이야기, 참된 말. ○〔我的故鄉〕은 다음의 〔並不是那里〕에 관련된다. 〔眞正覺得可懷戀的地方〕은 〔我的故鄉〕과 동격(同格)이다. 만약에 〔眞正…〕의 앞에 〔是〕가 있으면 〔眞正…〕은 〔我的故鄉〕의 술어(述語)가 되지만 이 두개의 사이에는 아무런 관계사(關係詞)가 없이 서로 독립된 형을 이루고 있다. ○〔並不是…〕 결코……은 아니다. 별로……은 아니다. 〔並〕은 우리말의 결코, 반드시 와 같이 단정적인 의미는 아니다. ○〔眞正〕 정말, 에누리없이. ○〔覺得〕 느끼다, 외우다. ○〔可〕 강조하는 용법으로서, 〔可懷戀〕 대단히 그립다, 말할수 없이 그립다. ○〔那里〕는 〔那裡〕와 같이, 그곳, 고향을 가리킨다.

○〔但是〕 입니다마는 오직. ○〔因爲〕 ……이므로, 다음의 〔所以〕와 서로 전후(前後)하여 원인이라든가 결과를 가리킨다. (→第二十一課). ○〔在那里生長〕 거기서 자랐다. ○〔住過十多年〕 십년가량 살았었다. 〔過〕는 과거의 경험(經驗) 〔十年〕은 〔住〕의 부사이며, 부사는 동사 형용사의 앞에 놓이는 것이지만 수사(數詞)를 사용한 것에는 뒤에 놓인다. (→第十一課). ○〔究竟〕 결국, 즉, 〔知道〕 이곳의 〔知道〕는 알고 있다는 의

미. ○〔情形〕모양, 사정.〔所以〕그러므로,〔因爲…所以…〕……때문에, 인해서……(→第二十一課). ○〔寫〕쓰다〔這一封信〕이 한통의 편지.〔封〕로 편지의 배반사(陪伴詞).〔信〕편지, 소식.〔寫信…〕편지를 써서……, 편지…….〔打電話…〕전화로,〔坐電車〕전차로……, ○〔告訴〕알리다, 통지하다(→第六課).
　○〔要告訴你〕이제부터 귀하(貴下)에게 알린다.〔要〕는 미래를 가리켜서, 이제 부터……할 생각이다, 가볍게 읽는다. ○〔所…的〕……하는 바의 것,〔的〕는〔…的事〕의 뜻, ○〔並不是〕앞서도 말한바와 같이 결코, 라고 하리만큼 강조하는 의미가 아니라, 별로……은 아니다, 와 같이 번역하여도 무방합니다. ○〔那是寫不盡的〕그것은 도저히 모두 쓸수가 없읍니다. 간단히 말하자면〔那寫不盡〕이지만 의미를 강조해서〔…是…的〕의 형(形)을 취한 것이다.〔那〕는 곧 위의〔風土人情〕을 가리킨다. ○〔但是〕오직 그러나, 그것은 도저히 모두 쓸수는 없으나, 그러나 가기만 하면 곧 알수있다, 의 뜻. ○〔到那里〕거기에 도착하다.〔到〕는 여기서는 동사. ○〔一看〕잠깐 본다, 힐끗 본다. ○〔也就〕……하자 곧. ○〔會明白〕알수가 있다. ○〔的〕의미를 강조하는 말 (→第三十二課). ○〔不必〕……할 필요는 없다, ……안해도 좋다. ○〔囉唆地〕우물쭈물, 뭐야 그사람야, 귀찮게.〔地〕는〔的〕로도 좋으나, 부사에는〔地〕를 많이 사용한다. ○〔多講〕쓸데없이 얘기하다 (→第十一課),〔講〕은 남쪽(南方)에서 많이 쓰이는 말로서〔說〕의 뜻, 말하다, 종알대다.
　○〔我要說的〕내가 말하고자 하는 것은. 이것이 주어(主語)가 되어서〔是〕이하가 술어(述語)이다. 앞서 말한〔我所要告訴你的〕의〔所〕가 생략되어 가벼운 표현이 되어 있다. ○〔一種〕일종의,〔的〕는 붙이지 않는다 (→第十課). ○〔有趣〕재미 있다,〔的〕를 동반해서 형용부가어(形容附加語)가 된다. ○〔那便是〕그것은 즉……이다.〔便〕은〔就〕와 같다.

○〔家鄕〕 고향. ○〔總〕 대체로 우선. ○〔或是〕 혹시는. ○〔在我的故鄕那里〕 내 고향의 그곳에서는, 내 고향에서는. 〔故鄕〕이나 〔家鄕〕은 같다. ○〔這些都沒有〕 이것들은 모두 없다. 원칙은 〔沒有這些個〕이지만, 〔這些〕를 강조하여서 문장의 첫머리에 놓고, 각각의 모든것의 뜻에 〔都〕를 사용해서 어순(語順)을 바꾸어 놓은 것이다. ○〔除了…以外〕 ……이외에는(第三十課). ○〔在〕는 다음의 〔城內〕와 〔山上〕의 두개에 관련되어 있다. ○〔是〕 위의 말을 받아서, 성(城)안에서나 산에서는 그것은……, 과 같이 위의 말을 강조시킨 것. ○〔城內〕 동네의 안. 〔城〕은 성벽〔城壁〕으로 둘러싸인 큰 도회를 말하며 그것보다도 적은 동네는 〔鎭〕, 보다도 적은 촌(村)은 〔村〕〔莊〕〔邨〕과 같이 부른다. ○〔轎子〕 사람을 태우는 가마. 옛 도회에서나 등산(登山) 같은 것에는 지금도 둘이서 메는 가마를 볼수 있다. 또 결혼할 때의 신부를 태우는 가마는 〔喜轎〕라고 한다. ○〔代步〕 보행(步行) 대신이 되는것. ○〔都是〕 모두……이다. 의 뜻이 아니라 단지 전부의 뜻. 〔是〕는 〔都〕를 강조시킨것.

< 번　　　역 >

자영(子榮)군, 편지 받아 보았읍니다. 당신께서는 제 고향에 오고 싶으시다는 말씀, 그리고 저보고 어떠한 참고가 될만한 것을 가르쳐 줄수 없느냐는 말씀, 잘 읽었읍니다. 사실을 말씀하자면, 제 고향——참으로 그립게 생각되는 곳——은 그곳이 아닙니다. 그러나 거기서 자랐고 십여년이나 산 일이 있으므로, 대강의 사정도 알수 있으므로, 이 편지를 써서 당신에게 알려 드리는 바입니다. 제가 당신에게 알려드리고자 생각하는 것은 별달리 그곳의 풍토(風土)나 인정 같은 것은 아닙니다. 그것은 도저히 모두 쓸수 없으나, 당신께서 그곳에 오셔서 잠깐 보시기만 하면 곧 아시게 될것이므로 길게 늘어놓을 필요조

차 없읍니다. 제가 말씀 드리고자 하는것은 일종 제법 재미있는 것입니다. 그것은 배(船)입니다. 당신은 고향에서 보통때에는 대개 인력거, 전차 혹은 자동차에 타십니다마는 제 고향에 있어서는 이러한 것들은 아무것도 없읍니다. 동리안에서 혹은 산에서 가마를 이용하는 이외에는 보통 보행(步行)을 대신할만 한 것으로는 모두 배(船)를 이용하는 것입니다.

第四十三課　孔乙己

聽人家背地裏談論，孔乙己原來也讀過書，但終於沒有進學，又不會營生；於是愈過愈窮，弄到將要討飯了・幸而寫得一筆好字，便替人家鈔鈔書，換一碗飯吃・可惜他又有一樣壞脾氣，便是好喝嬾做・坐不到幾天，便連人和書籍紙張筆硯，一齊失踪・如是幾次，叫他鈔書的人也沒有了・孔乙己沒有法，便免不了偶然做些偷竊的事・但他在我們店裡，品行却比別人都好，就是從不拖欠；雖然間或沒有現錢，暫時記在粉板上，但不出一月，定然還清，從粉板上拭去了孔乙己的名字・

(魯迅・孔乙己)

<　주　　　해　>

○〔聽人家背他裏談論〕사람들이 귓속말을 하고 있는것을 들으니,〔背地裏〕뒤에서, 귓속말, 슬그머니.〔談論〕말하다, 얘기하다, 서로 속삭이다. ○〔原來〕원래, 처음부터.　○〔也讀過

書] 일찌기 책을 읽어본 일도 있다, 〔讀〕을 좀더 말하고 있는 것과 같이 하려면 〔念〕이지만 남방에서는 〔讀〕을 사용한다. 〔讀書〕〔念書〕는 서적을 소리내어 읽는것이며 아울러 공부하는것, 〔讀書人〕〔念書的〕학문을 닦는 사람, 학자를 말한다. ○〔終於〕……에 끝나다, 드디어. 이것도 조금 문어적(文語的) 표현으로, 말하고 있는것과 같이 하면 〔到底〕이다. ○〔沒有進學〕학교에 들어가지 않았다. 〔沒有〕는 〔沒〕와 같다. 이글은 청조말엽(淸朝末葉)의 일을 말하고 있는 것으로서 그때는 지금과는 학교 제도가 틀려서 각 지방마다의 동생(童生)이 현학(縣學)의 시험에 합격한 사람이어야만 생원(生員)이 되어 현학(縣學)의 학생이 될수 있었다는 것을 가리킨다. ○〔又不會營生〕그 위에 생계(生計)를 세울 방법을 모른다. 〔又〕그 위에, 의 뜻. 〔不會〕할 수 없다, 그 모든것을 모른다. (→第十六課). 〔營生〕생계를 세우다, ○〔於是〕그래서. ○〔愈過愈窮〕드디어 생활에 곤란하다, 〔愈…愈…〕는 〔越…越…〕과 같다. (→第二十九課). 〔過〕시간의 경과를 가리킨다, 시간이 지나면 지날수록 생활이 곤란해진다. 〔窮〕가난한, 생활에 곤란을 겪다. 〔窮人〕가난한 사람. 반대는 〔濶.人〕^{퀴 런}. ○〔弄到…〕……에까지 이르다, 〔弄〕……해치우다, 손을 대서 ……하다, ……이 되어버리다. 〔到〕……의 사정에까지. ○〔將要討飯〕마침내 밥을 빌어먹고저 한다, 걸인이 되려고 한다, 〔將要〕머지않아 ……하려고 한다. 〔討〕구하다, 빌다, 〔討飯〕밥을 구걸하다, 〔討飯的〕밥을 구걸하는 자, 즉 걸인.

○〔幸而〕다행한 일로는. ○〔寫得〕쓸수 있다, 〔會寫〕와 같다. ○〔一筆〕하나의 붓이라고 한다면 반드시 〔一管筆〕이라 써야 한다, ○〔一筆〕은 추상적(抽象的)인 의미로서 글자의 형용(形容)이다. ○〔替人家〕사람들을 위해서, 사람들을 대신해서. ○〔鈔書〕서적을 모사(模寫)하다. 〔換一碗飯吃〕먹어야 할 한 그

릇의 밥과 바꾸다. 〔吃〕는 〔飯〕의 설명이다. 예문〔有房子住〕 살 집이 있다, 〔無家可歸〕 돌아갈 집이 없다. 〔一碗〕 밥일 경우에는 〔碗〕을 사용하고 〔杯〕는 안쓴다. 〔杯〕는 술잔으로서 술에는 사용하고 밥(飯)에는 아니쓴다. 〔一碗茶〕 차 한잔, 〔一杯啤酒〕 맥주 한잔. (→第十課).

○〔可惜〕 아까웁게도, 〔惜〕는 〔是〕와 음(音)이 비슷하므로 〔可惜〕와 〔可是〕를 확실히 구별할 것. ○〔他又…〕 그는 또, 그는 그밖에 또……. ○〔一樣〕 하나의, 종류를 말할때에 쓴다. ○〔壞脾氣〕 나쁜 버릇, 나쁜 습관. 〔壞〕의 반대는 〔好〕로 〔好壞〕 선악(善惡). 〔脾氣〕는 〔皮氣〕와 같다. ○〔便是〕 즉. ○〔好喝嬾做〕 술을 좋아해서 일은 게을리 하다. 〔好〕는 第四聲으로, 즐긴다, 좋아한다, 이 뜻. 〔好喝〕의 〔好〕를 第三聲으로 읽으면 음료물(飮料物) 같은 것의 맛을 말한다. 〔嬾做〕는 〔嬾惰做事情〕의 뜻.

○〔坐不到幾天〕 앉아서 며칠도 안되는데, 〔坐〕는 앉아서 서적의 모사(模寫)를 하고 있는 것을 가리킨다. ○〔連〕……역시, ○〔人和書籍…〕 인간 및 서적과 종이와 붓 그리고 벼루. 〔一齊失踪〕 일제히 행방불명이 되다. ○〔如是幾次〕 이러한 일이 몇번이고 있어서. ○〔叫他鈔書的人〕 그에게 책을 베끼우게 하는 사람. (→第四十二課). ○〔也沒有了〕 그러한 사람도 없어져 버렸다. 이〔也〕는 위의 말을 받고 있다. ○〔沒有法〕 할수 없어서, 방책(方策)을 쓸길이 없어서. ○〔免不了〕 할수 없이 ……하다, 부득이……하는것을 면할수 없다. ○〔偶然〕 가끔. 〔些〕 조금, 약간. ○〔偸竊〕 좀도둑, 속이고 뺏다. 도둑은 〔賊〕라 하고, 〔小偸〕 좀도둑, 〔路却〕 약탈(掠奪), 〔溜門兒的〕 빈집만 찾아 다니는 도둑, 〔强盜〕 강도, 〔小綹〕 소매치기, 〔扒手〕 소매치기. ○〔店裡〕 가게의 안, 〔店〕은 여관을 가리키는 경우가 많으나

가게도 말한다. ○〔却〕 그러나 오히려. ○〔比別人都〕 다른 사람과 비교해서 순전히. ○〔就是〕 즉. ○〔從〕은 〔從來〕로서, 지금까지. ○〔拖欠〕 지불을 끝(걸르다)내지 않았다. ○〔雖然〕……라고는 하지만, ……이긴 하지만, 다음의 〔但〕과 상통(眞通)해서, ……이기는 하지만, 그러나……〔但〕은 〔可是〕라도 좋다. ○〔定然〕 틀림없이, 〔一定〕과 같다. ○〔還清〕 깨끗하고 미련없이 돌려주다. ○〔從〕이 〔從〕은 ……에서, 흑판(黑板) 위에서, 흑판에서. ○〔名字〕 이름.

< 번   역 >

　사람들이 뒷공론을 하는것을 들어보니 孔乙己(꽁을기)는 원래 글공부를 했었다고 하지만 결국에는 과거에 들지 못했고, 그 위의 생계(生計)를 세울 방법을 몰랐다. 그래서 결국에는 생활이 곤란해져서 걸인으로까지 될 참이다. 다행히 대단히 글씨를 잘 썼으므로 사람들을 위해서 서적(書籍)을 모사(模寫)해서 한 그릇의 밥을 얻어 먹게 되었던 것입니다. 아깝게도 그에게는 또 하나의 나쁜 버릇이 있었읍니다. 즉 술(酒)만 마시는 게으른 자식이었던 것입니다. 며칠이나 일을 하지 않는 동안에 자신은 물론이요, 서적이나 종이, 붓, 벼루까지 일제히 행방불명이 되어버리는 것이었읍니다. 이러한 일이 몇번이고 있어서 그에게 책을 베끼게하여 주는 사람도 없어져 버렸읍니다. 孔乙己는 할수 없이 가끔슬쩍 좀도둑질을 하는 것이었읍니다. 그러나 그는 우리들의 가게에서는 오히려 다른 친구들 보다도 행실이 좋은 것입니다. 즉 지금까지 지불을 게을리하는 그러한 일은 안했읍니다. 가끔 현금을 가진것이 없어서 잠시 흑판에 적어두는 일은 있었읍니다마는 그래도 한달도 경과하기전에 틀림없이 깨끗이 갚고 흑판에서 그의 이름을 지워버리는 것입니다.

연 습 문 제 〔19〕

1. 다음의 글을 우리 글로 번역 하시오.

 (가) 上回我告訴你們，叫你們趕緊的把茅厠挪開，因爲這個地方離着厨房太近， 現在你們不但沒挪開茅厠， 還把厨房窓戶開着， 你們快挪， 再不挪就罰你們了（挪＝옮기다, 치우다）

 (나) 聽說近來各學校都要添上中國話， 我想外國話的學校越多越不嫌多， 因爲語言是無價之寶， 若能眞學好了， 至不濟的也能保住飯碗子。 （添上＝덧 붙이다, 無價之寶＝무상의 보배, 至不濟的＝가장 쓸모없는 인간, 제일 못난 인간, 飯碗子＝飯茶碗, 생활의 방도）

 (다) 他不但沒有吃的， 並且連一雙破鞋都沒有， 總算窮到底啦。（到底＝막다른 골목까지）

2. 다음의 글을 중국어로 번역 하시오.

 (가) 그에게로부터 편지가 오면 곧 전화로 알려 드리겠읍니다. (편지가 오다＝來信, 곧＝立刻)

 (나) 한국의 술은 새것이 오히려 맛이 있으나 중국의 술은 오랠수록 좋다. (오랜＝老)

 (다) 전보로 알릴 필요까지는 없소, 편지로서 좋읍니다.

 (라) 그는 비위를 잘 맞추므로 신용할수 없다. (비위를 잘 맞춘다＝很會奉承)

 (마) 많은 인간들중에는 술만 마시고 게으른 인간이 있다는 것은 벗어날 수 없다. (많은 사람＝許多的人)

第二十三日

第四十四課　民族主義

　中國對於世界究竟要負甚麼責任呢？　現在世界列強所走的路是滅人國家的・如果中國強盛起來，也要去滅人國家，也去學列強的帝國主義(共產主義)，走相同的路，便是蹈他們的覆轍・所以我們要先決定一種政策，要濟弱扶傾，才是盡我們民族的天職・我們對於弱小民族要扶持他，對於世界的列強要抵抗他・如果全國人民都立定這個志願，中國民族才可以發達・若是不立定這個志願，中國民族便沒有希望・我們今日在沒有發達之先，立定扶傾濟弱的志願，將來到了強盛的時候，想到今日身受過了列強政治經濟壓迫的痛苦，將來弱小民族如果也受這種痛苦，我們便要把那些帝國主義來銷滅，那才算是治國平天下・　　　　　　　（孫文・三民主義）

〈　주　　　해　〉

○〔民族主義〕중화민족의 독립을 주창(主唱)한 주의로 손문(孫文)이 주창(主唱)한 삼민주의(三民主義)〔民族(민족), 民權(민권), 民生(민생)〕의 첫째가는 것. ○〔對於…〕…에 대해서,

〔關於〕…에 관해서. ○〔要〕……하고자 하는 장래의 의사를 가리킨다. ○〔所走的路〕걷고 있는 길, 걸어온 길. 여기서는 위에〔現在〕라고 있으므로 걷고 있는 길, 의 뜻. 〔所要走的路〕걷고자 하는 길 (→第四十三課). ○〔滅人國家〕남의 나라를 멸망시키다. 〔人〕은 사람과 국가가 아니라〔別人的國家〕의 뜻. ○〔的〕는 앞의〔是〕와 상통 되어서〔是…的〕의 형. ○〔如是〕만약 과연,〔若是〕보다도 의미가 강하다. 다음의〔便是〕와 서로 통한다. ○〔强盛起來〕강해져 오다, 강해지기 시작하다. ○〔也要去〕역시……하려고 하다,〔去〕는, 자 이제부터……하려고 하다, 그 귀세(趣勢)를 가리키며 일이 이제부터 생기려고 하는것을 가리키는 말.……하려다가, 의 뜻은 아니다. ○〔也去學…〕또……을 배우고져 한다, 또……을 모방하려고 한다. ○〔踏他們的覆轍〕그들 열강(列强)의 실패의 발자취를 쫓다, 〔覆轍〕실패한 발자취.

○〔所以〕그런고로. ○〔先〕우선 최초로. ○〔濟弱扶傾〕약한 자를 돕고 쓰러지려는 것을 버틴다. 이 구(句)는 앞의 정책의 내용이며 일종의 정책 즉 그것은 약한자를 돕고 쓰러지는 자(者)를 도와서 일으키는 그러한 정책을 결정하지 않으면 안된다, 의 뜻 (→第四十二課). ○〔才是〕그래야 비로소……. ○〔扶持〕돕고 보호하다. ○〔要抵抗他〕그들(열강)에게 저항(抵抗)하지 않으면 안된다. ○〔立定〕뚝바로 세우다, 확립하다. ○〔發達〕발전하다, 뻗어가다. ○〔没有希望〕장래성이 없다. ○〔在没有發達之先〕아직 발전하지 않은 오늘날에 있어서,〔在…先〕…에 앞서서,……안하고 있는 동안에. ○〔到了强盛的時候〕세력이 강해졌을때, 강하게 되었을때. ○〔想到〕……한 생각에 이르다,〔到今日〕와 같이 계속하는 것은 아니다. 목적어는〔今日…痛苦〕이다. ○〔身受過了…〕내 몸이……입은,〔過〕는 경험한 의미를 말한다. ○〔如果也受…〕만약 과연 그렇게……을 입다.

○〔便要〕 즉……할 것이다. 〔要〕는 의사를 나타낸다. ○〔來〕는 앞서 나온 〔去〕와 같이 간다든가 안간다는 것의 실제의 동작을 말하는 것이 아니라, 이제부터……하고자 하는 태세(態勢)를 가리키는 말이다. ○〔那才算是〕 그렇게 해서 비로소……와 같이 말할 수 있다. 〔算是〕……라고 말할 수 있다.

 < 번   역 >

중국은 세계에 대해서 결국 어떠한 책임을 지려고 하는 것일까? 현재 세계의 열강(列强)이 걷고 있는 길은 남의 국가를 멸망(滅亡)시키는데 있다. 만약, 중국의 세력이 강해져서 똑같이 남의 국가를 멸망시키려고 하며, 또 열강의 제국주의(공산주의)를 본받아 같은 길을 걷는다고 하면 두말할 것 없이 그것은 그들 열강의 실패의 발자취를 쫓는 것이다. 그러므로 우리들은 우선 하나의 정책(政策), 약한자를 돕고, 쓰러지려는 자를 도와서 바로 세우려는, 그러한 정책을 결정하지 않으면 안되는 것이며, 그래야 비로소 우리들의 천직(天職)을 완수하는 것이 된다. 우리들은 약소민족에 대해서는 그들을 돕지 않으면 안된다. 만약 전국의 인민이 함께 이 뜻을 확립한다면 중화민국의 민족은 그때야 비로소 발전할 수 있는 것이다. 만약에 이 뜻을 확립하지 않으면 중국민족은 즉 장래의 희망은 없어져 버리는 것이다. 우리들은 오늘날 아직 발전하고 있지 않은 동안에 약한자를 돕고자 하는 뜻을 확립하고, 장래 강한 국가가 되었을때에는 오늘날 자신이 열강의 정책적, 경제적인 압박(壓迫)을 입었던 경험에 생각이 미쳤을때, 장래 만약에 약소민족이 똑같이 이러한 괴로움을 받고 있다면 우리들은 그들의 제국주의를 타도(打倒)하지 않으면 안된다. 그래야 비로소 치국평천하(治國平天下)하고 말할 수 있을 것이다.

第四十五課　瘸子王二的驢

　王二手藝好，很是個能幹的人兒·可惜他天生有個欠陷———一條腿是灣曲·這根灣腿比那直腿長個四寸掛零，也不知道是直腿比灣腿短四寸多·王二走起路來，就免不了一拐一拐的·村莊裏的人順口上他一個尊號—瘸子王二·他起初聽了這綽號確是氣得鼓鼓的·他瘸是眞瘸，禁不住旁人說他瘸·日子久了他只得任着旁人叫他瘸子，心中却不免恨他這個天生的缺陷·這缺陷不但使他受旁人輕薄，並且給他以事實上的不便·每逢趕集趕會，年節回家，他是拐呀拐呀的走不動，非雇紅車不成·一年車錢化個不少·　　　　　（汪敬熙）

<주　　해>

○〔王二〕정식 이름이 아니라 가명(假名)이다. 王은 성(姓)이지만〔二〕라는것은 형제(兄弟)중에서 둘째번이라는 의미에서 이와같이 부르는 것이다. 중국인의 통칭(通稱)에 숫자가 붙어 있는 것은 대개 그러한 이유인 것이다.

○〔手藝好〕수완이 좋다, 〔手藝〕는 수예(手藝)의 뜻 이외에 수완, 수단의 뜻. 훌륭하다, 대단히 좋다, 등은 모두〔好〕라고 한다. ○〔很是個〕의〔是〕는〔很〕을 한층 강조한 것으로 보다도 대단히,의 뜻.〔個〕는〔一個〕한 사람의, 의뜻. ○〔能幹的人兒〕수단(수완)이 좋은 사람, 재주가 있는 사람,〔能〕할 수 있

— 260 —

는, 능력이 있는. 〔幹〕하다, 할수 있다. 〔人兒〕은 〔人〕과 같다. 북경에서는 가끔 〔兒〕를 붙인다. ○〔可惜〕아깝게도, 불쌍하게도. ○〔天生有…〕태어났을 때부터……가지고 있다. ○〔一條腿〕발 한개, 한쪽다리, 무릎〔足首〕으로부터 앞은 〔脚〕, 무릎으로부터 위는 〔腿〕라고 한다, 〔腿〕에는 〔一條腿〕를 사용하고〔脚〕에는 〔一隻脚〕을 사용한다. 〔條〕는 가는것을 세는 배반사(陪半詞)로, 〔一條〕는 한개, 한줄기를 말하고 죽(揄)으로 되어있는 경우에는 한쪽의, 의 뜻으로 쓴다. 뒤에 나온 〔根〕도 같다. 〔一雙鞋〕신 한결레. 〔一隻鞋〕한쪽의 신. ○〔彎〕굽어 있다. 활(弓)처럼 휘어져 있는 모양, 같은 종류의 말의 〔。歪〕는 죽이 맞지 않고 찌그러져 있는것. 〔彎彎曲曲的〕꾸불 꾸불하게, 비비꼬인 모양. ○〔比〕……에 비해서, 보다도. ○〔長個四寸掛零〕대충 네치가량 길다. 〔個〕는 대개의 정도를 가리키며 〔掛零〕은 〔掛點零兒〕라고도 하며, 그다지의 뜻. ○〔也不知道〕……일지도 모른다.〔不知道〕는 모른다, 라는 의미만이 아니라 자기자신으로도 반신반의(半信半疑)의 뜻. (→第三十五課). 같은 종류의 말에〔也許是〕도 있으나 이것은 훨씬 사실을 긍정한 마음으로, 그럴지도 모른다, 라는 의미이며〔不知道〕는 그럴지 또는 그렇지 않을지도 모르나 자기로서는 잘 알수 없다, 라는 마음의 표현.

○〔走起路來〕길을 뛰기 시작한다, 걷기 시작한다. (第二十三課). 다음에〔就〕가 있으므로, 그러면, 와 같이 가정(假定)이 된다. 〔免不了°〕아무래도……을 벗어날수 없다, 아무래도……이 된다. ○〔一拐一拐的〕절뚝 절뚝하고. 〔拐〕굽다, 동사이고 앞의〔彎〕은 형용사. 〔一拐〕한바퀴 빙글 돌다, 한번 굽다, 한번 꺾이다, 한번 굽고……. 〔的〕는 〔…的走〕의 뜻으로, 절뚝 절뚝 걷다.〔拐彎兒〕길 모퉁이를 돌다. ○〔村莊〕촌(村), 〔村〕〔村兒〕만으로도 좋다. ○〔順口〕말 나오는대로. 〔信口〕와

— 261 —

같다. ○〔上〕 받들어 모시다, 바치다. 〔給〕도 같지만 〔上〕을 써서 약간 농담조로 표현한 형(形). ○〔尊號〕 별명, 원래는 제왕(帝王)의 칭호(稱號)를 말하는 것이지만 여기서는 농담조로 이와같이 말한 것이다. 보통 별명은 〔外號〕라고 한다. ○〔瘸子〕 절름발이, 뚝발이. 〔瞎子〕 장님, 봉사, 〔啞吧〕 벙어리, 〔結巴〕 말더듬이, 〔聾子〕 귀머거리. 〔瘸子王二〕 절름발이의 왕二(王二). ○〔起初〕 최초, 처음, 〔當初〕〔起頭兒〕도 같다. ○〔聽了〕 듣는 동작이 끝나는 것으로, 모두 듣다, 듣고나니,의 뜻. (→第二十三課). ○〔綽號〕 별명. ○〔確是〕 확실히. ○〔氣〕 화내다, 〔氣得鼓鼓〕 화가(골이)나서 야단치다, 〔得〕은 결과를 가리키는 말. 〔掃得乾淨〕 소제를 해서 그 결과가 깨끗해져 있다, 깨끗이 소제하다. 〔鼓鼓〕 골낸다는 형용사, 화난 얼굴을 하다. ○〔他瘸是直瘸〕 그가 절름발이인것은 그것은 정말 절름발이인것입니다, 그의 절름발이는 확실히 절름발이 이지만……. 〔禁不住〕 참기 어렵다. ○〔旁人説他瘸〕 다른 사람들이 그를 절름발이라고 한다, 〔他説我糊塗〕 그는 내가 바보라고 한다. 〔我説他好〕 나는 그는 훌륭하다고 말한다. (→第九課). ○〔日子久了〕 날이 가서, 〔久了〕 오래 되었다, 오래 경과 해서. ○〔只得〕 부득이, 할수 없이, ……할수 밖에 방법이 없다. ○〔任着〕……에 맡기어 두다. ○〔叫他瘸子〕 그를 절름발이라고 한다, 앞의 〔説〕는……라고 한다, ……라고 쑥덕댄다, 〔叫〕는 부르다, 명명(命名)하다, 의 뜻. ○〔却〕 그러나 마음속으로는, 그렇게는 말하지만 그러나. ○〔恨〕 원망스럽게 생각하다. ○〔他這個〕 그의 이……. ○〔不但…並且…〕……일 뿐만 아니라 그 위에…… ○〔使他受…〕 그로하여금……을 받게 하다. ○〔輕薄〕 희롱, 경시(輕視). ○〔給他以…〕 그에게 주기를……을 갖고 했다, 그에게……을 주었다. ○〔每逢〕 항상……이 될때마다. 〔趕集趕會〕 장이나 장사터로 가다, 〔集〕은 시장, 〔會〕는 장사터, 그러한 곳으로 가서 장사를 하는 것을 말한다. ○〔年節〕 정월(正月), 〔節〕은 단오절(端午節), 중추절(中秋節), 년절(年節)의 셋을 가리킨다. ○〔回家〕 집으로 돌아가다. ○〔他是〕 그는……, 〔是〕는 원래 없는것이 보통이지만 〔是〕를 사용하면, 그는 어떠한가 하면……, 과 같이 〔他〕를 강조하는 역할을 한다. ○〔拐呀拐呀的〕 절뚝절뚝하고……. ○〔走不動〕 걷지 못한다, 움직일 수가 없다. ○〔非…不成〕…안하면 안된다, ……하지 않으면 안된다. ○〔紅車〕 시장이나 축제(祝·祭) 등에 동네에서 그곳을 왕복(往復)하는 차(車)로서 〔趨車〕라고도 한다. ○〔化個不少〕 사용하는 일이 그다지 적지 않다. 〔化〕 돈을 쓰다, 〔個〕 정도를 나타낸다, 좀체로, 전혀.

＜ 번　　　　역 ＞

王二(왕이)는 수완도 좋았고, 제법 노력가였다. 그러나 아깝게도 그에게는 태어났을때 부터 결함(缺陷)이 있었다── 즉 한 쪽 다리가 휘어져 있는 것이다. 이 휘어진(굽은)다리는 또 한개의 곧바른 다리보다도 네치(四寸)쯤 길었다, 그러나 곧바른 다리가 휘어진 다리보다 네치쯤 짧은지도 알수없다. 王二가 걸으면 아무래도 절뚝 절뚝 걷지 않을수 없었던 것이다. 마을(村)사람들은 입에서 나오는대로 그에게 하나의 별명─뚝바리 王二라는 이름을 지어 주었다. 그는 처음 이 별명을 들으면 화를 마구 냈던 것이다. 그는 절름발이인 것은 틀림없이 절름발이인 것이지만 다른 사람이 그를 뚝발이라고 하는 것은 참기가 어려웠다. 날이 갈수록 그는 할수 없이 다른 사람들이 그를 절름발이라고 부르는데로 맡겨버리고 있었다. 그러나 마음속에서는 그의 이 타고난 결함(缺陷)을 원망스럽게 생각하지 않을수 없었다. 이 결함은 그에게 다른 사람들의 업신여김을 받게 되었을뿐 아니라, 그에게 있어서도 실제의 불편을 가져오게 되었던 것이다. 언제나 시장으로 갈때나, 정월에 집으로 돌아갈때마다 그는 절뚝거려서 걸을수가 없기 때문에 부득이 홍차(紅車)의 신세를 지지않으면 안되었다. 일년동안에 차삯이 좀체로 무시할 수 없는 것이었다.

연 습 문 제 〔20〕

1. 다음의 글을 우리 말로 번역 하시오.
   (가) 我們若將來能够治國平天下, 便先要恢復民族主義和民族地位, 用固有道德和平做基礎去統一世界. (孫文·民族主義)
   (나) 生意日益, 王二便計算着買一頭驢, 但是他的錢積蓄不够, 好了! 那兒又修了一條汽車路, 在那兒下汽車上火車·下火車上汽車的人多, 店家及舘舖的生意更好了幾倍. (生意=장사, 店家=여관, 舘舖=요릿집이나, 상점)
   (다) 除開電車是少數都市所具備, 汽車是少數階級所亨有外, 人力車差不多成了我國各都會短距離的交通利器. 人力車夫是不是勞工中神聖事業, 是一個尙待考慮的問題, 因爲他們的工作除開極少部分是供給人們的需要以外, 大部分是供給人們的亨樂. (陶菊隱·중국식의 인력거 차부)
   (除開…이외=除了…이외, 尙待考慮=아직 고려할 필요가 있다)

2. 다음의 글을 중국어로 번역 하시오.
   (가) 우리들이 바라고 있는바의 것은 영토(領土)가 아니라 평화(平和)다, 온 세계의 참된 평화이다.
   (나) 아직 그에게 말하기전에 충분히 양친(兩親)과 상의하는 것이 좋다.
   (다) 그가 최초에 그 소문을 듣고 확실히 마음속으로 여간 기뻐하지 않았다. (소문=風聲, 批評)
   (라) 만약에 일본인이 또다시 제국주의의 길을 걷고자 한다면 그야말로 이전의 실패한 자취를 되풀이 하려는 것이 아닐까?
   (마) 이 일은 우리들로서는 도저히 손이 미치지 못하므로 아무래도 그의 원조를 바라지 않으면 안됩니다.

第二十四日

第四十六課　任 陳訂婚記

　　今天這個茶會的意思，諸位大概都已明白了・今天卓上擺着王伯秋　楊孝述兩位先生送來的糕，上面做成「無隻國土絕代佳人」八個字・我們都是和今天的兩位主人做朋友最久的人，我想我們一定都能承認他們兩位是眞當得起這八個字的・

　　他們這兩位做了四年多的好朋友・他們這四年的友誼的純潔，我們今天在座的人都是證人・我們今天有榮幸又來做他們訂婚的證人，我們可以預料我們將來都是他們的永久幸福的證人！　　　（胡適之）

<　주　　해　>

○〔任陳訂婚〕任氏와 陳孃의 약혼(約婚), 〔訂〕은 〔定〕과 같다, 서로 맺는것 (인연 등을). 결혼은 〔成婚〕〔結婚〕. 중국의 여자는 결혼한 뒤에도 한국과 같이 친정의 성을 그대로 이어 받아서, 이 陳孃이 玉美라는 이름이라면 결혼후의 이름은 〔任陳玉美〕라 하고, 보통때에는 여전히 〔陳玉美夫人〕이라고 부른다. ○〔茶會〕다과회(茶菓會),〔茶話會〕라고도 한다. ○〔意思〕이유, 의미, 연유. ○〔都已〕여러분은 이미,〔都〕는〔諸位〕(여러분)을 받고 있다. ○〔擺着〕늘어놓고 있다. ○〔送來的糕〕보내온 케一익. 〔送〕은 우리말의 보낸다는 뜻이 아니라 보내 오

다, 배달하다, 받치다, 의뜻,〔送信的〕우편배달부,〔送報的〕신문배달부,〔送牛奶的〕우유배달부, 와 같이, 또한〔送給你〕당신에게 받치다,〔白送給你〕무료로 진정(進呈)하다, 와 같다. 우편으로 보내다, 등의 경우에는〔寄〕를 쓰고〔寄到釜山〕부산으로 발송하다,〔寄包裏〕소포(小包)를 보내다, 와 같이 쓴다.〔糕〕과자의 일종, 케―익 종류도 말하며, 과자의 총칭(總稱)을〔糕點〕이라고 한다. 그리고〔餻〕이라고도 쓴다. ○〔我們〕우리들, 여기서는 약혼자에 대한 축사(祝詞)이므로,〔偺們〕이라고 하면 약혼자의 두사람도 포함하게 되지만〔我們〕이라고 한 것은 약혼자를 제외하고 초대를 받은 사람 모두를 가리킨다. (→第四課). ○〔上面〕케―익의 껍질(表面). ○〔做成〕……을 형성(形成)하고 있다. ○〔和〕다음의〔今天的兩位主人〕에 관련되어, 오늘의 주인편의 두분과……. ○〔做朋友〕친구가 되다. ○〔承認〕인정하다, 시인하다. ○〔當得起〕……에 해당되다, 적합(適合)하다. ○〔做了…〕오늘날까지 四年이 넘도록 좋은 친구 관계를 유지하여 왔다. (→第二十二課). ○〔在座的人〕좌석에 있는 사람, 출석한 사람.〔在〕는 동사(動詞)다. 호칭(呼稱)으로서〔在座的諸位〕라고 하면, 출석하신 여러분, 이 된다. ○〔榮幸〕영광(榮光),〔敝人今天有這個榮幸〕나는 오늘 이 영광을 입게 되었음에……. ○〔又來…〕또다시 와서……하려고 하다. ○〔做〕……이 되다. ○〔預料〕예상(豫想)하다.

＜ 번　　역 ＞

오늘 이 다과회(茶菓會)의 의미는 여러분께서는 아마 모두 알고 계시리라고 생각합니다. 오늘 탁자(卓子)위에는 왕백추(王伯秋) 양효술(楊孝述) 두분으로 부터 보내온 케―익이 고스란히 놓여 있읍니다마는 케―익의 표면(表面)에는「無雙國土絕代佳人」의 여덟자의 글자가 새겨 있읍니다. 저희들은 모두 오늘의 주인측의 두분과 대단히 오래전부터의 친구일뿐더러 우리들은 반드시 이 두분이 이 八字의 글자와 어긋남이 없이, 어울리는 분들이라는 것을 인정하시리라고 생각합니다.

　이 두분은 四年여(餘)에 걸쳐서 오늘날까지 친한 친구들이었읍니다. 그들의 이 사년동안의 교제에 깨끗함에 대해서는 저희들 오늘 이 자리에 있는 사람은 모두 그 증인인 것입니다. 저희들은 오늘 이 영광을 입게 되었고 또한 그들의 약혼자의 증인이 되고자 하는 바이며, 저희들은 저희들이 장래 그들이 언제까지나 행복하기의 증인이 될것을 예상(豫想) 할수가 있는 것입니다.

第四十七課　十　三　年

　一個人只要留心一個人，過不了幾天的工夫，就會連他身上有幾顆痣子都數得清清楚楚的·對不住，我這句話太粗了·我是說，你不關心我，所以你覺得我曉得你的名姓是樁怪事·其實在我這方面，再自然沒有·譬方說，你走出北京飯店的時候，我不會老遠跟着你，跟到你住家的門口嗎？譬力說，記住了你住家的那條胡同跟門牌，第二天早晨等你出去了，我就過去敲門，敲出看門的老頭子，拿我一張片子問他：「這兒可住着一個姓向的？」他當然說：「是的，有姓向的·你找那一個？」我就隨便說一個名字，譬方說：「向淑蘭有沒

有？」他一定回說：「没有這人・」我就仮裝納悶的神氣說：「這可怪了，怎麼會没有呢？ 她明明告訴我住在這兒來的・」老頭子看我發愁，一定會問我：「你找的是男人，是女人？」我心想有門路了，趕緊說・「是個女的」自然啦，我就拿你的身臉給他仔細描說一遍・聽完我的形容，不用說，門房老頭子就該叫喚了：「呵！ 你說了半天原來是說向慧呀！」怎麼樣不挺自自然然的嗎？
(李健吾)

＜주　　해＞

○〔只要〕오직……하기만 하면, ○〔留心〕마음에 간직하다, 마음에 두다. ○〔過不了°〕(뿌꽈오)경과하지 않고, 염려없이……도 걸리지 않는다, 여기서는 며칠이 걸린다는 것은 절대로 없다, 의 뜻. 〔不了〕……할수 없다, 의 뜻으로, 며칠이고 날(日)을 걸리려고 해도 그렇게 걸릴리는 없다, 고 하는 말. ○〔工夫〕시간, 여가. 여기서는 없어도 좋으나, 며칠간의 시간, 의 뜻으로 시간을 특히 강조한것. ○〔就會〕곧……이 되다. ○〔連…都〕……역시 모두, ……에 이르기까지 모두. (→第二十九課). ○〔幾顆痣子〕몇 개의 사마귀, 〔顆〕는 적고 둥근 것을 세는 배반사(陪伴詞). 〔痣子〕검은 사마귀, 〔面痣〕얼굴의 사마귀, 점. 〔黑痣〕검은 사마귀. ○〔數〕세다, 第三聲. ○〔數得〕세는 것, 세는 방법. ○〔淸淸楚楚的〕확실히, 명확하게. ○〔對不住〕미안합니다, 죄송합니다. 〔對不起〕와 같다. ○〔這句話〕지금 얘기한 이 얘기, 이 이야기. 〔句〕가 없으면 얘기(말) 전체를 가리키지만 〔句〕가 있으면 앞의 한구(一句)의 얘기에 한정된

다. ○〔太粗了〕너무나 난폭하다,〔了〕는 단정(斷定). (→第三十二課). ○〔我是說〕나는 말합니다,〔是〕가 있으므로 말에 힘을 주어서, 나는 말하겠읍니다마는, 나는 감히 말합니다마는……, 의 뜻. ○〔不關心我〕나에게 관심이 없다, 나의 일을 염려하고 있지 않다. ○〔所以〕그러므로, 위를 받아서 아래로 계속한다. ○〔覺得〕느끼다, 생각하다, 다음의〔怪事〕에 계속한다. 〔曉得〕알고 있다. 환히 통하고 있다.〔我曉得你的名姓〕내가 당신의 이름을 알고 있다. 이 한구(句)가 주어(主語)이며〔是〕이하가 술어(述語)가 된다. ○〔椿怪事〕하나의 이상한 사건,〔椿〕은〔一椿〕의 생략으로써 사건등의 陪伴詞.〔怪事〕는〔奇怪的事〕로서, 이상한(괴상한)것.〔我曉得…怪事〕가 위의 覺得의 목적어가 된다. ○〔在我這方面〕나의 이 방면에서는, 내쪽에서는,〔方面〕은……쪽의 뜻,〔他們那方面的意思〕그들편의 생각, 그들쪽의 의견, ○〔再自然没有〕는〔没有再自然的〕의 뜻으로서, 이 이상 자연스러운 일은 없다. 말의 순서를 바꾸어서 강조한 것.〔自然〕자연 당연. ○〔譬方說〕예를 들어 말하자면,〔比方說〕라고도 쓴다. ○〔走出〕……을 나아가다, ……에서 나아가다. ○〔北京飯店〕북경호텔, 호텔은 보통〔飯店〕이라하며, 그밖에도〔旅社〕〔客棧〕〔客店〕이라고도 하고 광동(廣東)에서는〔酒店〕이라고 한다. ○〔不會〕이것은 뒤의〔嗎?〕와 서로 관련되어, ……이 있을수 있을 것일까, 염려없이 있을수 있다, 와 같이 뒤바뀐 말이 된다.〔會〕는 뜻밖의 기분을 나타낸다. (→第十六課). ○〔老遠〕대단히 멀리,〔老〕는 대단히, 의 뜻. ○〔跟着你〕당신의 뒤를 밟다.〔着〕는 상태를 말한다. (→第二十三課).〔跟〕모시고 가다, 뒤에 따라가다, 의 뜻으로〔我跟你去〕나는 당신을 따라가다. 함께 가는 것이지만 모시고 간다는 심정을 나타낸다.〔同〕〔和〕는 ……와, 의 뜻이며 대등(對等)한 심정을 나타낸다.〔跟到…〕까지 뒤를 따라가다. ○〔住

家〕집, 거처, 산다는 동사에도 쓰인다. ○〔門口〕대문 근처. ○〔記住〕확실히 기억해 두다. 〔記〕는 기록한다는 뜻도 있고 암기(暗記)한다고 할때에도 쓴다, 〔你記得了嗎〕당신 기억하셨읍니까, 〔我忘記了〕저는 잊었읍니다. ○〔那條胡同〕그 길 모퉁이, 〔那條〕는 〔那一條〕이고 〔胡同〕은 옆길, 길모퉁이. 〔大街〕큰 거리, 에 대해서 큰 거리와 큰 거리를 잇는 샛길을 胡同이라고 한다. 그러나 胡同은 북경의 용어(用語)이고 다른 지방에서는 〔里〕〔弄〕〔巷〕등을 사용한다. ○〔跟〕및……와……. 〔和〕와 같다. ○〔門牌〕번지표, 〔你府上門牌幾號〕댁은 몇번지입니까. 그러나 번지는 한국과는 달라서 한집마다 하나의 번호가 붙어서 우리나라와 같이 한 번지속에 몇집이고 집이 있는것이 아니어서, 번지라고 번역하느니 보다는 오히려 집의 번호라고 할 것이다. ○〔第二天早晨〕다음날 아침, 그 다음날 아침. ○〔等你出去了〕당신이 나가고 나서, 〔等〕……하기를 기다려서, ……하고 나서. 〔了〕는 〔出去〕의 완료로, 가고 말았다. ○〔我就〕나는 그래서, 그래서 나는, 그렇다고 〔就我〕라고는 안한다, 〔就〕는 주어(主語) 뒤에 놓는다. ○〔過去〕찾아가다, 나아가다. ○〔敲門〕문을 노크하다. 〔打門〕도 같다. 〔叫門〕문밖에서 소리질러서 안내를 바라다, 〔按電鈴〕문의 벨을 누르다. ○〔敲出…〕문을 노크해서……를 불러내다. ○〔看門的老頭子〕문지기 할아범, 〔看〕第一聲으로 잃어서 간수한다는 것, 〔看問的〕문을 지키는 사람, 문지기. ○〔拿〕……을 갖다, ……을 손안에 넣다. ○〔一張片子〕한장의 명함(名啣), 〔片子〕는 올바른 것은 〔名片〕이라고 한다. ○〔這兒可…〕이 〔可〕는 그런데……, 무엇일까요……, 주저하는 마음을 나타내는 말. ○〔姓向的〕향(向)이라는 사람. 〔我姓王〕나는 왕(王)이라고 합니다, 〔名字叫李三〕이름은 李三이라고 합니다. 이름에는 〔叫〕라는 동사를 사용하지만 성(姓)의 경우에는 〔叫〕는 쓰지 않고 〔姓一一〕라고 한다. ○〔是

的〕그렇습니다, 〔是〕보다도 의미를 강조하며 또한 단정적(斷定的). ○〔找〕찾다, 방문하다. ○〔那一個〕어느 한사람, 向이라는 사람은 여럿이 있으나 그중의 어느 사람이냐 라는 뜻. 〔那〕는 第三聲. ○〔隨便〕자기 마음대로, 멋대로, 자유롭게. 여기서는, 되는대로 말하다, 의 뜻. 〔有沒有〕있느냐 없느냐. ○〔一定回說〕틀림없이 회답을 하다, 〔回說〕은 〔回答說〕의 뜻. ○〔假裝〕……의 가장을 하다. ○〔納悶〕이상하게 생각하다. ○〔神氣〕기분, 모양. ○〔這可怪了〕이것은 여하튼 이상하다. ○〔怎麼會〕어째서 저런! 〔會〕는 뜻밖에의 기분. ○〔明明〕확실히. 〔的〕를 동반하는 것이 원칙이다. 다음의 〔我〕는 〔告訴我〕와 계속되고 〔我住在…〕와 계속되는 것은 아니다, 〔住在…〕의 주어는 〔她〕이나 생략되어 있다. 〔來的〕는 〔來着的〕로서 〔告訴我〕에 관련해서, 나에게……라고 얘기하고 있었읍니다. (→第二十二課). 〔的〕는 단정적인 표현. (→第二十二課). ○〔發愁〕생각하다, 생각에 잠긴 얼굴을 하다, 곤란한 모양을 하다. ○〔一定會…〕틀림없이……라는 것이 된다, 이러한 경우에는 반드시 이렇게 되는 것이다, 의 뜻. ○〔找的〕찾는 사람, 찾고 있는 사람, 찾고 있던 사람. ○〔心想〕마음속으로 생각한다. ○〔有門路〕가능성이 있다, 희망이 있다. ○〔趕緊〕급히 서둘러서. ○〔是個女的〕는 〔那是一個女的〕의 생략으로서, 여자입니다. ○〔自然啦〕물론이야! 말할 필요조차 없어. ○〔拿〕……을. ○〔身臉〕몸집이나 생김새. ○〔不用說〕말할 필요도 없이. ○〔該〕당연히……하다, 틀림없이……하다. ○〔叫喚〕부르다, 큰 소리를 지르다. ○〔說了半天〕되풀이해서 말하다, 오랜 시간에 걸쳐서 얘기를 하다. 〔半天〕은 오랜시간, 의 뜻. 〔半〕은 가볍게 읽는다. ○〔原來是〕시초, 원래, 뭐야 그것이라면…이야. ○〔說向慧〕〔向慧(향혜)〕의 얘기를 하고 있는 것이야. ○〔挺〕은 〔頂〕과 같다, 가장, 〔不挺…嗎〕과연…은 아닐까요.

＜ 번　　　역 ＞

　　한 사람의 인간이 한 사람을 마음속깊이 생각한다면 불과 며칠 걸리지 않아도 그 인간의 몸에 몇개의 검은 점이 있다는 것조차 확실히 셀수 있을 것입니다. 이것은 대단히 실례했읍니다. 지금 말한것은 너무나 말이 지나쳤읍니다. 그러나 나는 말씀드리고 싶습니다마는 당신은 나라는 인간을 관심에 두지 않고 있읍니다. 그러므로 내가 당신의 이름을 알고 있다는 것을 이상하게 생각하시는 것입니다. 그 실은 나로 말하자면 이 이상 자연스러운 일은 없는 것입니다. 예를들어 말씀드리자면 당신이 북경호텔을 나오실때에 나는 곧장 멀리서 당신의 뒤를 밟아서 당신의 문앞에까지 쫓아간다, 라는것은 할수 없는 일이라고 말할수 있을까요? 예를 들어 말하면 당신의 집의 골목과 번지를 잊지 않도록 기억했다가 다음날 아침 당신이 외출하신 뒤에 내가 댁으로 찾아가서 문을 노크하여 문지기 노인을 불러내서, 나의 명함을 손에 들고 그에게 이렇게 묻습니다,「이 댁에는 저― 向(향)이라는 분이 살고 계신지요」. 그는 당연히 말합니다「네 네, 向이라는 사람은 있읍니다, 어느 向씨를 찾으시는지요?」거기서 나는 입에서 말이 나오는대로 하나의 이름을 밀합니다. 예를 든다면 「向淑蘭(향숙란)씨는 계십니까?」그는 틀림없이 이렇게 대답합니다.「그러한 사람은 없는데요……」그래서 나는 아무래도 큰일났다는 듯이 이렇게 말합니다,「이것 이상한걸, 어째서 안계실까? 그 여자는 틀림없이 이곳에 살고 있다고 나에게 말했는데……」. 노인은 내 곤란해 하는 모양을 보고 틀림없이 이렇게 묻습니다,「당신께서 찾고 계시는 분은 남자입니까, 여자입니까?」. 나는 마음속으로 이것은 가능성이 있구나 하고 급히 이렇게 말합니다.「여자입니다」, 물론 나는 곧 몸 태도나 생김새를 자세히 그에게 전부

묘사(描寫)하며 설명합니다. 나의 이것 저것 설명하는 것을 듣고 나면, 말할 필요조차 없읍니다마는, 문지기 노인은 틀림없이 이렇게 외칩니다, 「네 네, 당신은 여러말을 하셨읍니다마는, 뭐야, 그것은 向慧(향혜)양 입니다!」. 어떻습니까, 극히 자연스러운 방법이 아닙니까?

연 습 문 제 〔21〕

1. 다음의 글을 우리말로 번역하시오.
   - (가) 連鄉下老頭兒都明白的道理, 用不着絮絮叨叨地多講半天了.（絮絮叨叨地＝귀 아프게, 되풀이해서）
   - (나) 我生平有一件很美滿的事, 就是我無論到什麼地方, 總有一些好朋友. 我生平所享的朋友之榮和所享受的朋友之益, 眞是說也說不完.
   - (다) 我們的家鄉, 窮人家除了愁吃愁穿以外 就得數愁「媳婦」了. 這可不比買頭牛或買隻猪, 因爲需要更多的金錢.（愁＝걱정하다, 隻猪＝一隻猪）

2. 다음의 글을 중국어로 번역하시오.
   - (가) 이 수선(修繕)은 그다지 귀찮지 않다, 염려없이 며칠 걸리지 않아도 할수 있읍니다.（수선하다＝拾掇, 귀찮은＝麻煩, 할수있다＝得）
   - (나) 오늘 여기에 이 간소한 연회(宴會)를 열고 여러분과 같이 간담(懇談)하는 기회를 갖게 된것을 대단히 영광으로 아는바 올시다. 우선 술잔을 들어서 임석하신 여러분의 건강을 축원합니다.（술잔을 들다＝擧杯）
   - (다) 나는 당신집의 문지기에게 당신의 성은 무엇이라고 하며, 이름은 무엇이라고 부르고, 어데로 외출했고 몇시경에 돌아오는가, 모든 것을 들었읍니다.
   - (라) 내 집은 삼조호동(三條 胡同)의 십육번이며 길 북쪽입니다, 여가가 있으실때는 제발 찾아 주시시오.（거리의 북쪽＝路北, 여가가 있을때＝有空）
   - (마) 오랫동안 찾아서 비로소 찾기는 했으나 그는 집에 없었읍니다.（집에 없다＝沒在家）

第二十五日

第四十八課　賤　　賣

　　第二天，林先生的鋪子裏新換過一番布置．林先生摹仿上海大商店的辦法，寫了許多「大廉價照碼九折」的紅綠紙條，貼在玻璃窗上．這天是陰曆臘月廿三日，正是鄉鎮上洋廣貨店的「旺月」．

　　十點多鐘，趕市的鄉下人一羣一羣的在街上走過了．他們臂上挽著籃，或是牽著孩子，粗聲大氣地一邊在走，一邊談話．他們望到了林先生的花花綠綠的鋪面，都站住了，仰起著臉，老婆喚丈夫，孩子叫爹娘，嘖嘖地誇羨那些貨物．新年快到了，孩子們希望穿一隻新襪子，女人們想到家裡的面盆早就用破，全家合用的一條面巾還是半年前的老傢伙，肥皂又斷絕了一個多月，趁這里「賣賤貨」，正該買一点．但是這些鄉下人看了一會，指指点点誇羨了一會，竟自懶洋洋地走到斜對面的裕昌祥鋪面前站住了．（茅盾・林家鋪子）

< 주   해 >

○〔賤賣〕 싸게 팔다, 방매(放賣)하다. 〔減價出售〕라고도 하고 한국식의 방매(放賣)의 뜻으로도 쓰인다. 예문 〔減價十天〕 十日間의 할인 대매출(大賣出), 의 뜻. 〔賤〕 싼 값, 염가(廉價), 〔這很賤〕 이것은 싸다, 〔賤〕은 또 〔便宜〕라고도 하지만 〔便宜賣〕라고는 안한다. 반대의 말은 〔貴〕. ○〔第二天〕 다음날, 둘째 날, 순서를 말 할때에는 〔第〕를 붙인다. ○〔鋪子〕 가게, 점포. 〔裏〕가 붙어서, 林씨의 가게에서는……의 뜻. 〔先生〕 남자의 호칭. ○〔換過〕 교환하다, 〔過〕는……한일이 있다, 의 뜻이 아니라 사물(事物)의 전환(轉換)을 가리키는 말, 예문 〔翻過來〕 뒤엎다. ○〔一番布置〕 하나의 배치(配置), 〔一番〕은 한번, 일회, 〔番〕은 횟수를 말한다, 〔布置〕 배치한 형세, 모양을 바꾸는 경우의 모양의 뜻. ○〔摹仿〕 흉내내다. ○〔辦法〕 솜씨, 방법. ○〔許多〕 많은. ○〔照嗎九折〕 원가(原價)의 일할인(一割引), 〔照嗎〕원가에 비교해서, 〔嗎〕 숫자의 뜻으로 값, 원가(原價)의 뜻으로 쓰인다. 중국에서는 깎이는 값을 말하지는 않고 깎아서 상점주인이 받을 값을 말한다. 또 〔扣〕도 쓴다. (2할인으로 하다)는 것은 〔打〕를 써서 〔打八折〕 〔打八扣〕이라고 한다. ○〔紙條〕 가늘고 긴 종이, 〔條〕는 가늘고 긴 것을 가리킨다, 보통 종이는 〔紙張〕이라고 하며, 〔張〕은 두텁고 넓직한 것을 말한다. ○〔貼在…上〕 …에 붙이다. ○〔玻璃窗〕 유리창, 쇼윈一도는 〔玻璃橱窗〕라고 한다. ○〔這天〕 이날, 이야기가 있던 날을 말한다. ○〔臘月〕 음력 十二月 二十三日은 〔小年〕이라 하며 중국의 정월의 여러가지 행사는 이날로부터 시작된다. 〔廿〕은 〔念〕이라고도 쓰며 〔二十〕을 말한다, 〔二十三日〕로 하여도 물론 좋다. 또한 三十은 〔卅〕이라고 한다. ○〔正是〕 마침……이다. ○〔鄕鎭〕 마을과 거리, 거리마다, 마을마다. 〔鄕〕은 〔鄕下〕 〔鄕村〕과 같으며 마을, 〔鎭〕은 〔鎭市〕 〔鎭店〕과 같

으며 거리, 시가를 말한다. 〔上〕은 장소를 가리킨 뒤에 놓이는 개사(介詞)로써, 거리마다, 다음에 〔的〕가 생략되었다고 생각하고, 거리마다의 ……, 또는 간단히 거리마다의……라고 해도 좋다. ○〔洋廣貨店〕 양품점(洋品店), 〔洋〕은 외국, 〔廣〕은 광동 〔廣東〕을 말하며, 외국상품은 원래 광동을 걸쳐서 들어 오므로 이것을 〔洋廣貨〕라고 부르게 되었던 것이다. 또한 양잡화(洋雜貨)는 〔洋廣雜貨〕라고 한다. ○〔旺月〕 번성하는 달, 수입이 많은 달을 말한다, 걷어들이는 달. 활호〔括孤〕를 사용한 것은, 소위…이다, 의 기분. ○〔趁市〕 장으로 물건을 사러가다, 상인(商人)이 장으로 나가는 것도 〔趁市〕라고 한다. 〔趁〕은 채적질을 하며 가는듯이 마구 나아가는 것의 형용(形容). ○〔在街上走過〕 거리를 걸어가다, 〔過〕는 통과하다. ○〔臂上〕 팔뚝위, 팔뚝에, 팔에. ○〔挽〕 끌다, 잡아당기다, 끌어 내리다, 〔著〕는 〔着〕와 같다, 늘어 뜨리다……. 〔籃〕 종다래기, 중국의 종다래기는 둥근 손잡이가 있어서 팔에 걸치고 다닌다. ○〔牽着〕 끌어 당겨서. ○〔粗聲大氣〕 큰 소리로 시끄럽게. 〔粗〕굵은. 거칠은. 〔大氣〕 나무래는 모양, 걸음이 느리거나 또는 심술부리는 어린아이를 꾸짖으면서, 의 뜻. 큰 소리로 얘기를 하던가 어린아이를 꾸짖는 것을 〔粗聲大氣〕라고 말한 것이다. 〔地〕는 〔的〕와 같다, 부사에는 〔地〕를 사용한다. ○〔一邊…一邊〕……하면서……하다. ○〔在走〕 걷고 있다, 〔在〕는……하고 있다, 의 뜻 (→第二十三課). ○〔談話〕 이야기를 하다. 명사(名詞)로도 쓰지만 여기서는 동사. ○〔望到〕……에 시선이 가다, ……을 보다. ○〔花花綠綠〕 여러가지 색갈. ○〔鋪面〕 가게 앞. ○〔站住〕 단단히 서다, 〔站〕 서다, 〔住〕 단단히……하다. ○〔仰起着臉〕 얼굴을 치켜들고, 쳐다보는 형용(形容). 〔臉〕 얼굴. ○〔老婆〕 아내, 노인에 한해서가 아니라 젊은 아내에게도 이렇게 말한다. 또한 할멈(늙은 여자)의 의미도 있다. ○〔丈夫〕 남편. ○

〔喚〕큰 소리로 부르다. ○〔爹娘〕부모(父母), 〔娘〕은 계집아이나 딸이 아니고 어머니를 말한다, 딸은〔姑娘〕. ○〔噴噴〕. 귀 아프게 떠든다. ○〔誇美〕좋은대 하고 부러워하다, ○〔貨物〕상품 물건. 우리말의 화물도 그렇게 말하지만 작은 물건도 모두 이렇게 부른다. ○〔新年〕정월의 뜻, 앞에서 말한바와 같이 중국의 정월의 행사는 十二月二十三日부터 시작되는고로 년말(年末)로 부터 연시(年始)에 걸쳐서 정월의 행사를 하는것을 〔過年〕이라 하며 중국의 정월 풍경(風景)은 이 〔過年〕에 중점을 둔다. 〔快到了〕머지않아서……된다. 〔了〕는 결정적인 말투. 말의 순서로부터 말하면 〔快到新年了〕라 할것을 〔新年〕을 앞에 놓고 강조한 것이다. ○〔希望〕희망한다, 동사(動詞). ○〔一雙〕한켤레, 쭉(揃)으로 된것은 〔雙〕이라 하고 외쪽(한쪽)은 〔一隻〕이라고 한다. ○〔襪子〕양말, 〔襪帶〕양말대님. ○〔想到〕……생각되다, 〔到〕는 〔到家裡〕와 같이 계속되는 것은 아니다. 이 〔想到〕는 〔家裡…用破〕〔全家…老傢伙〕〔肥皂…多月〕의 세개, 및 〔買一點〕까지의 모든것에 관련된다. ○〔面盆〕세수대야, 〔洗臉盆〕이라고도 한다. ○〔早就〕이미, 벌써. ○〔合用〕공동(共用)으로 사용한다. ○〔面巾〕〔手巾〕세수수건, 손수건은 〔手帕〕. ○〔還是〕역시. ○〔老傢伙〕낡은 물건, 〔傢伙〕도구(道具). ○〔肥皂〕비누. ○〔又〕그 밖에 또…. ○〔趁〕……을 이용해서, ……을 다행으로. ○〔這里〕여기의. 〔里〕는 〔裏〕〔裡〕와 같다. ○〔賣賤貨〕소위 대매출(大賣出). ○〔該買〕사야만 할 것이다, 사지 않으면 안된다. ○〔看了一會〕잠시 보고나서. ○〔指指點點〕손가락으로 가리킨다, 이것 저것하고 손가락으로 가리키며, ○〔竟自〕결국, 드디어. ○〔懶洋洋地〕느리게 ○〔走到〕……로 걸어간다. ○〔斜對面〕약간 비스듬이, 건너편이나 맞은 편은 〔對面〕〔對過兒〕, 바로 맞은 편(정면)은 〔正…〕이라고 한다. 또한 이웃(隣)은 〔隔壁兒〕.

<번　　　역>

다음날 林씨의 가게에서는 모양을 새로 꾸몄다. 林씨는 상해

(上海)의 큰 상점의 솜씨를 본받아서, 「대매출(大賣出), 원가의 일할인(一割引)」하고 빨간 색과 푸른 쪽지를 많이 써서 유리창에 붙였다. 이날은 음력 十二月 二十三日이며 마침 거리의 양품점의 소위 수확기(벌어 들이는 날)의 날이었다.

열시가 지나서 시(市)로 모이는 시골 사람들이 한떼 한떼 떼를 지어서 거리를 걸어가고 있었다. 그들은 팔에 종다래기를 끼고, 혹은 아이를 끌며 걸으면서 큰 소리로 이야기를 하고 있다. 그들은 林씨의 가지각색의 가게 앞을 쳐다 보면서 모두 섰읍니다. 그리고 얼굴을 쳐들고 부인은 남편을 부르고, 어린아이는 아버지나 어머니를 부르고, 시끄럽게 떠들면서 그것들의 상품을 어쩌면 저렇게 좋을까 하고 부러운듯이 모두들 중얼거리는 것이었읍니다. 정월도 곧 닥쳐 오는고로 아이들은 새 양말을 신고 싶어 했고, 여자는 여자대로 집의 세수대야가 이미 벌써 못쓰게 되어있고, 집안식구가 모두 같이 쓰는 한개의 타올도 역시 반년전에 산 낡은 것이고, 비누도 한달전에 끊어져 있으니 다행히 이 대매출(大賣出)때 조금 사지 않으면, 하고 생각하는 것이었읍니다. 그러나 이들의 시골 사람들은 잠시 바라다 보고, 이것 저것하고 손가락질을 하면서 부러운듯이 바라보고 있다가 결국 서글픈듯이 천천히 비스듬히 건너편의 裕昌洋(유창양)의 가게 앞으로 가서 섰읍니다.

第四十九課　校　　長

在三年以前，本地一個高等小學的校長別處去了，他就接任了校長的職務・這當然不是由教育行政機關自動地敦聘的；他想了好許多的法子，借了好許多的力量，才得到這個地位・但是不失爲光明的有意

義的行經, 因爲他要當這校長自有他的目標, 乃在賺錢吃飯以外・現在叔雅家裏頗優裕, 微薄的俸給差不多皮裘的一根毛, 增不了多少溫暖, 所以可說他全然不爲賺錢吃飯的事・他的第一個目標是辦敎育・他相信一個人要自己去找適宜的工作來做, 而與他的興趣能力最適宜的, 莫過於敎育・第二個目標在他的幾個孩子・他想這幾個孩子總該有個好的學校, 而要學校弄得好, 莫過於由自己的手來辦理・像這樣固然可說自私心的發展, 但是要在世間尋出一些例證, 如某人作某事完全爲人, 不是自私, 恐怕非常困難了・　　　　（葉紹鈞）

< 주　　　해 >

○〔別處去〕 다른 곳으로 가다. 〔上〕이 생략된 형. ○〔他〕 그, 여기서는 뒤에 나오는 叔雅(숙아)를 가리키며 앞서 나온 校長을 말한 것은 아니다. ○〔接任〕 책임을 맡다. ○〔由〕 교육 행정 기관에 의해서, ……이, ……의 손으로. ○〔自動地〕 자발적으로. ○〔敦聘〕 예를 두텁게 갖추고 맞이하다. 〔請〕〔聘請〕〔延請〕〔延聘〕 같다. 다음의 〔的〕는 〔不是…的〕의 형. ○〔好許多〕 대단히 많은. ○〔力量〕 역량, 수완도 말한다. ○〔才得到〕 그래서 가까스로 손에 넣다. ○〔不失爲…〕 …… 임을 놓치지 않고, 확실히……이다. ○〔行經〕 가는 길, 행동(行動). 〔光明〕〔有意義〕의 두개가 〔行經〕에 관련된다. ○〔要當〕 ……이 되고 싶어한다. 〔要〕 ……하고싶다, ……탐내다. 〔當〕 취임(就任)하다, ……을

— 279 —

하다. ○〔自有…〕 자기 스스로……이 있었다. ○〔乃在…〕 즉 그 것은…… 이외에 있었다. ○〔賺錢吃飯〕돈버는 것이나 먹는것, 〔吃飯問題〕 빵 문제, 먹는 문제, ○〔家裏〕 살림살이의 뜻. ○ 〔微薄〕 미미한, 약간의. ○〔差不多〕 거의, 대개. ○〔皮裘〕 털 가죽의 옷. ○〔增不了〕 늘이고자 해도 늘일수가 없다. ○〔多少〕 얼마간의. ○〔可說〕…… 라는 것이 할수 있다. 〔可〕는 〔可以〕. ○〔不爲〕……의 덕분이 아니다. ○〔第一個〕 제일번의. ○〔相信〕 ……라고 믿다. ○〔要〕……하지 않으면 안된다. ○〔自己去找〕 자기가 찾으러 나간다. ○〔來做〕 와서 하다, ……해서…하다. ○〔而〕 그리고, 그러나, ○〔與〕……와. ○〔莫過於〕 보다도 좋 은 것은 없다, 이상의 것은 없다. ○〔第二個〕 둘째번. ○〔在〕 ……에 존재하다. ○〔總該有…〕 반드시……을 갖지 않으면 안 된다. ○〔要學校弄得好〕 학교를 잘 다스리지 않으면 안된다, 〔弄〕 한다, 여기서는 경영한다. 운영(運營)한다, 의 뜻. ○〔由 …〕 자기손으로 하다. 〔辦理〕 처리하다, 행하다. ○〔像這樣〕 이 러한 것은. ○〔固然〕 처음부터. ○〔自私心〕 이기심(利己心). ○〔要〕……하고자 하면, 뒤의 〔不是自私〕까지 걸린다. 〔如〕 이 하 〔自私〕까지는 앞서 나온 〔例證〕을 설명한 말. ○〔爲人〕 남 을 위해서. ○〔恐怕〕 아마, 대개.

< 번   역 >

삼년전, 당지(當地)의 고등소학교 교장이 다른곳으로 가서 그 가 교장직(職)을 인계 맡았던 것이다. 이것은 물론 교육행정 기관(敎育行政機關)이 자발적으로 초빙(招聘)한 것이 아니었다. 즉 그는 이리저리 방법을 생각해서, 많은 힘을 빌려서 가까스 로 이 지위(地位)를 손에 넣게 되었던 것이다. 그러나 그것은 공명정대한, 그리고 의의(意義)가 있는 행동임을 잃지 않은 것이다, 라는것은 그가 이 교장이 되고 싶어한 것은 물론 그

자신 목적이 있었던 것이나, 그 목적이라는 것이 돈벌이와 먹는것 이외에 있었기 때문이다. 지금의 叔雅(숙아)는 살림살이가 대단히 풍유해서 얼마 안되는 봉급(俸給)같은 것은 털가죽옷의 한개의 털만한 것이라 별달리 그다지 생활을 풍유하게 할 수 있는 것은 아니었다, 그러므로 그는 전적으로 돈벌이나 먹기위해서 한것이 아니라고 말할 수 있다. 그의 첫째 목표는 교육사업(教育事業)을 하는 것이었다. 그는 이렇게 믿고 있다, 인간이라는 것은 자기 스스로 적당한 일을 찾아서 그것을 해야 할 것이라고, 또 그의 취미와 능력에 가장 적합한 것은 교육을 빼 놓고는 별로 없다라고. 둘째번의 목표는 그의 몇명의 자식들에게 있었던 것이다. 그는 그의 자식들은 어떻게 해서든지 좋은 학교를 갖지 않으면 안될 것이라고 생각하면서 학교라는 것은 잘 운영하지 않으면 안된다, 그리고 그것을 위해서는 자기자신의 손으로 그것을 하는데에 보다 더 좋은 것은 없다, 라고 그는 생각하는 것이었다. 이러한 일은 물론 이기심(利己心)의 발로(發露)라고 할 수 있으나 세상에서 누구인들 어떠한 사업을 영위(營爲)하고 있을때 그것이 완전히 남을 위함이요 자기를 위한것이 아니다, 라고 하는 그러한 몇개의 예증(例證)을 찾고자 한다면 그것은 대단히 곤란한 것입니다.

연 습 문 제 〔22〕

1. 다음의 글을 우리말로 번역하시오.
   (가) 父親是一個胖子, 走過去自然要費事些. 我本來要去的, 他不肯, 只好讓他去. 他走到鐵道邊, 慢慢探身下去, 尙不大難. 可是他穿過鐵道要爬上那邊月台, 就不容易了. 我看他的背影, 我的淚很快的流下來了. （朱白清·背影）
   (나) 連勝一手推開大書着深紅色的淸眞二字的玻璃門, 舉目打量了一下, 覺得室內的情形和他正想找尋的還對, 就跨進門檻, 向裡走去.　　　　　　　　　　（許欽文·吃鍋貼）

(大書着=크게 써 있다, 淸眞=회교도(回敎徒)의 요리점에 써 있는 글자, 打量=관찰한다, 找尋=찾는다)
(다) 那男子聽說喝酒, 便大怒, 把烟槍放下, 罵他道「好呀. 這樣冷天我在家裡沒有一點兒酒喝, 你反倒在外頭自自在在灌起來了. 以後再這樣欻起來, 還了得啦」.
(自自在在=즐겁게, 灌=들여 마신다, 술을 마시는것, 了得=양해 안한다, 용서할 수 없다)

2. 다음의 글을 중국어로 번역하시오.
　(가) 저 가게는 마침 대매출(大賣出) 중이므로 모든 상품은 이 할인(二割引)입니다.
　(나) 내가 경치가가 되고자하는 목적은 약한 사람을 돕고 쓸어지는 사람을 구원하기 위해서이고 결코 돈을 벌기 위한 것이 아니다. (약한사람을…=濟弱扶傾)
　(다) 오늘은 마침 명절날이라 차(車)를 탄 사람이나 나귀를 탄 사람이 한떼 한떼를 지어서 시골길을 시(市)로 향해서 간다. (명절=廟會的日子, 시골길=鄕下的道路)
　(라) 중국의 대학이 그를 교수(敎授)로 초빙(招聘)해서 경제학을 담당(擔當)시켰다.

≪중국의 식자운동(識字運動)≫

　국민의 구할(9割)까지가 문맹(文盲)이라고 하는 중국에서는 국민정부가 수립되어서 부터 민중에게 문자(文字)를 가르키는 식자운동(識字運動)이 중요한 사회교육으로서 시행하여 왔읍니다. 이에 호응하여 한층 성과를 올리게 한 것은 주음부호(注音符號)가 한글의 토와 같은 역할을 한테에 있읍니다. 이 방법은 우선 첫 단계로는 주음부호를 가르치고 다음에 제 2 단계로는 주음부호로서 토를 붙인 2000의 글자를 가르치고 제 3 단계를 어문과본(語文課本)을 가르친다, 와 같은 순서입니다. 그리고 중요한 방법으로는, 예를들면 하루 한시간씩 한달동안이라는 오랜 시간의 방법을 버리고, 하루 한시간씩 한달이면 30시간을 하루 5시간씩 6일로써 끝내는 그러한 집중(集中)교육을 실시해서 성과를 올리고 있다는 것입니다.

第二十六日

第 五 十 課　牛

有這樣的事情發生：就是桑溪湯裡住，綽號大牛伯那個人，前一天居然在蕎麥田裏，同他的耕牛爲一點小事生氣，用木榔槌打了那耕牛後脚一下．這耕牛在平時是彷彿他那兒子一樣．縱是罵，也如罵親生兒女，在罵中還不少愛撫的．但是脾氣一來，不能節制自己，隨意敲了一下，不平常的事因此就發生了．當時這主人還不覺得．第二天再想放牛去耕那塊工作未完事的蕎麥田，牛不能像平時很大方的那麽走出欄外了．牛後脚有了毛病：就因爲昨天大牛伯主人那麽不知輕重在氣頭下一榔槌的結果．

大牛伯見牛不濟事，有點手脚不靈便了．牽了牛繫在大坪裏木椿上，蹲到牛身下去，扳了那牛脚看．他這樣很溫和的檢查那小牛，那牛彷彿也明白了大牛伯心中已認了錯，記起過去兩人的感情了．就廻頭望到主人，眼中凝了淚，非常可憐的似乎想同大牛伯說一句有主奴體裁的話．這話意思是：「老爺，我不怨你，平素你待我

很好・你打了我 , 把我脚打壞・是昨天的
事・如今我們講和了」・　　　　（沈從文）

＜ 주　　　해 ＞

○〔有這樣…〕 이러한 사건이 일어났읍니다, 〔就是〕 즉……, 위의 사건의 설명으로, 그것은 이러한 것입니다, 의 뜻이며 뒤의 〔牛後脚一下〕까지 계속한다. ○〔桑溪湯裡住〕 桑溪湯(상계탕)에 살고 있다, 〔在…住〕의 형. ○〔綽號〕 별명, 별명을 大牛伯(대우백)이라고 하는 그 인간, 〔綽號〕 다음에 〔叫〕를 붙여도 좋다. ○〔前一天〕 언제인가, 이전의 어느날. 〔前天〕은 그저께. ○〔居然〕 뜻밖에도. ○〔同…〕……에 대해서. ○〔爲一點小事〕 대수롭지 않은 일로 인해서, ○〔生氣〕 화내다. ○〔木槲槌〕 나무 몽둥이. ○〔一下〕 한번. ○〔彷彿〕 과연……과 같다. ○〔他那兒子〕 그의 자식, 〔那〕는 그의 실제의 자식을 가리키고 있다. 〔他兒子一樣〕으로 하면, 그의 자식과 같이……, 가 되며, 〔他那兒子一樣〕과 〔那〕가 있으면, 그에게는 실제로 자식이 있어서, 이 牛(우)도 그의 저 자식들과 같이……하고 구체적으로 어린 아이를 가리킨 의미가 된다. ○〔縱是罵〕 가령 꾸짖는다 해도. ○〔親生兒女〕 친자식, 〔兒〕은 아들, 〔女〕는 딸. ○〔在罵中〕 꾸짖으면서도. ○〔不少〕……을 빼놓지 않는다. ○〔的〕 그러한 모양입니다, 상태를 묘사(描寫)한 표정. ○〔脾氣一來〕 한번 화가 나면, 〔脾氣〕는 〔皮氣〕라고도 써서, 버릇 나쁜 습관. ○〔節制〕 억제(抑制)한다, 지배(支配)한다, 컨트럴한다. ○〔隱意〕 마음이 내키는대로. ○〔不平常的事〕 평범치 않은 사건, 드문 일. ○〔因此〕 이것때문에, 이것이 원인이 되어서. ○〔還不覺得〕 아직 전연 모른다. ○〔再想〕 또다시……하고저 생각한다. ○〔放牛〕 소를 다루다. ○〔那塊〕 그 일획(一劃)의, 〔塊〕는 논밭의 한다지기를 말한다. ○〔工作未完事〕일이 아직 끝나지 않은 보리밭. ○〔大方〕 점잖은 모양, 〔方〕은 가볍게 읽는다. 二字를 모두 똑똑히 읽으면 大方의 여러분, 과 같은 의미가 되며 또는

차(茶)의 이름도 된다. ○〔欄外〕 울타리밖. ○〔有子毛病〕 고장이 생겨있었다, 다치고 있었다. 〔毛病〕 고장(故障), 결점. ○〔因爲〕 ……로 인해서, 다음의 〔結果〕와 합쳐서, ……으로 인한 결과. ○〔不知輕重〕일의 중대성 여하도 생각하지 않고, 앞뒤도 돌보지 않고. ○〔在氣頭下〕 화난김에. ○〔見〕 ……을 보고. ○〔不濟事〕 소용 안된다. 〔不濟於事〕〔不中用〕도 같다. ○〔有點〕 사소한. ○〔手脚〕 손과 발이라는 의미에서 동작, 거동(擧動)을 말한다. 〔靈便〕 민첩한, 예민한, 치면 울리는 것과 같은 것을 말한다. 〔不靈便了〕 동작이 게을러져 있었다, 〔了〕는 이미 그러한 상태가 되어 있는 것. (→第二十二課). ○〔繫在…〕……에 매다. ○〔大坪〕 농가(農家)의 앞뜰의 타작을 하는 넓은 마당. ○〔木椿〕 말뚝. ○〔扳〕 당긴다, 끌어올린다. ○〔溫和的…〕 그 소를 곱게 검사한다, 〔檢査〕는 동사. ○〔明白〕 알다. ○〔認了錯〕 과오를 인정한다, 과실을 고백한다, 잘못했다고 사과한다. 〔認〕 고백(자백)한다. ○〔記起〕 생각해내다. ○〔兩人〕은 〔兩個人〕의 생략. ○〔望到〕 ……을 살펴보아 준다. ○〔凝淚〕 눈물을 머금다. ○〔似乎〕……것과 같이. ○〔同…說〕……와 이야기를 한다. ○〔一句有主奴體裁的話〕는〔一句…的話〕한마디의……의 얘기, 〔有主奴體裁〕 주인과 노예(奴隸)와의 체면을 갖고 있는 바의……, 상하(上下)의 구별을 잘 판단한……. ○〔這話意思是〕이 말의 의미는 이러합니다. ○〔老爺〕 주인영감. ○〔待我〕 나를 대접하는것. 〔打壞〕 때려서 나빠지다.

<　번　　　　역　>

이러한 사건이 일어났던 것입니다, 그 사건이라는 것은 桑溪湯(상계탕)에 살고있는 별명은 大牛伯(대우백)이라고 하는 인간이 언젠가 무의식중에 메밀밭에서 그의 소에게 대수롭지 않은 일로 화를 내서 몽둥이로 그 소의 뒷다리를 한대 후려쳤던 것입니다. 이 소는 평상시는 마치 그의 자식과 같았던 것입니다.

가령 꾸짖어도 자기의 친자식을 꾸짖듯 했고, 또 꾸짖으면서도 사랑하는데는 변함이 없었읍니다. 그러나 한번 화가나면 자기를 억제할 수가 없어서 닥치는대로 때리므로 평상시와 다른 사건이 이래서 일어났던 것입니다. 그때는 이 주인은 아직 알아채지 못했던 것입니다. 다음날 또 소를 몰고 일상 하던 일이 아직 끝나지 못한 메밀밭을 이제부터 갈려 가려했읍니다마는 소는 보통때와 같이 유유히 우리에서 나올수가 없었던 것입니다. 소의 뒷다리가 다쳤던 것입니다. 이것이야말로 어제 大牛伯主人이 앞뒤도 돌보지 않고 화가 난김에 때린 결과였던 것입니다.

大牛伯은 소가 동작이 약간 느리고 소용되지 않게 된것을 보자 소를 끌어 넓은 마당에 매고 소 곁에 꾸부려서 그 소의 발을 끌어 올려 보았읍니다. 그는 이와같이 인정있게 소를 검사하고 있자 그 소도 大牛伯이 마음속으로는 나쁜짓을 했다는 것을 인정하고 이전의 두사람 사이의 마음을 생각해 냈다는 것을 알아챈듯 했읍니다. 그래서 머리를 돌려서 주인쪽을 바라보고 눈에는 눈물을 머금고 극히 가련하다는 듯이 大牛伯에게 공손한 태도를 말하고 싶어 하는듯한 모양이었읍니다. 그 말의 의미는 이러했읍니다. 「주인영감! 저는 당신을 원망하고는 있지 않습니다. 당신은 평상시는 나를 여간 잘 다루어 주시지 않았읍니다. 당신이 나를 때려서 뒷다리가 못쓰게 되었읍니다. 그러나 그것은 어제 일입니다. 지금 우리들은 다시 사이좋게 된 것입니다」라고.

第五十一課　繁　　星

我愛月夜，但我也愛星天・從前在家鄉，六七月間的夜晚，在庭院中納涼時，我最愛看天空中密密麻麻的繁星・

看着那星天，我就會忘掉一切，彷彿就回到了母親的懷裏．

在南京時，我住的地方有一道後門，每晚上一打開後門，我便會起一種特別的感覺．是靜寂的夜，下面是一片菜園，上面是星羣密布的藍天．星的亮光，在我們的肉眼裏雖然微小，然而牠使我們覺得牠的光明是無處不在的．那時候，我正在讀一点關於天文學的書，也認得一些星，就好像牠們是我的朋友，牠們和我談話．

海上的夜是柔和的，是靜寂的，是夢幻的，我望着那許多認識的星，我彷彿聽見牠們在眨眼，我彷彿聽見牠們在低聲說話．這時候，我眞忘掉了一切．在星的懷抱中，我微笑着，我沈睡着，我覺得自己是一個小孩子，現在睡在母親的懷裏了． （巴金）

<주   해>

○〔繁星〕많은 별, 군성(群星). ○〔也愛〕……도 좋아한다. 〔我〕와〔也〕를 함께 읽으면, 나도……, 가 되지만,〔我〕로 조금 끊었다가〔也〕를〔愛〕와 계속해서 읽는다. 좋아한다는 것은〔愛〕혹은〔喜歡〕이며〔好〕는 안쓴다.〔好〕는 문어(文語)문으로써 쓰이는 이외에는 구어체(口語體)로는〔愛好〕로써 쓰던가 또는 특수한 경우에 쓴다. ○〔星天〕별이 총총한 하늘.〔天〕

은, 하늘, 시각, 시간, 기후, 일기(日氣)등 모든 것에 쓰인다. ○〔在家鄕〕고향에 있다, 고향에 있었을때, 의 뜻. ○〔夜晚〕밤, 〔夜〕는 밤중, 〔晚〕은 해질 무렵, 합쳐서 밤을 말한다. ○〔庭院〕뜰. ○〔時〕는 〔…的時候〕의 생략, ……의 시절. ……의 때. ○〔密密麻麻〕꽉 가득차 있는 형용. ○〔看着〕보고있다, 보고 있으니, 〔着〕는 보는 상태의 지속(持續)(→第二十三課). ○〔就會〕곧……이 된다. 〔會〕는 무심중에, 우연중……이 된다, 라는 뜻. ○〔忘掉〕잊어버리다, 〔掉〕떨어지다. ○〔彷彿〕과연……와 같다. ○〔就〕즉, 과연.

○〔住的地方〕살고있던 곳, 〔地方〕장소, 지방, 곳. ○〔一道後門〕한개의 뒷문, 대문은〔大門〕. ○〔一打開〕조금 열면, 〔一〕는 뒤의 〔便〕 혹은 〔就〕와 서로 응해서, 약간……하기만 하면……의 뜻. ○〔會〕위에서 말한, 무심중의, 우연히……, 와 같은 용법. ○〔下面〕땅위를 말한다. 다음의 〔上面〕이 하늘을 가리키는 것과 상대되고 있다. ○〔一片〕한개의, 좁은 한 구획을 말한다. ○〔亮光〕빛, 불빛. ○〔雖然…然而…〕……라고 하지만 그러나, ……라고 하지만 그래도……. ○〔牠〕그것, 별을 말한다. ○〔使…〕……을 해서……시킨다. ○〔無處不在〕존재하지 않는 곳이 없다, 〔無〕와 〔不〕로써 이중으로 부정(否定)한 것. 도처에 존재한다. 〔無處〕는 약간 문어(文語)적이며, 구어(口語)로는 〔沒有地方…〕이라 한다. ○〔正在…〕마침……하고 있었다. 〔在〕는 상태의 지속. (→第二十三課). ○〔關於…〕에 관한. ○〔也認得…〕 ……의 일도 알고 있다. 〔認得〕지식이 있다. 〔一些〕는 〔認得〕을 수식(修飾)해서, 조금은 알고 있다, 〔也〕는 별에 관해서도 조금은 알고 있다, 의 뜻. ○〔就〕그래서 즉, 그러므로. ○〔好像〕마치……과 같다, 〔像〕……을 닮다, ……와 같다, 〔好〕대단히. ○〔在和我談話〕나하고 얘기를 하고 있다, 〔在〕는……하고 있다.

○〔海上〕바다위, 상해(上海)를 〔海上〕이라고도 하지만 여

기서는 문자 그대로 바다위를 말한다. ○〔望着〕 바라보면서, 〔望到〕는 거기로 눈이 닿는다. ○〔認識的星〕 잘 알고 있는 별, 어느 별이 무엇이라는 별이며 어떻게 생겼다는 것을 잘 알고 있는 그것들의 별, 의 뜻. ○〔眨眼〕 눈을 깜박거리다.

<번   역>

나는 달밤이 좋다. 그러나 별이 총총한 하늘도 좋아합니다. 이전에 고향에 있을 때 6,7월경의 밤, 뜰에서 바람을 쏘이고 있을때, 한알, 한알씩 온 하늘에 뿌려진 별떼를 보는 것이 무엇보다도 즐거웠읍니다. 그 별이 총총한 하늘을 보고 있으면 나는 우연중에 모든 것을 잊고 마치 어머님의 품안에 돌아간듯이 느끼게 되는 것입니다.

남경에 있을 때 내가 살고 있던 곳에 뒷문이 있어서 밤마다 뒷문을 열면 나는 일종의 무엇이라고 말할수 없는 감정이 떠올랐던 것입니다. 고요한 밤이었읍니다. 내려다 보면 채소밭, 쳐다 보면 온 곳에 별을 뿌려 박은 푸른 하늘, 별빛은 우리들의 육안(肉眼)에는 극히 적은 것이지만 그래도 그 빛이 샅샅이 퍼져 있는 것을 알게 됩니다. 그때 나는 천문학에 관한 책을 좀 읽고 있어서 다소나마 별에 관해서도 지식이 있었으므로 그것들의 별이 나의 친구들이며, 나와 얘기라도하고 있는듯 하였읍니다.

해상(海上)의 밤은 잠잠했고 고요했으며, 꿈속에서 헤매는듯 하였읍니다. 나는 많은 그것들을 잘 알고 있는듯 별들을 쳐다 보고 있을려면 나는 그들이 눈을 깜박거리고 있는것을 보고 있는듯 했고, 그들이 낮은 목소리로 속삭이고 있는 것을 듣는듯 하였읍니다. 이때 나는 사실상 모든 것을 잊어버리고 맙니다. 별들의 품안에 안겨서 나는 웃으며 깊은 꿈속으로 들어가 있는 것입니다. 나는 자기가 하나의 어린애이며 지금 바로 어머님의 품안에서 자고 있는듯이 생각되는 것이었읍니다.

연 습 문 제 〔23〕

1. 다음의 글을 우리말로 번역하시오.
   (가)「北京城裏百分之十九的居民, 就是靠着洋車夫的行業過活的」。百分中之十九！ 那不是說每五個人中間就有一個洋車夫, 或與車夫有「經濟的關係」的人嗎？（靠着＝……에 의해서, 行業＝장사）
   (나) 發此種感想的人, 對於現在的人心風俗政治, 都不滿意, 感覺痛苦, 因而厭倦現在, 認現在是黑暗的, 沒有光明的, 這種厭倦現在的感想並不是壞的感想, 因爲有了這種感想, 對於各種事物才都希望改進, 有了希望改進的思想, 才能向前進步, 才能創造將來。

2. 다음의 글을 중국어로 번역하시오.
   (가) 그는 이 모양을 보고 일상 하던 버릇을 억제 못하고 욕을 퍼부으며 때렸읍니다.
   (나) 다음날이 되자 그는 마음속으로 깊이 후회하고 그에게 사과했읍니다.
   (다) 고요한 밤이었읍니다. 하늘 전체의 별을 쳐다보고 무엇이라고 말할수 없는 감정을 가졌읍니다.
   (라) 그는 매년 가을이 되자 달을 쳐다 보며 옛날 시골에 있을 때에 온 가족이 즐겁게 지내던 시절을 회상한다.
   (온 집안이 즐겁게 지내다＝一家團圓)
   (마) 북쪽의 산맥(山脈)에 좌우되어서 겨울에는 흐린 날씨가 많으며 6월경에는 비가 자주 옵니다. (북쪽의 산맥＝橫在北邊的山脈, 흐린 날＝陰天)

第二十七日

第五十二課　書翰文 〔1〕

　중국의 편지는 문어문(文語文)(문언(文言))과 구어문(口語文)(백화(白話))의 두 종류가 있읍니다. 요사이는 구어(口語)의 편지가 대단히 많아졌으나 문어문(文語文)의 편지는 아직도 많으며 특히 남방으로부터의 편지는 문어문이 많은 듯 합니다. 구어문(口語文)의 편지는 36과에 실려 있었읍니다마는 이것은 특별히 설명할 필요가 없으므로 여기서는 문어문(文語文)의 편지(척독(尺牘))에 관해서 설명하겠읍니다.

서한문(書翰文)(尺牘)의 순서(順序)

1. 편지의 쓰기 시작은, 〔王立三先生臺鑒…〕과 같이 상대의 이름을 우선 첫째로 쓰기 시작합니다. 〔先生〕은 한국에서 쓰는것과 같은 의미입니다. 〔臺鑒〕은 「보아주십소서」하는 뜻.
2. 그 다음에 계절의 인사, 격조(隔阻)하였음에 대한 사과, 혹은 최근의 안부를 묻는 말, 등을 쓴 다음에,
3. 본문으로 들어간다. 이때에 〔敬啓者〕 근계, 배계, 와 같은 말을 쓴 뒤에 본문을 쓴다.
4. 마지막에 건강을 비(祈)는 말로 끝내며,
5. 자기의 성명(姓名)은 본문끝에 우리나라와 같은 위치(位置)에 쓰고, 이름에 이어서 〔鞠躬〕 배〔拜〕, 〔謹啓〕 엎드려 말씀 드림, 〔上〕 받들어 모심, 과 같은 문구(文句)를 아울러 쓴다. 즉 〔金性郁鞠躬〕 과 같이 쓴다.
6. 날자(日附)는 자기 이름 왼편에 조금 낮추어서 쓴다. (중국에서는 내려(從) 쓴다).

편지를 특별히 쓰는 법

1. 상대의 말을 쓸 때에는 줄을 바꾼다. 그러므로 행(行)이 바뀌었다고해서 절대로 거기서 글이 끊어진 것이 아니고 상대에 관한 말을 했다는 것을 알수 있다.
2. 또한 상대에 관한 것을 쓸 때에 행을 바꾸는 대신에 글자를 한자 띄어서 쓰는 형식도 있다.
3. 반대로 자기의 일을 쓸 때에는 오른편으로 몰아서 적은 글자로 쓴다.
4. 편지지는 글을 쓴 쪽을 밖으로해서 접는다.
5. 봉투 쓰는 법.

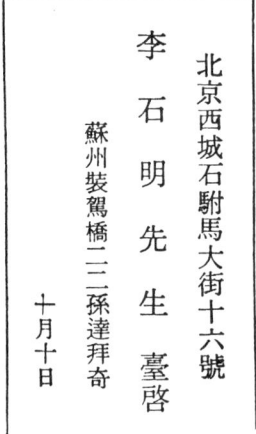 

위와 같이 쓴다. 상대의 성은 중앙 맨위로부터 쓰며, 아래의 〔臺啓〕는 「열어 보아 주십시오」의 뜻. 그러므로 엽서의 경우에는 〔啓〕자는 쓰지 않고 〔臺收〕받아 주십소서, 로 한다. 왼편은 발신인의 주소와 성명이며 〔孫達〕은 〔孫〕은 성이고 〔達〕은 이름이다. 〔拜奇〕는 보내 올립니다, 의 뜻.

<문장의 예(例)>

1. 남에게 집으로 찾아와 주기를 바라는 글.

> 有事奉商得　暇移　駕到敝舍一叙不勝盼切專此順頌
> 近安　　　　　　　　　　　弟　王右一鞠躬
> 　　　　　　　　　　　　　　　十月十日

　이것은 정식 편지가 아니라 모두(冒頭)의 문구(文句)를 생략한것.

　○〔有事奉商〕 상의 여쭙고 싶은 것이 있읍니다. 구어문(口語文)으로는 〔我有一件事情跟您商量〕이 된다. 〔奉商〕의 〔奉〕는 존경하는 말이며 〔商〕은 〔商量〕즉 상의하다, 상의를 여쭙다. ○〔得 暇移 駕到敝舍〕 여가를 내실수 있으시면 졸가(拙家)까지 오십소서, 여가가 있으시면 저의 집까지 오십시오. 〔得暇〕가 한 말로서 (여가가 있으시면), 〔移駕到敝舍〕 당신의 탈것을 졸가(拙家)로 옮기다, 졸가까지 와 주시다. 〔暇〕와 〔駕〕의 앞이 한자 비어있는 것은 (여가) (탈것)과 같이 상대의 일을 말하는 것으로써 존경의 뜻을 표현하여 한자 띠운다. 반대로 〔敝舍〕는 나의 집, 의 뜻이며 겸손(謙遜)하여 작은 글자로 쓴다. ○〔一叙〕 잠시 이야기하다, 口語文(구어문) (앞으로는 漢字를 그대로 쓰겠다)의 〔談一談〕. ○〔不勝盼切〕 간절히 바란다, 와 같이 역한다. ○〔專此〕 우선 이만 씁니다. 보다 한층 여기에…　…, 와 같이 역한다. ○〔順頌近安〕 평안하심을 축하합니다, 아울러 근안(近安)을 축복합니다, 와 같이 역한다. 〔順〕은 아울러, 의 뜻. 〔頌〕 칭찬한다, 축복한다. 〔近安〕 최근의 평안, 귀하의 안녕. ○〔弟〕는 형제의 의미가 아니라 상대에 대해서 자기를 낮추는 표현, ○〔鞠躬〕……엎드려(拜), 의 뜻.

　(우리말로 옮긴 것)

　상의(相議) 여쭙고 싶은 일이 있아온대 여가가 있으시면 졸가(拙家)까지 오실수 없으시겠는지요, 꼭 부탁하옵니다.

안녕 하옵소서.
(중국 口語文 譯)

> 我有一件事要跟您商量，您若有工夫就請到我家來談一談，是很盼望的.

(2) **회답**(回答)

> 接讀　來示敬悉準下午二小時走謁不悮此復即問
> 刻佳

　이것은 먼저 글의 회답이다.
　○〔接讀〕 받아서 읽다. ○〔來示〕 보내신 편지, 〔來〕는 당신으로 부터 나에게 왔다는것, 〔示〕 편지. 한자 띄어 있는것은 상대의 편지에 대한 존경의 뜻을 표시한다. ○〔敬悉〕 삼가 받아 보았읍니다. 〔悉〕은 알다. 편지를 받아 읽고 말씀하고자 하시는 취지 삼가 알았읍니다, 의 뜻. ○〔準下午二小時〕 정각 오후 두시. 〔小時〕는 口語文의 〔…點鍾〕. ○〔走謁〕 찾아가서 보인다. ○〔不悮〕 틀림없음, 〔走謁不悮〕 틀림없이 꼭 찾아 뵙겠읍니다. ○〔此復〕 우선 우(右)와 여히 회답합니다, 여기에 회답함, 과 같이 역한다. ○〔即問刻佳〕 조심하소서. 〔即〕은 위의 글에서 부터의 접속사(接續詞), 〔問〕 묻다, 〔刻佳〕 현재의 평안.
(우리말로 옮긴 것)
　편지 삼가 받아 보았읍니다. 말씀하신 취지 잘 알았읍니다. 오후 두시에 반드시 찾아 뵙겠읍니다. 우선 회답만으로 태평하소서.

(중국 口語文 譯)

> 我接到您的信，都知道了，下午兩點鍾我一定到府上去.
> 就問您的安好.

(3) 연회(宴會)에 초대(招待)하는 글

> 多日末晤至爲渴想本日舍間治有薄觴耑候 臺駕惠臨幸勿推
> 却不勝盼切耑此奉約順請
> 大安

○〔多日末晤〕 오랫동안 뵙지 못했읍니다. 〔末〕는 口語文의 〔没〕 혹은 〔不〕에 해당한다. 〔晤〕는 만난다, 뵙다. ○〔至爲渴想〕 지극히 간절히 생각함, 과 같은 뜻으로, 목마른듯이 당신을 그리워한다, 라는 말. 어떻게 지내시는지, 의 뜻. ○〔舍間〕 졸가(拙家). ○〔治有薄觴〕 변변치 않은 술을 준비하고, 〔治〕준비하다. 〔有〕는 준비하고……의 것도 있음, 의 뜻. 〔薄觴〕엷은 술잔, 변변치 않은 술이라는 뜻. ○〔耑候〕보다도 ……을 기다리다. 〔耑〕은 〔專〕과 같다. ○〔臺駕惠臨〕오셔 주시다. 〔臺駕〕 당신의 탈것의, 〔惠臨〕 가련히 생각하셔서 오시다, 오셔 주시다. 상대의 일을 말하므로 「臺駕」의 앞이 한자 비어 있다. ○〔幸勿推却〕 사양 마십소서, 다행히 거절하시지 않으시기를. 〔推却〕 밀어내고 사퇴(辭退)하다. ○〔耑此奉約〕 감히 여기에 초청하옵는 바입니다. 〔奉約〕 초대한다, 〔奉〕은 존경의 말, 〔約〕초대, 권유. ○〔順請大安〕 아울러 평안하심을 바란다, 아울러서 당신의 안태(安泰)를 묻습니다. 〔請〕은 묻다, 여쭙다.

(우리말로 옮긴것)

 오랫동안 뵈옵지 못하였아온대 어떻게 지내고 계시온지요, 그런데 오늘 졸가(拙家)에서 변변치 못한 술이나마 한잔 나누고자 하오니 오셔 주시기를 기다리고 있겠읍니다. 부디 거절하시지 않으시도록, 우선은 초청을 올리고 이만 줄입니다. 안녕하시옵길 비오며.

(중국 口語文 譯)

> 好些日子没見, 您可好啊, 今天在我家裡預備點兒酒, 竟等着您來, 請不要推辭才好.

(4) 사양(辭讓)하는 회답

> 展讀　手束猥蒙　寵招心感奚似本應奉陪只因本日適有小事恐屆時未能如願特此鳴謝拜佈謝忱即頌
> 近好

○〔展讀手束〕편지 삼가 받아 보았읍니다. 〔展〕연다, 뜯다. 〔展讀〕열어서 읽다. 〔手束〕당신께서 손수 쓰신 편지. ○〔猥蒙寵招〕외람하게도 초대를 받다. 〔猥〕저와 같은것 까지도……하여 주셔서 황송하다, 라는 심정을 표현한 말. 〔寵招〕초대, 〔手束〕〔寵招〕모두가 (귀하의…)의 뜻이므로 글자를 띄어서 경의를 표한다. ○〔心感奚似〕마음속으로부터의 감사를 무어라 형언(形言)키 어렵읍니다. 〔奚似〕어떻게 다른 것과 비길수 있을까, 비교할 수 없을정도……이다. ○〔本應…〕원래……해야할 것이오나……, 〔本來應當…〕의 뜻. ○〔奉陪〕묻다, 〔陪〕는 찾아가 뵙다, 모시다. ○〔只因…〕오직 그러나……때문에. 〔本…只…〕는 口語文으로 말하면 〔本來應當…可是…〕. ○〔適有小事〕여러가지로 잔 일이 많아서, 〔小事〕는 자기의 볼 일을 겸손하게 말한 말. ○〔恐〕잘못하면, ……될까를 두려워하다. 아마……일 것입니다. ○〔屆時〕그때가 되어서, 말씀하신 시간에 〔屆〕는 되다. 시간이 되다. ○〔未能如願〕원하는대로 이루지 못하다, 반드시 찾아뵙고 싶으나 그대로 못합니다. ○〔特此鳴謝〕특히 여기에 감사를 올립니다, 〔鳴謝〕감사를 올리다. ○〔拜佈謝忱〕충심으로 감사를 올립니다. 〔拜佈〕감히 말씀 올립니다, 〔謝忱〕참된 감사.

(우리말로 옮긴 것)

　보내주신 편지 감사히 받아 보았읍니다. 초대를 받사와 무어라 감사의 말씀 올릴길 없읍니다. 마땅히 찾아가 뵈워야 할 것이로되 오늘은 마침 곤란하게도 볼일이 있아와 말씀하신 시간에 찾아 뵐수 없으리라고 생각됩니다, 우선 우(右)와 여히 감사와 사과를 올리는 바입니다.
(중국 口語文으로 옮긴 것)

> 我接到您的信，蒙您寵招感謝的很，本來應當去奉陪，就因爲今天偏巧有事，我怕到了時候也不能到府上去. 說幾句謝辭, 順便問您安好.

(5) 출석을 회답(回答)하는 글

> 接箋敬悉承　公寵招感謝莫名屆時謹當奉陪復頌
> 刻安

　〇〔接箋敬悉〕 보내주신 편지를 받사옵고 취지를 잘 알았읍니다. 〇〔承公寵招〕 당신의 초대를 받는다, 〔承〕은 받다, 〔公〕은 당신, 귀하, 〔公〕字는 없어도 좋으나 이 한구(句)를 넉자의 정형(定形)으로 하기 위해서 붙였을 뿐이다, 〇〔感謝莫名〕 감사를 무엇이라고 올릴길 없읍니다. 무엇이라고 인사를 올려야 좋을지 모르겠읍니다. 〇〔謹當奉陪〕 삼가 찾아 뵙겠읍니다. 〇〔復頌刻安〕 답장을 올림과 아울러 편안하심을 축원(祝願) 합니다.
(우리말로 옮긴 것)

　보내주신 편지 감사히 받아 보았읍니다, 초대를 받사와 진심으로 감사히 생각합니다. 말씀하신 시간에 감사히 찾아가 뵙도록 하겠읍니다.
(중국 口語文으로 옮긴것)

> 我接到您的信都知道了，蒙您寵招感謝的很，到了時候我一定到府上去奉陪.

(6) 소개장(紹介狀)

> 玆有李光明君係鄙同事前往北京考察敎育特此介紹卽請關照是幸專此奉懇順候
> 文安

○소개장(紹介狀)은 중국어로 〔介紹信〕 졔(ㄴ)쌰오 씬(ㄴ)이라고 한다.
○〔玆有…〕 이것은 글로 쓰기 시작한다는 말, 구어문(口語文)이나 한국어로는 적당한 말이 없다. 〔係〕……이다. ○〔鄙同事〕 나의 동료(同僚), 〔李光明君係鄙同事〕 나의 동료인 바의 李光明君……의 뜻. ○〔前往北京〕 북경으로 가다. ○〔考察敎育〕 교육을 시찰(視察)하다. ○〔特此介紹〕 특히 여기에 소개합니다. ○〔卽請…〕 ……하므로……하여 주십시오. ○〔關照〕 돌보다. ○〔是幸〕……하여 주시오면 감사 하겠읍니다. 〔請…是幸〕으로 계속되어, ……하여 주십시오, 의 뜻. ○〔奉懇〕 부탁 드립니다. ○〔順候文安〕 아울러 문안(文安)을 드립니다. 〔文安〕이라는 것은 편안하심, 의 뜻이지만, 학자나 문인(文人)에 대한 용어.
　(우리말로 옮긴 것)
　나의 동료(同僚) 李光明君을 소개합니다. 북경(北京)으로 교육시찰(敎育視察)을 가오니 각별히 돌보아 주시기 바랍니다.
　(중국 口語文으로 옮긴 것)

> 我給您介紹我的同事李光明君, 這次到北京考察敎育去, 就請多多的關照才好.

第 二 十 八 日

第五十三課　書 翰 文 〔2〕

(7) 서적의 구입(購入)을 의뢰(依賴)하는 글

```
王世英先生臺鑒頃奉
手書藉知
起居安燕至以爲頌妓懇者弟刻欲購某書此間遍覓不得請即
費神於　貴地書鋪代購由郵局寄送無任盼禱計價若干一俟
函知當即奉趙懇懇並頌
文安　　　　　　　　　　　　　　弟　張連城拜啓
　　　　　　　　　　　　　　　　　三月二十一日
```

본문은 정식 편지의 예(例)이다. 별행(別行)을 잡었거나 글자가 한자 비어 있는 곳은 의미적(意味的)으로는 전부 앞과 연결되어 있는 것이며, 별행을 잡은 곳은 모두 상대에 관한 일을 쓴 말이다.

○〔王世英先生臺鑒〕王世榮선생. 〔臺鑒〕보아 주십시오, 의 의미로써 우리나라에서도 가끔 사용한다. ○〔頃奉手書〕요사이 편지를 받았읍니다. 〔頃〕요사이, 〔奉〕배수〔拜受〕하다. 〔手書〕편지, 〔書〕에는 책과 편지의 두가지 뜻이 있다. ○〔藉知〕그 편지에 의해서……을 알았다. 즉 셋째줄의 〔起居安燕〕을 알았다는 것. ○〔起居安燕〕귀하(貴下)의 일상생활이 평안하다. 상대의 말을 하고 있으므로 별행(別行)을 잡았다. 〔起居〕평상시의 동작(動作), 〔安燕〕는 두자가 모두 평안, 태평, 의 뜻. ○〔至以爲頌〕기꺼움은 금할길 없읍니다. ○〔妓懇者〕그러하오나, 이것은 의뢰(依賴)같은 것을 할때에 쓰는 말로, 인사가 끝나고 본문으로 들어갈 때에 쓰는 것이다. 여기에 간청(懇請)하옵는 바의 것은 ……의 뜻. 보통 편지에는 〔敬啓

者〕라 쓴다, 우리말의 (배계(拜啓))의 뜻에 해당한다. ○〔弟〕 소생(小生), 나. ○〔刻〕지금. ○〔欲購〕……을 사고 싶다. ○〔此間〕이곳. ○〔遍覓不得〕샅샅이 찾았으나 구할수 없었다. 〔覓〕찾는다. ○〔請即…〕조속히……하여 주십시오. ○〔費神〕미안합니다마는……, 당신의 마음(神)을 괴롭히다(費). ○〔書舖〕책사. ○〔代購〕나를 대신하여 구입(購入)하다. ○〔由郵局寄送〕우편으로 보내다, 우체국을 경유하여 보내다. 〔寄送〕은 보내주다, 口語文으로는 〔寄〕한자만을 쓴다. ○〔無任盼禱〕틀림없이 부탁하옵니다. ○〔計價若干〕합계(合計) 가격은 얼마나 되옵는지요. ○〔一俟…〕한번……을 기다려서, ……하는대로. 다음의 〔函知〕까지 계속해서, 편지로 알려주시는 대로. 〔函知〕는 편지로 알리다. ○〔當即〕곧. ○〔奉趙〕돌려보내다. 〔奉還〕과 같다. ○〔懇懇〕간절히 부탁하다. 〔並頌文安〕아울러 문안을 올리다, 안녕하시기를 빌다. ○〔拜啓〕엎드려 말씀 올리다. 한국에서는 이것을 글 첫머리에 쓰지만 중국에서는 본문 첫머리에는 〔敬啓者〕를 쓰고 〔拜啓〕는 글 끝에 쓴다. 〔啓〕는 열다, 입을 벌리다, 말씀을 올리다, 의 뜻.

(우리말로 옮긴 것)

　　王　世　英　先生

배복(拜復). 지난날 편지 받아 보았읍니다. 한층 만강하시다니 기쁘기 한이 없읍니다. 다름이 아니라 부탁 여쭐 일이온대, 소생 현재 ○○책을 구입하고자 하오나 이곳에서 여기 저기 찾아보았으나 입수(入手)할수가 없읍니다. 그러하므로 대단히 미안하오나 귀지(貴地)의 서점에서 저를 대신하셔서 구입(購入)하신 후 우편으로 보내 주실수 없으시온지요, 합계가 얼마나 될런지, 통지하여 주시면 곧 대금을 보내겠읍니다. 부탁만으로 이만 줄입니다. 편안하시기를 비옵니다. 경구(敬具).

　　　　　　　　　　　　　　　　　　張　建　城　拜

(중국 口語文으로 옮긴 것)

王世英先生.. 接到您的信, 知道您很好, 放心了. 我現在
要買某書, 我在此地到各處去找, 可没找着, 就請您勞駕
在貴地替我買一本由郵政局給我寄來, 是很盼望的了. 一
共得多兒錢, 等您寫信通知我, 我立刻就奉還, 拜託您很
麻煩的事對不起.

(8) 주 문 서 (注文書)

毛子芝先生台鑒, 來函所開價目尚屬相宜小號現擬暫定某
貨二百包彼此初次交易貨色宜選上等請即由中華轉運公司
運下先匯上壹萬元整該找若干貨到當即核奉決不有悮耑此
即請
籌安

○〔來函所開價目〕 편지로 말씀하신 가격(價格). 〔所開〕 써
놓으신 바의……, 〔開〕는 열거(列擧)하는 뜻. 〔價目〕값. ○
〔尚屬相宜〕 대개 좋습니다. 〔尚〕은 대개, 口語文의 〔還〕. 〔屬〕
은……이다, 〔尚屬〕으로써 〔還算…〕의 뜻. 〔知宜〕적당한.
○〔小號〕폐점(弊店). 반대는 (寶號). ○〔現擬…〕지금 곧……
하고자 생각한다. 〔擬〕……하고자 한다, ……할 예정. ○〔暫
定…〕 우선……을 주문한다. 〔定〕은. 〔訂〕이라고도 쓰며, 주
문한다. ○〔彼此〕피차, 서로. ○〔初次交易〕최초의 거래(去
來). ○〔貨色〕품질(品質). ○〔宜選上等〕반드시 제일 좋은 것
을 선택하다. ○〔轉運公司〕운수회사(運輸會社). 중화(中華)운
수회사를 걸쳐서……의 뜻. ○〔運下〕보내 주시기 바란다, 〔下〕
는 자기에게로 보내줄때에 쓰며, 보낼때에는 〔運上〕즉〔上〕
을 쓴다. ○〔先〕우선, 〔匯上〕송금(送金)하겠읍니다, 〔匯〕송
금한다. 〔上〕은 상대에 향해서……하는 것이므로 이것을 쓴다.
반대는 〔匯下〕. ○〔壹萬元整〕일만원 정. 〔整〕은 그 아래의 단

수(端數)가 없다는 것으로 쓴다. ○〔該找若干〕부족한 것 약간 (若干). 〔該〕는 당연히……해야할. 〔找〕은 모자람을 메꾸는 것, 또 거스름 돈도 말한다. ○〔貨到〕상품도착, 다음에〔當即〕(곧)이 있으므로, 상품이 도착하면 곧……의 뜻이 된다. ○〔核奉〕조사해서 보낸다, 계산해서 보낸다. ○〔決下有悮〕절대로 틀림 없읍니다. 〔悮〕은 〔誤〕와 같다. ○〔籌安〕편안, 상인에게 대해서 쓰는말.

　(우리말로 옮긴 것)
　편지로 알려주신 가격(價格)은 하여튼 좋다고 생각합니다. 폐점(弊店)은 우선 상품(某商品) 二百包(포)를 주문하고 싶사오며, 피차(彼此) 처음 거래이므로 품질(品質)은 반드시 제일 좋은 것을 선택하여 주시옵고, 중화운수회사(中華運輸會社)를 경유(經由)해서 보내주십시오. 여기에 우선 일만원정(整)을 보내옵니다, 약간 부족한 것은 상품이 도착하면 곧 계산하여 틀림없이 송금(送金)하겠읍니다. 용건만으로 이만 줄입니다.

　(중국 口語文으로 옮긴 것)

> 毛子芝先生. 來信所開的價目, 還算相宜. 小號現在打算暫且定某種貨物二百包. 彼此這是初次交買賣, 貨色總得挑上等的才好. 請就由中華轉運公司寄下來. 現在先給您匯上壹萬元整, 應當還找補多少錢, 等貨物來到, 一定就算好子給您匯錢, 決不會有錯.

(9) 상품(商品)의 발송(發送)

> 周靜遠先生大鑒刻接
> 尊函囑將某貨二百包即日運上玆擇其上等者由中華轉運公司運上附呈發票乙紙至乞一併檢收除前收定洋壹萬元外尙該八萬元亦希即日擲下是所至禱此復順頌
> 財安

○〔大鑒〕은〔台鑒〕과 같다. ○〔刻接尊函〕지금 편지를 받았다.〔刻〕은 지금,〔尊函〕편지. ○〔囑〕의뢰한다, 명령한다, 여기서는……을 하명(下命)하신 편지를 받았다, 의 뜻. ○〔將某貨〕○○짐 二百상자를,〔將〕……을. ○〔卽日運上〕즉일(卽日) 보내 올리다, ○〔玆〕여기에, 지금. ○〔擇其上等者〕그 제일 좋은 것을 선택해서. ○〔附上〕붙여 올리다, 함께 보내 드리다. ○〔發票乙紙〕송품장(送品狀) 한 통.〔乙〕은〔一〕와 같은 음이며 숫자의〔一〕로 쓴다. ○〔至乞…〕도착하오면……하여 주십시오. ○〔一併檢收〕아울러 조사한 뒤에 받아 드리다. ○〔除…外…〕……을 제외하고, ……외에 또한. ○〔尙該…〕아직……부족하다. ○〔亦〕이것도 역시. ○〔收定洋〕착수금을 받다. ○〔希〕부탁한다. ○〔擲下〕보내 주시다. ○〔是所至禱〕반드시 부탁 올립니다. 앞서 나온〔希〕와 서로 전후해서, ……하여 주십시오, 의 뜻. ○〔此復〕여기에 회답합니다, ○〔財安〕편안,〔籌安〕과 같다.

(우리말로 옮긴 것)

배계 ××상품 二百상자 즉일로 송부(送付)하라는 말씀의 편지 지금 받아 보았읍니다. 여기에 그 제일 좋은 물건만을 골라서 중화운수회사를 경유하여 보내 올립니다. 송품장(送品狀) 한 통을 동봉(同封)하여 두었아오니 아울러 사수(査收)하여 주십시오. 요전에 착수금으로 일만원 받았아오나 아직 팔만원이 부족하오니 아울러 즉일(卽日) 송금(送金)하여 주시옵기 바라옵니다.

(중국 口語文으로 옮긴 것)

周靜遠先生・剛才我接到您的信, 吩咐把某貨二百包當天給您運上, 現在挑選上等貨, 由中華轉運公司運上, 隨着寄上一紙發票, 到了就請一併檢點收下罷. 除了以前收下一萬元的定錢以外, 還下欠八萬元, 也希望當天寄下, 那麽很感激的了. 給您寫這封信, 並祝您多多發財.

(10) 주문품(注文品)의 재촉(催促)

> 程元良先生大鑒玆奉
> 大札敬悉一一藉藉
> 籌祉迪吉欣慰無似敞號所定之貨承　示緩期一月始克交寄
> 本無不可惟轉瞬秋凉該貨正待銷售若不早日裝寄勢必無以
> 應市敞號將蒙損失爲此具函奉催務乞將該貨提前於一星期
> 內裝下萬勿遲延是幸順頌
> 　財祺

○〔玆奉大札〕 편지 받았읍니다.〔玆〕는 첫마디의 말.○〔敬悉一一〕모든 것을 삼가 잘 알았읍니다.〔悉〕은 알다.〔一一〕자세히, 만사. ○〔藉藉〕의해서 알다, 편지에 의해서……의 취지를 알다. ○〔籌祉迪吉〕한층 번창(繁昌)함. ○〔欣慰無似〕기쁨에 비할바 없다, 이 이상 즐거움이 없읍니다.〔欣慰〕즐겁게 나의 마음은 위안을 받아, 안심시키는 말, ○〔所定之貨〕주문한 바의 물건.〔貨〕는 〔貨物〕로서 상품을 말한다. ○〔承示〕편지를 받다, 편지에 의하면……. ○〔緩期一月〕한 달 연기하다.〔一月始〕와 같이 되는 것이 아니라〔始〕는 다음에 계속된다. ○〔始克〕처음으로 잘……할 수 있다. 한달후에야 비로소……할 수 있다. ○〔交寄〕짐을 내어주고 발송하다. ○〔本無不可〕처음부터 안될 것은 없다, 처음부터 별로 나쁘지는 않다. ○〔惟〕오직 그러나. ○〔轉瞬〕깜작할 사이에. ○〔該貨〕그 상품. ○〔正待銷售〕마침 팔기를 기다리고 있다, 현재 팔고자 기다리고 있었다. ○〔若不早日…〕만약 조금(早急)히……하지 않으면. ○〔裝寄〕짐을 꾸려서 발송하다. ○〔勢必…〕힘차게 반드시……이 되다. ○〔無以應市〕시장(市場)에서 요구함에 응할 수 없게 되다. ○〔將蒙損失〕마침 손해를 보려고 하고 있다. ○〔爲此〕이것때문에. ○〔具函奉催〕편지를 올려서 재촉한다. ○〔務乞〕반드시……바란다.〔務〕는 구어문(口語文)의 〔務必的〕로서, 반드시.

— 304 —

〔乞〕 부탁한다. ○〔將〕이 〔將〕은……을, 〔把〕와 같다. ○〔提前〕 소급(遡及)한다. 〔於一星期內〕 일주일 이내로. ○〔裝〔下〕 보내주십시오. 〔裝〕은 하조(荷造)하다, 짐을 꾸리다, 〔下〕는 이쪽으로 보내 주시다, 의 뜻. ○〔萬勿遲延〕 절대로 지연(遲延)되지 않도록, ○〔財祺〕 재물(財物)의 편안, 태평, 상인(商人)에 대한 말(상인사이에 쓰는 말).

(우리말로 옮긴 것)

배계. 편지 받아 보았읍니다. 여러 가지로 잘 알았읍니다. 일익번창(日益繁昌)하신다 하오니 축복을 올립니다. 폐점(弊店)이 주문하온 상품, 편지에 의하오면 한달후가 아니면 보내주실수 없다는 사유, 별로 지장은 없는 일이오나 머지 않아 추량(秋凉)의 계절이 되올뿐만 아니라 지금 마침 판매되기를 기다리고 있는 사정이옵기 만일 지급히 짐을 보내 주실 수 없는 경우에는 당연히 시장(市場)의 요구(要求)에 응할길이 없게 되므로 폐점(弊店)도 손해를 입게 되옵는 바이므로 여기에 편지로써 재촉을 올리게 된 것입니다. 부디 그 상품을 앞당겨 일주일 이내에 발송(發送)하여 주실 것이며 천만(千萬)지연되지 않도록 부탁 올리는 바입니다.

(중국 口語文으로 옮긴 것)

程元良先生. 接到您的信, 都知道了. 您的生意也很興旺, 給您道賀! 敝號所定的貨, 據您的來信說 緩一個月才能交貨, 那本來沒甚麼不可的, 就因爲快到秋天, 那貨物正等着銷售, 若是不早寄下來, 一定要沒法應付市上的需要 敝號將要受損失, 因爲這個, 我寫這封信催促貨物, 務必的請把那貨物提前在一個星期內給我寄下來, 請不要遲延才好.

연습문제해답

(練習問題解答)

연습문제〔1〕

1. 第一課 주해(註解)를 보라.
2. 〔他〕는 ta 의 유기음(有氣音), 〔大〕는 ta 의 무기음(無氣音). 그리고 〔他〕는 第一聲, 〔大〕는 第四聲. 〔號〕〔好〕는 모두 hao(하오)이지만 〔號〕는 第四聲, 〔好〕는 第三聲.
3. 今天〔찐(一텐)〕, 昨天〔쮜(／)텐〕, 明天〔밍(／)텐〕, 前天〔첸(／)텐〕, 後天〔허우(／)텐〕.
4. (가) 나는 학생입니다. (나) 그들은 동생입니다. (다) 당신은 크고 그는 작다. (라) 저것은(그것은) 개 입니다. (마) 이것은 꽃입니다. (바) 오늘은 춥다.
5. (가) 他們是學生. (나) 我去. (다) 天氣好. (라) 明天是十號. (마) 狗跑. (라) 那是表(鍾).

연습문제〔2〕

1. 〔話〕는 hua(화)의 第四聲, 〔花〕는 같은 音으로 第一聲. 〔十〕와 〔實〕는 자음(字音)은 四聲으로 모두 같으며 shih(쓰)의 第二聲. 〔細〕는 hsi 의 第四聲. 〔買〕는 mai(마이)의 第三聲, 〔賣〕는 같은 音으로 第四聲. 〔報〕pao(빠오)의 第四聲, 〔跑〕는 pao(파오)의 유기음(有氣音) 第三聲, 〔點〕은 tien(뗀)의 第三聲, 〔天〕은 tien(텐)의 유기음(有氣音) 第一聲.
2. tso(쮜)의 第四聲. 하다, 만들다, ……이 되다. 〔做事〕일을 한다. 〔做飯〕밥을 짓는다. 〔做買賣人〕장삿군이 된다.
3. 第五課 주해(註解) 참조.
4. (가) 나의 집은 부산에 있다. (나) 그는 십전을 가지고 있다. (다) 학생이 책을 읽는다. (라) 동생이 신문을 산다.
5. (가) 我做買賣人. (나) 我問他. (다) 他給我書. (라) 母親在家.

연습문제〔3〕

1. 〔想〕hsiang(샹)의 第三聲, 〔上〕shang(썅)의 第四聲. 〔請〕ch'ing(칭)의 第三聲, 〔警〕ching(징)의 第三聲. 〔糊〕hu(후)의 第二聲, 〔和〕hê(허)의 第二聲.

2. (가) 나는 이것이 좋다고 생각한다. (나) 비가 오고 바람이 불며 날씨가 거칠어진다. (다) 그는 나를 붙든다.
3. (가) 姐姐洗衣裳. (나) 我想他們糊塗 (다) 我請他回來. (라) 晃太陽出虹.

연습문제 〔4〕

1. 〔方〕 fang(팡)의 第一聲, 〔飯〕 fan(싼)의 第四聲.
   〔少〕 shao(싸오)의 第三聲, 〔小〕 hsiao(샤오)의 第三聲.
   〔今〕 chin(찐)의 第一聲, 〔竟〕 ching(찡)의 第四聲.
   〔做〕 tso(쭤)의 第四聲, 〔走〕 tsou(저우)의 第三聲.
2. (가) 〔多吃〕는 지나치게 먹는다. 〔吃多〕는 많이 먹는다→본문(本文).
   (나) 〔一套〕 한죽(揃), 〔一件〕 옷 하나를 말한다.
   (다) 술잔이나 컵의 경우에는 〔一杯〕, 공기의 경우에는 〔一碗〕.
3. (가) 〔你的中國話很好〕 당신의 중국어는 대단히 능숙하다. (나) 〔我買兩個麵包〕 나는 빵을 두개 산다. (다) 〔他慢慢的念書〕 그는 천천히 책을 읽는다. (라) 〔今天太冷, 我多穿衣裳〕 오늘은 대단히 춥다, 나는 두껍게 입는다.
4. (가) 這是父親給我的信. (나) 他有兩雙鞋. (다) 這頂好很便宜. (라) 我在家裡休息一天. (마) 今天下雪冷一點兒.

연습문제 〔5〕

1. 〔多〕 to〔뚸〕의 第一聲, 〔都〕 tou(떠우)의 第一聲, 〔肚〕 tu(뚜)의 第四聲.
   〔找〕 chao(쟈오)의 第三聲, 〔着〕 같은 音으로 第二聲.
   〔身〕 shên(쎈)의 第一聲, 〔先〕 hsien(쎈)의 第一聲.
   〔走〕 tsou(저우)의 第三聲, 〔昨〕 tso(쭤)의 第二聲.
2. (가) 〔他還不死〕 그는 아직 죽지 않았다, 좀체로 죽을것 같지 않다.
   〔他還没死〕 그는 아직 죽지 않았다, 현재까지는 아직 죽지는 않았다.
   (나) 〔…很不好〕 나는 이것은 대단히 나쁘다고 생각합니다.
   〔…不很好〕 나는 이것은 그다지 좋지 않다고 생각합니다. (다) 〔我没有衣裳穿〕 나는 입을 옷이 없다. 〔我没穿衣裳〕 나는 옷을 입고 있지 않다 (알몸으로 있는 것).

3. (가) 這不是那個意思. (나) 國民没飯吃房子住. (다) 我没和他說.
(라) 今天不舒服, 不想吃飯. (마) 明天有事不上你那兒去.

연 습 문 제 〔6〕

1. 〔甚〕〔深〕〔身〕은 모두 자음(子音)은 shên(썬), 四聲은 〔甚〕이 第二聲, 〔深〕과 〔身〕은 모두 第一聲. 〔打〕〔大〕의 자음은 모두 ta (따), 〔打〕는 第三聲, 〔大〕는 第四聲. 〔試〕〔時〕〔是〕는 모두 자음은 shin(쓰), 〔試〕와 〔是〕는 第四聲, 〔時〕는 第二聲.
2. (가) 你跟誰學中國話(呢). (나) 你不知道他是誰麽. (다) 他甚麽時候回來, 你知道麽. (라) 你怎麽這麽不用功呢. (마) 這是多兒錢一打. (바) 你一頓吃幾碗飯. (사) 是我去呢, 是他去呢? (아) 你和我有甚麽事麽. (자) 你是愛用手表, 是愛用懷表? (차) 卑酒和藥酒, 你愛喝那一個.
3. (가) 그는 언제나 내가 나쁘다고 하지만 어찌된 이유일까요? (나) 이 돈 당신은 어디서 벌어 온 것인가. (다) 저 사건은 언제 결말 (結末)을 지을 수 있는가. (라) 당신이 그를 방문하는 것은 어떠한 볼일이 있읍니까? (마) 물건이 너무 비싸서 나는 몇개 사지 않았다.

연 습 문 제 〔7〕

1. 〔現〕 hsien(셴)의 第四聲, 〔身〕 shên(썬)의 第一聲.
〔出〕 ch'u(추)의 第一聲, 〔諸〕 chu(쭈)의 第一聲.
〔車〕 ch'ê(쳐)의 第一聲, 〔差〕 ch,a(차)의 第一聲.
〔晚〕 wan(완)의 第三聲, 〔綱〕 wang(왕)의 第三聲.
2. (가) 我是王, 可以進去麽? (나) 他的病不能好. (다) 這太貴, 我買不起. (라) 我不會說中國話. (마) 我來遲了對不起. (바) 我聽不出是韓國人是中國人來.
3. (가) 당신이 부르는 값으로는 나는 살수 없다. (나) 아무도 사려고 하지 않으므로 이것은 팔리지 않읍니다. (다) 그의 중국어는 아직 그다지 능숙치 못하다, 통역(通譯)으로는 밥을 먹을수 없다. (라) 나 혼자서는 그렇게 많이는 먹을수 없다. (마) 이 테―불은 쓰지 않으니 빨리 치우시오. (바) 오늘은 바람이 몹씨 부는고로 나는 우산을 받고 있을수 없다. (사) 그들은 둘이고 나는 오직 혼자다, 도저히 그들을 이길수 없다. (아) 위험해! 가지면 못써, 갖는다면 목

숨이 없어져! (자) 나는 몹씨 찾았으나 찾아낼 수가 없었다. (차) 그 찰나, 그곳의 전등불이 전부 꺼져서 나는 보지 못했읍니다. (카) 어제밤은 대단히 더워서 밤새도록 잠을 이룰수가 없었읍니다. (타) 젊었을때 대단히 괴로운 생활을 했읍니다, 나는 이러한 괴로움 같은것은 견딜수 있읍니다. (파) 그는 가는 곳마다 적(敵)이 없으며 누구나 그에게는 대항할 수 없다. (하) 누구인들 마음대로 당신의 것을 가지고 갈 일이 없다. (ㄱ) 그가 죽는다면 가족은 굶어 죽을 것이다. (ㄴ) 말을 하는데 대해서는 나는 그만큼 능변(能辯)치 못해서 도저히 그에게 이길 수가 없다. (ㄷ) 나는 정말 마(馬)라는 사람을 모릅니다, 만일 믿지 못하시겠다고 하신다면 그를 소환(召喚)하셔서 나와 대면(對面)시켜 주셔도 좋습니다. (ㄹ) 많은 돈을 그에게 내어 준다는 것은 사실상 어리석은 것이다. (ㅁ) 가령 누가 보증한다고 해도 나는 이 이상 당신에게 돈을 꾸어줄 수는 없다.

연습문제 〔8〕

1. 〔京〕ching(찡)의 第一聲, 〔今〕chin(찐)의 第一聲.
   〔誰〕shui(쉐이)의 第二聲, 〔水〕shui(쉐이)의 第三聲.
   〔吃〕ch'ih(츠)의 第一聲, 〔起〕ch'i(치)의 第三聲.
   〔等〕têng(덩)의 第三聲, 〔東〕tung(뚱)의 第一聲.

2. (가) 今天比昨天冷, 你穿外套罷. (나) 你看哪一個最好. (다) 今天暖和, 好像春天一樣. (라) 花郞湖比長安湖小一點. (마) 我做小買賣, 比閒着强多了.

3. 나의 마음은 샘물과 같이 깨끗하다. (나) 나의 시(詩)는 그사람만큼 잘 짓지 못한다. (다) 나의 자식은 원숭이와 같이 나무에 올라갔다. (라) 비교(比較)가 되건 되지 못하건간에 나는 전연 관계가 없다. (마) 모두 잘못했다, 처음부터 다시 하는 것이 오히려 좋다.

연습문제 〔9〕

1. 〔叫〕chiao(쨔오)의 第四聲, 〔着〕chao(쟈오)의 第二聲.

〔王〕wang(왕)의 第二聲, 〔晚〕wan(완)의 第三聲.
〔因〕yin(인)의 第一聲, 〔應〕ying(잉)의 第一聲.
〔京〕ching(징)의 第一聲, 〔緊〕chin(진)의 第三聲.

2. (가) 他太懶惰, 叫他好好兒的用功罷. (나) 叫他上街買東西去罷.
(다) 叫巡警看見, 給拿住了. (라) 因爲你來得太早, 所以還沒預備好.
(마) 因爲薪水還沒下來, 所以不能借給你錢.

3. (가) 어제는 집에서 기다리시게 해서 미안합니다. (나) 나는 그가 좋다, 그가 착실하기 때문입니다. (다) 드나드는 사람이 많으므로 이 문은 열어 놓지 않을수 없읍니다. (라) 그는 멋진 글자를 쓸수가 있다, 그러므로 선생에게 칭찬을 받는다. (마) 특히 그를 불유쾌하게한 것은 주인의 태도였읍니다.

연 습 문 제 〔10〕

1. 〔再〕tsai(짜이)의 第四聲, 〔菜〕ts'ai(차이)의 第四聲.
〔被〕pei(뻬이)의 第四聲, 〔北〕pei(베이)의 第三聲.
〔仗〕chang(°짱)의 第四聲, 〔將〕chiang(쟝)의 第一聲.
〔早〕tsao(자오)의 第三聲, 〔走〕tsou(저우)의 第三聲.

2. (가) 昨天我看花去了, 眞好看. (나) 我還没吃過中國菜. (다) 我前些日子才到的, 請你多多的指教指教. (라) 小孩子大聲的念起書來了. (마) 我和他見過一面. (바) 他在客廳裡和一個人說話來着. (사) 下午雨住了偺們打網球罷. (아) 他躺着念書哪. (자) 手拿着旗唱着歌, 走路.

3. (가) 당신은 이전에 외국에 간 일이 있소? (나) 나는 북경에 가본 일은 없다, 천진에 가본일은 있다. (다) 어제 당신은 어디 갔섰소? (라) 술이 식었네 다시 한번 데워 주게. (마) 이야기를 하는 동안에 도착했네. (바) 그는 자고 있읍니다, 깨면 안되오. (사) 그들은 지금 싸움을 하고 있는 중이다, 자네가 빨리 가서 말려 주시오.

연 습 문 제 〔10〕

1. 〔想〕hsiang(샹)의 第三聲, 〔上〕shang(°쌍)의 第四聲.
〔進〕chin(진)의 第四聲, 〔精〕ching(징)의 第一聲.

〔整〕chêng(쩡)의 第三聲, 〔中〕chung(쭝)의 第一聲.
〔敢〕kan(깐)의 第三聲, 〔肯〕k'en(컨)의 第三聲.
〔開〕k'ai(카이)의 第一聲, 〔改〕kai(가이)의 第三聲.

2. (가) 難道一分錢也沒有麼. (나) 我沒跟你說了好幾回了麼. (다) 他是小孩子, 何必那麼叱他呢. (라) 那邊太遠, 我不想去. (마) 我怎麼說, 他不聽我的話. (바) 我願意昇學, 可是父親不答應.

3. (가) 그는 기운이 없는 얼굴을 하고 있는데 누구에게 꾸지람을 들은 것이 아닐까. (나) 혹시 하느님께서 우리들에게 자식을 내려 (베풀어) 주신것이나 아닐까. (다) 그는 다만 일주일동안 중국어를 배웠을 뿐인데 어찌 곧 이야기를 할수가 있겠읍니까. (라) 그는 허풍쟁인고로 누구나 모두 그와 교제하려고 안한다. (마) 그는 이러한 일에 돈을 쓰려고는 하지 않는다. (바) 당신이 이렇게 친절히 대해 주면 이제부터는 올수가 없다.

연 습 문 제 〔12〕

1. (가) 你往東去再往南拐就到. (나) 你若拿中國話說我聽不懂.
2. (가) 이 말은 어디에다 매어 두면 좋습니까? (나) 그들은 어째서 함께 살지 않는 것입니까? (다) 그는 지난달부터 이미 오지 않고 있읍니다. (라) 이 벽에 못을 박아서는 안됩니다. (마) 당신은 일찌 감치 조금 여분으로 사두면 틀림없이 돈벌이가 될 것입니다. (바) 당신이 말하는 것은 이론적(理論的)으로는 대단히 좋으나 실제로는 아무래도 실현(實現)할 수 없을 것이다. (사) 만일 나라도 좋다면 보수(報酬)의 다과(多寡)는 문제가 아닙니다. (아) 그가 찾고 있는 것은 오직 미인(美人)일 뿐, 살림의 빈부(貧富)에 있어서는 조금도 꺼리지 않고 있읍니다. (자) 그들의 이혼(離婚)의 이유에 관해서는 나는 거의 모른다. (차) 두 나라(兩國)의 외교의 장래에 대해서는 나는 대단히 낙관(樂觀)하고 있다. (카) 목(목청(喉))은 배우(俳優)에게 있어서는 목숨 보다도 중요하다. (타) 오직 경험(經驗)이라는 것만으로 생각합니다만 그는 張君을 따를수가 없읍니다. (파) 많은 사람들 앞에서 그는 마음이 두근거려서 말을 꺼내지 못한다.

3. (가) 把我買的東西用繩子綑上. (나) 你把這句話用中國話說罷. (다) 我昨天到的這兒住在半島飯店. (라) 離這兒到車站有三里多地, 坐汽車去得三十分鐘. (마) 你給我拿開水來. (바) 對不起請您朝這邊兒坐好不好. (사) 在你看來也許有意思, 可是在我看來是很要緊的問題. (아) 關於金錢的問題, 他好像小孩兒一樣.

연습문제 〔13〕

1. (가) 그 사람처럼 벌자마자 써 버리면 얼마 수입이 있어도 안됩니다. (나) 그는 성적이 나쁠뿐만 아니라 그 위에 학비가 모자라서 진학(進學)할수가 없습니다. (다) 저 뽀이는 써ー비스가 좋을뿐만 아니라 그 위에 대단히 근면(勤勉)하다. (라) 이것을 할까, 저것을 할까, 하고 나의 마음은 언제나 초조하다. (마) 가령 서쪽에서 해가 돋는다고 한들 나는 나의 사상을 전환하는 그러한 일은 안 합니다. (바) 다행히 대일수 있었으나 만약에 그렇지 않았더라면 내일까지 기다리지 않으면 안될뻔 했다. (사) 당신 역시 모르는 것을 하물며 나같은 것이 알리가 없읍니다. (아) 거지(걸인)가 되느니 보다는 죽는편이 좋으리라고 생각한다. (자) 그의 기억력은 억망입니다, 배우자 마자 잊어 버립니다. (차) 이러한 중요한 일은 당신이 스스로 하지 않으면 다른 사람으로는 누구나 손을 댈 수가 없읍니다. (카) 이 트렁크속에는 옷 이외에는 다른 것은 들어있지 않습니다. (타) 당신의 돈은 은행에 맡기는 것이 좋다, 이자는 얼마 안되지만 언제까지라도 틀림이 있을리 없읍니다. (파) 저놈은 정말 못쓰겠다, 노력을 하지 않을뿐 아니라 남의 비위를 맞추는 것만 한다 (低三下四 =굽실 굽실 남에게 머리를 숙인다).

2. (가) 他說的不是大話就是假話, 靠不住. (나) 你也願意去, 他也願意去, 可是除了王先生以外誰都不能去. (다) 我想夏天與其在家裡躺着不如把身體活動活動倒好. (라) 這是極難辦的事, 非得你出去辦不可. (마) 物價越來越漲, 失業者越來越多, 眞困難起來了. (바) 學外國話除非背念不可. (사) 一來是天黑了二來是肚子餓了, 快點兒回去罷. (아) 他越喝越不醉. (자) 一面打算盤一面書記帳. (차) 這個東西好又結實.

연습문제 〔14〕

1. (가) 당신들은 피로하셨지요, 잠시 쉽시다. (나) 만약에 당신이 본다면 밥도 먹고 싶지 않아질 것이요. (다) 여보 가지고 가서 나의 손자에게 먹여 주십시오. (라) 그는 또 갔읍니까? 불과 한때의 기분일 것입니다. (마) 이 집은 오래 되어서 수선(修繕)을 해도 수지가 맞지 않읍니다.

2. (가) 你認眞的用功罷, 我和你說了好幾回了麼？ (나) 旣是如此, 只好答應他的要求罷了. (다) 今天大槪不會下雨罷. (라) 別哭了, 忍耐去做罷. (마) 誰呀！ 把這個弄壞了的, 趕緊的拾掇拾掇罷.

연습문제 〔15〕

1. (가) 그는 오히려 나쁜 사람이 아니다, 나쁜것은 그 여자입니다.
   (나) 그에게로부터 회답이 온 뒤에 나는 그에게 부탁하겠읍니다.
   (다) 이 옷이 몸에 맞는지 어떤지 시험해 보구려.
   (라) 이것이라도 좋고, 저것이라도 좋다, 나의 마음은 결정되지 않습니다.
   (마) 만약에 끝까지 버티다가 죽어도 승낙하고자 아니한다면 그 편이 좋다.
   (바) 자, 이제는 자네의 차례일세, 잘 해보게나.
   (사) 이 일은 적당히 해 둡시다, 우리들이 추구(追求)한다면 우리들이 남에게 실례가 될뿐 아니라 일을 망쳐 버린다.

2. (가) 我不知道他明天來不來.
   (나) 東西多, 可沒有可心的.
   (다) 我盼望你趕緊的再來.
   (라) 他不但天生強健而且很聰明.
   (마) 昨天也得住了一隻鳥, 今天也得住了一隻, 他很喜歡.
   (바) 他穿着甚麼樣兒的衣裳哪.
   (사) 棒球了, 網球了, 他甚麼都會打.
   (아) 弟弟們看見天氣不好, 都很失望了.

연습문제 〔16〕

1. (가) 그는 멋대로 말하고 있다. 무엇 하나 그를 믿을수가 없다.
   (나) 그는 몇번이고 몇번이고 나에게 돈을 꾸어 달라고 하는고로 나는 할수없이 그에게 꾸어 주었다.
   (다) 여보게, 그를 불러 오게나, 나는 약간 말할 것이 있네.
   (라) 그는 그의 아내가 죽고나서 미쳤다.
   (마) 나는 당신과 같이 가도 좋습니까?
   (바) 그들은 관청에 들어갈수가 없으므로 할수없이 關帝庙에 주춤 물러 앉았다.
   (사) 이 침대 밑에는 짚이 깔려 있읍니다.
   (아) 이것은 결국 사람여하에 달렸읍니다.
   (자) 그저께 그의 편지를 받았다, 늦어도 내월말(來月末)에는 틀림 없이 처리가 될터이니 서두를 필요가 없다. 그들이 전부 모인 뒤에 하자고 말하고 있다.

2. (가) 我没有錢住不起飯店，只得住在朋友家裡了。
   (나) 我有一件事要和你商量，你甚麽時候有工夫呢。
   (다) 等大家都來齊了，再走罷。
   (라) 每到暑假，他要回鄉下拜墳去。
   (마) 我要託他調查這個，可以不可以？
   (바) 接到你的信知道府上都好，我放心了。
   (사) 一百五十(或은 一百五)，一百零五，一千二百三十六，一千零二十八，一千零二，一千零三十。
   (아) 那本書昨天由郵局寄來了。

연습문제 〔17〕

1. (가) 그는 책도 제대로 공부 못 하면서 반(班)의 사람들과 싸움만 하고 있다, 정말 다루기 곤란한 인간이다.
   (나) 도적은 혹시 그것이 빈집이라고 생각했을까요? 어둠을 다행이 라 생각하고 숨어 들어 왔읍니다.
   (다) 그는 근심스러운 안색(顔色)을 하고 있는데 혹시 무슨 걱정거

　　　　리라도 있는게 아닐까요？
　　(라) 주인께서는 이 팔린 여자가 누구인지를 모르고 있었다.
　　(마) 이 돌(石)은 대우 무겁다, 나 혼자서는 꼼짝 못하겠다.
　　(바) 일전에 당신은 그에게 성찬(盛饌)을 받았으니까 이번에는 답례로서 그에게 한번 성찬을 베풀어야 한다.
　　(사) 당신이 얼마라도 그를 매도(罵倒)한들 그는 들은체도 아니한다. 태어났을때부터 철면피(鐵面皮)이므로 당신으로서는 도저히 그를 어찌 할 수 없다.
　　(아) 이 편지는 항공우편(航空郵便)으로 부치는 것이 좋다. 얼마간의 비용이 더 들지만 속달(速達)보다 훨씬 빠르다.

2. (가) 這就到我家去好不好？今天不敢罷，改天再奉訪.
　　(나) 盤費我都花了個乾淨了，借給我一百塊錢罷.
　　(다) 世上還有比這個更好的麼？
　　(라) 只因爲他没小心從火車上掉下來死的.
　　(마) 我整整的待十年，才享受了這個福氣了.

연 습 문 제 〔18〕

1. (가) 나는 이 단상(壇上)에 서서 이 문제에 대하여 제군(諸君)에게 말한다.
　　(나) 지난날 당신에게 부탁한 것은 가능성이 있는가？
　　(다) 그 일은 매우 하기가 어렵다. 기회를 기다릴 수 밖에는 아무런 방법이 없읍니다.
　　(라) 가령 불속이나 물속이라도, 어디까지나 당신을 모시고 가겠읍니다.
　　(마) 나의 재력(財力)으로 비추어 말할때 당신이 찾아준 그 집은 나에게는 아무래도 빌릴 수 없게 될 것입니다. (그렇게 비싼 집세의 부담을 이겨낼수 없으니까).

2. (가) 夏天熱，尤其是我家朝西眞難受.
　　(나) 你別灰心還有希望呢.
　　(다) 你入學以後，除了學費以外一切的費用都拿得出來拿不出來？

(라) 我買了三張獎券，昨天揭曉了可是都沒中獎了.
(마) 這點心用密柑橘做的，先去皮然後把他放在糖裡頭.
(바) 在韓國，汽車不是人人都買得起的.
(사) 這是化了一萬塊錢買的.
(아) 他是個財翁，那些錢很容易拿得出來.

연습문제 [19]

1. (가) 이전에 내가 여기는 부엌에서 대단히 가까우니 **빨리 변소를 옮기도록** 말했는데 너희들은 변소를 옮기지 않았을뿐만 아니라 부엌에 문을 열어 놓은체 있군 그래, 빨리 옮겨라, 이래도 옮기지 않으면 너희들을 처벌하겠다.
   (나) 들리는 말에 의하면 요사이는 어느 학교에서나 **중국어를 과목**에 넣으려고 한다는데 외국어(外國語)학교는 많이 있어도 좋다고 생각한다, 왜냐하면 언어(言語)라는 것은 무상(無上)의 보배이며, 만약 사실상 정확하게 배울수 있다면 제일 열등(劣等)한 인간이라도 삶의 길이 보장되기 때문이다.
   (다) 그는 먹을 것이 없을뿐만 아니라 해진 구두조차 가지고 있지 않다, 사실상 가련할 정도로 가난합니다.

2. (가) 等他來信，我立刻就打電話告訴你知道.
   (나) 韓國酒新的倒好喝，可是中國酒越老越好.
   (다) 不必打電報通知他，寫信告訴他就好了.
   (라) 因爲他很會奉承，所以靠不住.
   (마) 許多的人裡頭，免不了有好喝爛做的.

연습문제 [20]

1. (가) 우리들이 만일 장래(將來) 나라를 다스리고 천하(天下)를 평화롭게 할수 있다면 우선 첫째로 민족주의와 민족의 지위를 회복(恢復)하고, 독특한 도덕(道德)과 평화를 기초로 **하여** 세계를 통일하지 않으면 안된다.
   (나) 사업은 나날이 번성(繁盛)하여 갔다, 그래서 王二는 한마리의 나귀를 사려고 했었다, 그러나 그는 아직 충분히 저축이 되지

못했었다. 그런데 다행하게도 그 지방에 또 한줄기의 자동차 도로가 만들어 졌으므로 거기서 자동차를 내려서 기차를 타거나, 기차를 내려서 자동차를 타는 사람이 많이 있으므로 여관이나 상점의 거래는 보다 더 몇배나 경기가 좋아졌던 것이다.

(다) 전차가 소수(少數)의 도회에 설치되고, 자동차가 소수의 계급(階級)에 향유(亨有)되어 있는 것을 제외하고는 인력거는 한층 우리 나라의 각 도시에 있어서 단거리(短距離)의 교통기관이 되어있다. 인력거부(夫)가 노동중의 신성한 일이 아니냐, 하는 것은 또한 생각할 문제입니다. 왜냐하면 그들의 일은 그 소부분(少部分)이 사람들의 필요에 응하는 것을 제의하고는 그 대부분은 사람들의 향락(樂享)을 위해서 제공되어 있기 때문입니다.

1. (가) 我們所要求的並不是領土, 就是和平, 是全世界的眞正的和平.
   (나) 在還没跟他說之先, 你好好兒的跟 父母商量倒好.
   (다) 他起初聽了這個風聲, 心中確是喜歡得了不得了.
   (라) 如果我們日本人再要走帝國主義的那條路, 那可不是蹈我們的獨轍麽.
   (마) 這件事我們到底辦不到的, 非得求他們幫忙不可.

연 습 문 제 〔21〕

2. (가) 시골 할아범 역시 알고있는 군말이니 시끄럽게(귀찮게) 오랫동안 떠들 필요조차 없다.
   (나) 나는 항상 대단히 즐겁고 만족하게 생각하고 있는 것이 있읍니다. 그것은 나는 어디로 가던지 틀림없이 몇 사람의 좋은 친구가 있다는 것입니다. 내가 보통때 친구로부터 받고있는 즐거움 및 친구로부터 신세지고 있는 이익이라는 것은 사실상 얘기를 하려고 해도 얘기를 끝낼수 없을 정도입니다. (美滿=아름답다, 즐겁다, 여기서는 자기의 마음에 즐겁게 생각하는것. 所享的朋友之樂=받는 바의 친구의 즐거움, 의역(意譯)하면 위와 같이 된다).

(다) 저희들의 시골에서는 가난한 사람은 먹을 근심, 입을 것의 걱정 이외에 또한 며느리(嫁)를 얻을 근심도 넣지 않으면 안됩니다. 이것은 여간해서 한마리의 소(牛)를 산다던가 한마리의 돼지를 사는 것과는 비교할 수가 없읍니다. 왜냐하면 그것 보다도 더 많은 돈을 필요로 하기 때문입니다.

2. (가) 拾掇這個沒甚麼很麻煩, 過不了幾天就可以得.
   (나) 今天在這兒開這個小宴會, 能够得機會跟諸位談談心, 是鄙人最榮幸的, 鄙人先擧杯敬祝在座各位的健康.
   (다) 你姓甚麼, 名字叫甚麼, 上那兒去, 甚麼時候回家, 我跟你家的看門的都打聽好了.
   (라) 我家在三條胡同門牌十六號, 是路北, 你有空請過去談談罷.
   (마) 我找了半天才找着了, 他可没在家.

연 습 문 제 〔22〕

1. (가) 아버지는 살이 쪄서 건너편으로 걸어 간다는 것은 물론 약간 괴로운 것입니다. 처음부터 제가 가려고 했으나 아버지가 승낙하시지 않으시므로 할수없이 아버님께서 가시도록 하였읍니다. 아버지가 철도(鐵道) 근처까지 가셔서 천천히 몸을 내밀며 내려 가셨읍니다마는 그것은 그다지 곤란하지는 않았읍니다. 그러나 그가 철도를 가로 질러서 저쪽의 플랫드홈—으로 올라 가려는 것은 쉬운 일은 아니었읍니다. 저는 그의 뒷모습을 보자 눈물이 쏟아졌읍니다.

   (나) 連勝(연승)은 한손으로, 빨갛게 淸眞(청진) 이라는 두 글자가 크게 쓰여져 있는 유리창 문을 밀어 열고, 눈을 치켜 올려서 잠시 형세를 살폈다. 그리고 실내(室內)의 모양이 그가 찾아내고자 생각했던거와 거의 근사하다고 생각하고 문턱을 넘어서 안으로 들어갔다.

   (다) 그 남자도 술을 마셨다는 말을 듣자 대단히 화가 나서, 담뱃대를 놓고 그를 욕하며 이렇게 말했다. 마음대로 하려므나! 이 추운 날씨에 나는 집에서 한방울의 술도 마실 수 없는데 네놈은

밖에서 즐겁게 멋대로 마시고, 이제부터 이런 수작을 해봐라 용서하지 않을테니!」(好呀＝근사하군, 좋군, 뭐야ㅡ, 노여움을 품고 또는 비유를 품은 말)

2. (가) 那家舖子正是減價出售, 所有的貨物都打八折.
   (나) 我要當政治家的目的, 是在濟弱扶傾, 不在賺錢.
   (다) 今天正是庙會的日子, 也有坐車的也有騎驢的, 一群一群的在鄕下的道路上上鎭市趕走過去.
   (라) 中國的大學聘請他做敎授託他担任經濟學.

연습문제 〔23〕

1. (가) 「북경시(北京市)의 백분(百分)의 19의 주민은 인력거를 끌어서 생계(生計)를 세우고 있다. 백분지의 19！ 그것은 다섯명에 한 사람의 비율로서 차부(車夫)가 있거나 혹은 차부와「경제적관계(經濟的關係)」가 있는 인간이였다고 말할 수 있지 않을까요？
   (나) 이러한 생각을 하는 인간은 현재의 인심이나 풍속, 정치에 대해서 모든 것을 불만으로 생각하며 고통(苦痛)을 품고 있고 아울러 현재를 저주하여 현재의 세상을 어두운 것, 희망이 없는 것으로 인정한다. 이러한 세상을 싫어하는 기분은 결코 나쁜 생각은 아니다. 왜냐하면 이러한 생각을 가지고 있어야 비로소 개혁진보(改革進步)를 바랄수 있는 것이며, 개량(改良)을 희망하는 사상이 있어야 비로소 처음으로 전도(前途)를 향해서 진보가 있고 장래를 창조(創造) 할수가 있는 것이다.

2. (가) 他一看這個樣子, 可就脾氣一來, 不能節制自己, 把他又罵又打了.
   (나) 到了第二天他心中後悔, 跟他賠不是了.
   (다) 是個很靜的晚上, 我抬頭看見滿天的星星, 就起了一種特別的感覺
   (라) 他每到秋天, 看看天上的月亮, 就要想起當時在鄕下一家團圓的那個時候來.
   (마) 受橫在北邊的山脈的節制, 多天陰天多, 六月間常愛下雨.

결합모음 (結合母音)

ㄦ	ㄧㄚ	ㄧㄝ	ㄧㄞ	ㄧㄠ	ㄧㄡ	ㄧㄢ	ㄧㄣ	ㄧㄤ	ㄧㄥ	ㄨㄚ	ㄨㄛ	ㄨㄞ	ㄨㄟ	ㄨㄢ	ㄨㄣ	ㄨㄤ	ㄨㄥ	ㄩㄝ	ㄩㄢ	ㄩㄣ	ㄩㄥ
êrh	ia	ieh	iai	iao	iu	ien	in	iang	ing	ua	uo	uai	ui	uan	un	uang	ung	üeh	üan	ün	iung
二	压 ya 야	也 yeh 예	崖 yai 아이	要 yao 야오	又 yu 여우	煙 yen 옌	因 yin 인	央 yang 양	英 ing 잉	瓦 wa 와	我 wo 워	外 wai 와이	位 wei 웨이	完 wan 완	文 wên 원	王 wang 왕	翁 weng 웡	月 üeh 유에	原 üan 유안	云 ün 윤	用 yung 용
	別 撇 滅		標 漂 廟		边 偏 繆	賓 拼 綿	兵 平 民	明													
			貂 挑 鳥	丟	桌 天	念	您	娘	丁 聽 寧		多 託 挪 羅		堆 推 暖	短 團	敦 吞	農	冬 通 虐				
	倆	列	了	留	連	林	良	零			乱	論		龍	略	攣	淋				
									瓜 誇 花	國 潤 活	乖 快 懷	規 鮪 灰	官 寬 歡	棍 坤 昏	光 汪 荒	公 空 烘					
家 恰 下	皆 切 些		交 敲 消	九 秋 修	間 千 先	今 親 心	江 搶 相	京 青 星									決 缺 靴	捐 全 宣	君 群 訓	迥 窮 兄	
										抓 欻 刷	卓 戳 說	拽 揣 衰	追 吹 誰	專 穿 拴	准 春 順	裝 戀 雙	中 充				
										秧	若		蕊	軟	潤		容				
											作		最	鑽	尊		宗				
											搓		催	竄	村		蔥				
											縮		雖	算	孫		松				

부　　록

중국어의 발음표
(中國語의　發音表)

子音＼母音			단모음 (単母音)							복(複)모음				부성모운			
			ㄧ i 一 이	ㄨ u 五 wu 우	ㄩ ü 雨 yu 유이	ㄚ a 阿 아	ㄛ o 　 어	ㄜ ê 鵝 으이	ㄝ e 　 에	ㄞ ai 愛 아이	ㄟ ei 　 에이	ㄠ ao 奧 아오	ㄡ ou 歐 어우	ㄢ an 安 안	ㄣ ên 恩 언	ㄤ ang 昂 앙	ㄥ eng 哼 엉
쌍순음	双脣音	ㄅ p	必	不		八	波			白	悲	包		搬	奔	邦	崩
		ㄆ p'	批	舖		怕	頗			拍	胚	抛		盤	噴	胖	朋
		ㄇ m	米	木		馬	墨			買	每	毛	某	滿	門	忙	夢
순치음	脣齒音	ㄈ f		夫			發	佛			非		否	凡	粉	方	風
설 첨 음	舌 尖 音	ㄉ t	低	都		大		得		呆	得	刀	兜	但		当	燈
		ㄊ t'	提	土		他		特		太		逃	偷	貪		湯	疼
		ㄋ n	你	奴	女	那				奈	內	腦	耨	男	嫩		能
		ㄌ l	力	路	旅	拉		勒		來	累	老	樓	蘭		郎	冷
설 후 음	舌 後 音	ㄍ k		古				哥		該	給	高	溝	干	根	岡	庚
		ㄎ k'		哭		卡		可		開		考	口	看	肯	康	坑
		ㄏ h		忽		哈		合		海	黑	好	後	汗	很	杭	哼
설 전 음	舌 前 音	ㄐ ch	機		居												
		ㄑ ch'	七		去												
		ㄒ hs	西		須												
권 설 음	捲 舌 音	ㄓ ch chih 즈	知			諸	扎		這	齋	這	招	周	占	眞	張	爭
		ㄔ ch' chih 츠	吃			出	差		車	拆		超	抽	産	辰	昌	成
		ㄕ sh shih 스	失			書	殺		舍	晒	誰	烧	受	山	身	商	生
		ㄖ j jih 르	日			入		熱				饒	肉	然	人	讓	扔
설 엽 음	舌 葉 音	ㄗ ts tzu 쯔	資			足	雜		責	在	賊	遭	走	贊	怎	葬	增
		ㄘ ts' tzu 츠	次			粗	擦		册	菜		操	湊	參	參	倉	層
		ㄙ s ssu 쓰	四			蘇	撒		色	賽		騒	搜	三	森	桑	僧

초보자를 위한 중국어첫걸음

인 쇄 2012년 2월 10일
발 행 2012년 2월 20일
지은이 외국어학보급회
감 수 지영재
펴낸이 서덕일
펴낸곳 글로벌어학사
등록번호 1962. 7. 12. 제 2-110호
주 소 서울 광진구 군자동 1-13 문예하우스 101호
전 화 02-499-1281~2 FAX 02-499-1283

- 잘못된 책은 구입하신 서점에서 교환해 드립니다.
- 이 책은 저작권법에 의해 보호를 받는 저작물이므로 무단전재와 무단복제를 금합니다.

ISBN 978-89-7482-627-7 (13720)
(가격은 뒷표지에 있습니다.)

글로벌 어학사는 도서출판 문예림의
자회사입니다.